beck **I**sche
reihe

W0053645

b^{sr}

In diesem Buch analysiert Claus Leggewie die europäische Erinnerungslandschaft und besucht zusammen mit Anne Lang Erinnerungsorte, an denen sich aktuelle Geschichtskonflikte verdeutlichen lassen. Dabei steht die europäische Peripherie im Mittelpunkt, das Baltikum, die Ukraine, Jugoslawien, die Türkei, aber auch die europäische Kolonialvergangenheit und die Geschichte der Migranten. Auf diese Weise wird deutlich, dass der Weg zu einer politischen Identität Europas nicht über die Konstruktion einer inhaltlich eindeutigen europäischen Tradition führen kann. Nur in der Durcharbeitung und Anerkennung der konfliktreichen und blutigen Vergangenheit kann eine Gemeinsamkeit wachsen, die Europa politisch handlungsfähig werden lässt – ein wichtiger Baustein zur europäischen Selbstaufklärung.

Claus Leggewie ist Professor für Politikwissenschaft an der Justus-Liebig-Universität Gießen und Leiter des Kulturwissenschaftlichen Instituts Essen. Bei C.H.Beck ist von ihm lieferbar: *Die Globalisierung und ihre Gegner* (2003) und *Moscheen in Deutschland* (2009, zus. mit Bärbel Beinhauer-Köhler).
Anne Lang ist Wissenschaftliche Mitarbeiterin am Kulturwissenschaftlichen Institut Essen.

Claus Leggewie
zusammen mit Anne Lang

Der Kampf um die europäische Erinnerung

Ein Schlachtfeld wird besichtigt

Verlag C.H.Beck

Tony Judt in memoriam (und an die New Yorker Jahre)

Mit 7 Abbildungen

© Verlag C.H.Beck, München 2011
Satz, Druck u. Bindung: Druckerei C.H.Beck, Nördlingen
Umschlaggestaltung: malsyteufel, willich
Umschlagabbildung: Stiefel der 1956 gestürzten Stalin-Statue,
Budapest © akg-images/Jürgen Sorges
Printed in Germany
ISBN 978 3 406 60584 0

www.beck.de

Inhalt

Einleitung
Warum es so schwer ist, Europäer zu sein

Was hält Europa zusammen, der immer noch größte Binnenmarkt der Welt, die angekratzte Euro-Währung, die selbstverständliche Freizügigkeit seiner Bevölkerung, die christlich-abendländische Tradition, äußere Feinde – oder eine gemeinsame Erinnerung? Wir vertreten in diesem Buch die Auffassung, dass ein supranationales Europa nur dann eine tragfähige *politische* Identität[1] erlangen kann, wenn die öffentliche Erörterung und wechselseitige Anerkennung strittiger Erinnerungen ebenso hoch bewertet wird wie Vertragswerke, Binnenmarkt und offene Grenzen: Wenn das vereinte Europa also eine *geteilte* Erinnerung[2] hat, die vergangene Konflikte, an denen die Geschichte Europas überreich ist, in aller Deutlichkeit benennt, sie aber auch in zivilen Formen bearbeitet und genau darüber eine Gemeinsamkeit wachsen lässt, die die Europäische Union nach innen und außen handlungsfähig macht.

In diesem Sinne hat der spanische Schriftsteller Jorge Semprún in Buchenwald, wo er von 1943 bis 1945 inhaftiert war, zum 60. Jahrestag der Befreiung der nationalsozialistischen Konzentrations- und Vernichtungslager geäußert, die Erweiterung und Vertiefung der Europäischen Union könne existenziell und kulturell nur gelingen, «wenn wir unsere Erinnerungen miteinander geteilt und vereinigt haben».[3]

Vieles spricht auf den ersten Blick gegen diese Hoffnung. Das häufigste Argument lautet, die Europäer seien kein Volk im herkömmlichen Sinne, das sich einen Vorrat an Großerzählungen und Geschichtsmythen zulegen könnte, wie es die europäischen Nationen jeweils für sich getan haben, um innerhalb ihrer Grenzen (oder über sie hinaus) solidarisch handeln zu können.[4] Es stimmt:

Die großen Errungenschaften der europäischen Geschichte – die christlich-abendländische Tradition, die Entwicklung eines speziellen Typus von Stadt, Stadtbürgertum und Staatlichkeit, das Erbe von Humanismus und Aufklärung, Demokratie und Menschenrechte – begründen per se kein supranationales Gemeinwesen. Und nach außen agiert die EU nicht als große supranationale Macht, eben weil viele ihrer Nationen einmal Großmächte waren und aus dieser Nostalgie heraus immer noch bedingte Reflexe und wechselseitiges Misstrauen erwachsen. Europaskeptiker, deren Zahl derzeit eher noch zunimmt, misstrauen der supranationalen Ausweitung des Europagedankens schon deswegen, weil er ihrer Meinung nach die Staats- und Parlamentssouveränität der Mitgliedsstaaten aushöhlt. Auch wenn die finanzwirtschaftliche Dominanz des Weltmarkts, Umweltschäden und Klimawandel, Immigration und transkulturelle Globalisierung den Nationalstaat faktisch längst zum Anachronismus gemacht haben, halten Nationalbewusste jede gesamteuropäische Kommemoration für eine Überanstrengung. Europa soll in ihren Augen eine prosperierende Freihandelszone bleiben, die nur bei existenzbedrohenden Angriffen von außen (wie Terrorattacken) kollektiv handeln muss.[5] Und aktiv zu erinnern sind demnach höchstens Abwehrschlachten gegen Barbaren wie die Nazis, deren Niederringung im Mai 1945 fast auf dem ganzen Kontinent gedacht wird.[6]

Daran schließt ein zweiter populärer Einwand an: Die Erinnerung an historische Katastrophen vereine nicht, der unvermeidliche Streit darüber treibe Europa nur weiter auseinander. In der Tat können Europäer nicht mehr auf Heldentaten und eine insgesamt geglückte Geschichte zurückschauen, wie dies für die vergangene Ära des Nationalismus in Europa galt, hinter ihnen liegen vielmehr eine Serie von Katastrophen und Hekatomben von Toten. Europa ist ein Schlachtfeld, seine Historiographie gleicht einer Schlachtbeschreibung.[7]

Wäre es da nicht besser, die Toten zu begraben und ruhen zu lassen? Diesem spontanen (und verständlichen) Reflex widersprechen wir nicht nur aus normativen und moralischen Gründen.[8]

Europa muss deswegen in historischer Tiefendimension an die Desaster des kurzen 20. Jahrhunderts erinnern (und dabei erklärte Feinde und Außenseiter von einst einbeziehen), weil ohne diesen Akt geteilter Erinnerung weder demokratische Staatlichkeit noch internationale Kooperation funktionieren.

Wenn Opfer und Hinterbliebene eine Stimme bekommen sollen, geht es nicht vorrangig um kollektive Identität, sondern um Recht und Gerechtigkeit. Eine europäische Unionsbürgerschaft bedarf einer soliden Vertrauensbasis, die ohne Anerkennung und Kompensation historischer Verbrechen nicht zu haben ist. Und zwischen den Bürgern Europas kann kein Vertrauen wachsen, solange ein Kind nicht das Grab seiner Eltern kennt, ein Mann nicht öffentlich seine vergewaltigte Frau beklagen darf, sich für die Täter kein Richter findet und es keine (auch nur symbolische) materielle Kompensation für die Opfer gibt. Die Empfänger wissen das auch dann zu schätzen, wenn die inneren Wunden der Erniedrigung, die sie durch staatlichen Terror und Bürgerkriege erfahren haben, letztlich niemals zu heilen sind.

Wir übertragen damit das politisch-rechtliche Konzept der *Transitional Justice*, das in den 1980er Jahren anhand der Übergänge von autoritären Regimen zu Demokratien in Lateinamerika und Afrika entwickelt worden ist, auf Europa. Idealerweise umfasst es die gesamte Palette postdiktatorialer Vorkehrungen von der strafrechtlichen Verfolgung und materiellen Wiedergutmachung über Täter-Opfer-Dialoge (ein Beispiel dafür sind die aus Südafrika bekannten «Wahrheitskommissionen») bis zum Wachhalten von Erinnerung in Schulen, Museen und politischen Bildungsprogrammen und nicht zuletzt zur Reform der Sicherheits- und Verwaltungsorgane früherer Unrechtsstaaten. Nur ein Land, das diesen Parcours durchlaufen hat, besagt der fächerübergreifende Forschungs und Politikansatz, kann auf eine demokratische Entwicklung hoffen und ist vor Rückfällen in autoritäre Verhältnisse gefeit.[9]

Natürlich ist dieses Ideal nicht überall und nirgendwo vollständig verwirklicht. Der griechische Zeithistoriker Stathis Kalyvas hat vier «Memorialregime» in Europa nach 1945 unterschieden: Exklusion, Inklusion, Kontestation, Beschweigen.[10] *Exklusiv* ist eine Geschichtspolitik, die für die Zwecke nationaler Rekonstruktion (nach 1945 im Westen, nach 1974 im Süden und nach 1990 im Osten Europas) bestimmte Opfergruppen systematisch ausschließt. *Inklusiv* ist eine vorauseilende Konsensstiftung, die vor allem auf rasche Versöhnung abzielt. Auf *Kontestation* angelegt sind hingegen Interpretationen katastrophaler Vergangenheiten, die Geschichtskontroversen am Leben halten.

Als ein viertes und häufiges Anti-Memorialregime kann das durch Amnestien gestützte *Beschweigen* der Vergangenheit gesehen werden.[11] Die Kaltstellung des eigenwilligen Richters Baltasar Garzón durch den spanischen Obersten Gerichtshof ist ein jüngstes Beispiel dafür: Dass er die Toten des spanischen Bürgerkriegs und der Franco-Diktatur nicht ruhen, sondern exhumieren lassen wollte, verstößt nach Ansicht der obersten Richter gegen die 1977 verkündete Amnestie, die den öffentlichen Frieden und die nationale Versöhnung garantieren sollte. Doch aus dem Recht auf Erinnerung wurde damit eine Pflicht zum Vergessen.[12]

Diesen Idealtypen kollektiver Erinnerung entsprechen jeweils verschiedene Monumente, Gedenktage und Debatten. An dem einen Ort haben Opfer und Hinterbliebene die Regie übernommen und bisweilen eine Flut von (Selbst-)Viktimisierungen ausgelöst, anderswo spielen sie in dem von oben verordneten Gedenken kaum eine Rolle. Memorialregime unterscheiden sich auch danach, ob es um Nachwehen einer Diktatur geht, die weite Teile der Bevölkerung unterdrückt, oder um Folgen eines Bürgerkriegs, der eine Nation nachhaltig gespalten hat. Und für eine europäische Geschichtspolitik gilt, dass die Weltkriege im 20. Jahrhundert ein europäischer *Bürger*krieg waren, zwischen Faschisten und Antifaschisten, Kommunisten und Antikommunisten, Rechten und Linken – in wechselnden Besetzungen und mit dem Effekt, dass Menschen, die eben noch Opfer waren, zu Tätern werden konnten (und umgekehrt).[13]

Die Kernfrage ist dann, welchen Beitrag Europa in der Vergangenheit zur jeweils national ausgerichteten Übergangsjustiz geleistet hat und in Zukunft leisten soll. Die Infragestellung hastig besiegelter Konsense durch postautoritäre Eliten nach 1945 (in West-Deutschland, Österreich und Italien), 1974 (in Griechenland, Spanien und Portugal) oder 1990 (in den befreiten Staaten des «Warschauer Paktes»)[14] wurde von «unten» durch die Zivilgesellschaften in den jeweiligen Staaten angestoßen, der systematische Menschenrechtsschutz ging von «oben», den internationalen Regierungs- und Nichtregierungsorganisationen, aus. Die Europäische Union kommt erst heute ins Spiel, da sich mit dem Beitritt der osteuropäischen Länder das Telos der Integration – das war nach 1945 vor allem Kriegsvermeidung und Wohlstand – in den umfassenden Schutz von Minderheiten und Opfern verwandelt.[15] Erst die ungeteilte Kommemoration beider totalitärer Vergangenheiten, der Staatsverbrechen des Nationalsozialismus wie des Stalinismus, sprengt den nationalen Referenzrahmen. Eine antitotalitäre Öffentlichkeit muss genuin europäisch sein, wenn sie den Gräben des Kalten Krieges entkommen will.

Das kann zwanzig Jahre nach der Wiedervereinigung Europas eine wirklich europäische Geschichtspolitik begründen, die nicht allein die Erbschaft des Holocaust aus westlicher Sicht bearbeitet, sondern, wie es Semprún und viele osteuropäische Intellektuelle gefordert haben, auch die Bedeutung des GULag-Erbes für den Westen unterstreicht. Das hat Konsequenzen nach innen und außen: Zu einer gesamteuropäischen Zeitgeschichtsschreibung gehörte nicht mehr nur am Rande das Gedenken an den 23. August 1939, als der Pakt zwischen Hitler und Stalin geschlossen wurde, und die Benennung der Ambivalenz des 8./9. Mai 1945 als «Tag der Befreiung».[16]

Länder, die der Europäischen Union beizutreten beabsichtigen, führen ihre Wirtschaftskraft und Rechtsstaatlichkeit ins Feld und müssen diese in langwierigen Verfahren nachweisen. Kandidaten an der Peripherie erfahren daneben ein informelles, nämlich geschichtspolitisches Beitrittskriterium: Nur wenn sie die Opfer von Genoziden und Massenmorden in jeder Hinsicht anerkennen – die Armenier im Osmanischen Reich 1915, die Leidtragenden ethnischer Säuberungen auf dem Balkan nach 1991 – können sie Teil einer europäischen Gemeinschaft werden. Und nach außen kann Europa nur glaubhaft und machtvoll agieren, wenn es seine historischen Kolonialverbrechen zur Kenntnis nimmt und sich der Exklusion und Diskriminierung von Migranten ebenso bewusst wird wie der wirtschaftlichen und kulturellen Bereicherung durch Einwanderer und Flüchtlinge.

Damit kommen wir zu einem dritten geläufigen Einwand gegen eine europäische Erinnerungsgemeinschaft: Die Europäische Union solle sich auf ihren Kern konzentrieren, also besser vertiefen als erweitern.[17] Ökonomisch mag die Einbeziehung schwacher Staaten Volkswirtschaften und Währungen der EU-Staaten belasten. Doch auch hier fragt sich, ob es nicht langfristig sinnvoller ist, schwächere Partner innerhalb der Grenzen zu haben als virulente Krisenzonen ante portas. In politisch-kultureller Hinsicht sind die Aversion und das Desinteresse gegenüber der europäischen Peripherie auf jeden Fall unangebracht – weder darf man nach dem Fall der Mauer die Ost-West-Spaltung von Jalta perpetuieren, die Millionen Menschen von Estland bis Moldawien zu Europäern zweiter Klasse degradiert hat, noch darf man nicht-christliche Nationen dauerhaft aus der EU fernhalten.

Deswegen steht im Folgenden die europäische Peripherie im Mittelpunkt. Den Kern des europäischen Geschichtsbewusstseins bildete lange (1) die Erinnerung an den millionenfachen Mord an den europäischen Juden, symbolisiert in dem gemeineuropäischen Gedenktag des 27. Januar 1945, dem Tag der Befreiung des Vernichtungslagers Auschwitz-Birkenau. Darum ranken sich konzentrisch weitere sechs, zunehmend strittige Kreise europäischer Erinnerung, teils in Assimilation an den, teils in Distanz oder Indifferenz gegenüber dem Kern (Abbildung 1). Das sind Erinnerungen an die Staatsverbrechen kommunistischer (Okkupations-)Regime und Parteien (2), an Genozide, Vertreibungen und ethnische Säuberungen (3), an die heißen und kalten Kriege des 20. Jahrhunderts

(4), an die europäischen Kolonialverbrechen (5), an die Massenein-
wanderungen (6) und an die nunmehr gesamteuropäische Integration (7), die einen langen europäischen Bürgerkrieg in einen – prekären! – demokratischen Frieden und materiellen Wohlstand
überführt hat. Während die beiden Rahmenerzählungen – der
«Holocaust» (1) und die Etappen der europäischen Integration (7)
– relativ gut erforscht und im öffentlichen Bewusstsein breit verankert sind, ist dies bei der Anerkennung und Bearbeitung inner-
staatlicher und zwischenstaatlicher Konflikte an der europäischen
Peripherie weniger der Fall. Dies gilt auch für Teilaspekte der
nationalsozialistischen Verfolgung wie bei der Zwangsarbeit als
gesamteuropäisches Phänomen. Wer Europa vertiefen will, muss
seinen Horizont also noch beträchtlich erweitern. Den Standpunkt
der europäischen Peripherie – im wörtlichen wie übertragenen
Sinne – einzunehmen, kann dazu erheblich beitragen.

Die sieben Kreise europäischer Erinnerung

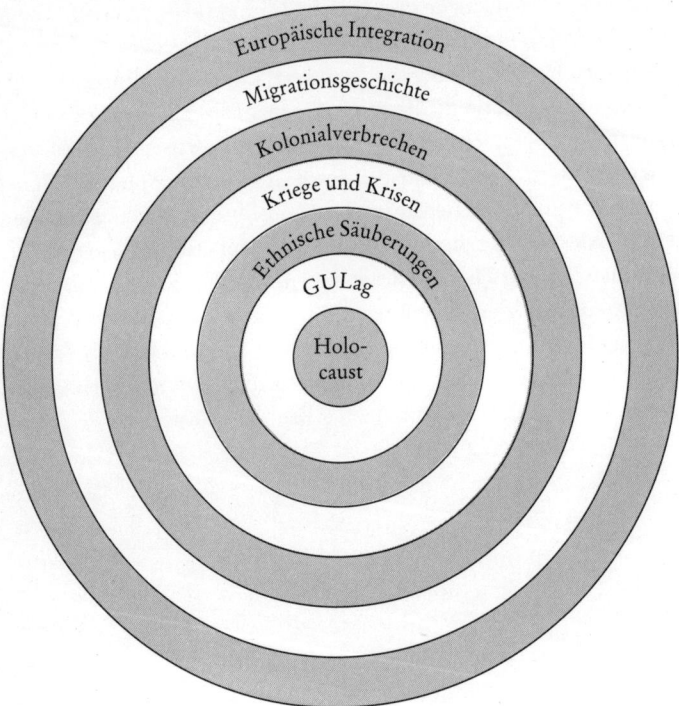

Europäische Integration

Migrationsgeschichte

Kolonialverbrechen

Kriege und Krisen

Ethnische Säuberungen

GULag

Holo-
caust

Erstes Kapitel
Sieben Kreise europäischer Erinnerung[18']

1. Der Holocaust als negativer Gründungsmythos Europas

Die Anker- und Fluchtpunkte einer supra- und transnationalen Erinnerung in Europa lassen sich anschaulich als konzentrische Kreise darstellen und an Geschichtsdaten und Erinnerungsorten exemplifizieren, deren zentraler der 27. Januar 1945, der Tag der Befreiung des Vernichtungslagers Auschwitz ist. In Israel wird der Yom HaShoah seit 1959 am 27. Nisan des jüdischen Kalenders[19] als Nationalfeiertag begangen, und in vielen Ländern Europas als Holocaust Memorial Day.[20] Dieser gemeinsame Rekurs auf das in vieler Hinsicht singuläre Menschheitsverbrechen des millionenfachen Mordes an den europäischen Juden ist das Angebot eines *negativen* Gründungsmythos für Europa.[21] Die Folie dafür ist die deutsche Vergangenheitsbewältigung, die sich zunächst selektiv auf den Zweiten Weltkrieg bezog, seit den 1970er Jahren aber, nicht zuletzt auf Grund US-amerikanischer Anregung, den «Holocaust» ins Zentrum rückte. «Es ist hier geschehen», sagen die deutschen Gedenkstätten, von denen viele an «authentischen Orten» der NS-Verbrechen gelegen sind. «Es kann überall geschehen», antworten die Betrachter heute, aufgeklärt durch Fernsehbilder aus Ex-Jugoslawien, Kambodscha und Ruanda, durch Zeugnisse anderer historischer Massaker, durch die Verbrechen Stalins, durch den jugoslawischen Bürgerkrieg.

Die Rede von der Europäisierung der deutschen Geschichtspolitik – Timothy Garton Ash sprach ironisch von einer «deutschen DIN-Norm»[22] – wirkt prätentiös. Doch *waren* Antisemitismus und Faschismus gesamteuropäische Erscheinungen, und der Mord an den Juden wäre ohne die breite Kollaboration europäischer Regierungen und Menschen so nicht möglich gewesen. Ein *Mémo-*

rial de la Shoah ist deshalb heute auch in Paris eine Selbstverständlichkeit, nachdem die Aufarbeitung der intensiven Verstrickung des Vichy-Regimes (1940 bis 1944) in die Judenverfolgung und das Eingeständnis eines in allen Gesellschaftsschichten verankerten Antisemitismus sehr lange gebraucht hat. Auch Polen steht, nach der Debatte um das keineswegs isolierte Pogrom in Jedwabne im Juli 1941 und die Ereignisse in Kielce im Juli 1946,[23] vor ähnlichen Erkenntnisprozessen, die den hausgemachten und zählebigen Antisemitismus in ganz Osteuropa ins Licht rücken.[24]

Die Frage, wie intensiv das von den Nationalsozialisten zwangsvereinte Europa, das damals gegen den Bolschewismus, die Juden und den politisch-kulturellen Westen gleichzeitig gerichtet war, von überzeugten Faschisten und opportunistischen Mitläufern aus anderen europäischen Ländern unterstützt wurde, ist ein aktuelles Streitthema in vielen Nationen, vor allem mit Blick auf die Behandlung von Kollaborateuren und Zwangsarbeitern nach 1945.[25] Feliks Tych, Holocaust-Überlebender und von 1995 bis 2006 Direktor des Jüdischen Historischen Instituts Warschau, sprach bei seiner Rede zum 27. Januar 2009 im Deutschen Bundestag an, wie viele der «letzten NS-Prozesse» Kollaborateure aus West und Ost betreffen, die am Vernichtungswerk in den Konzentrationslagern aus freien Stücken mitgewirkt haben.[26] John Demjanjuk, der seit November 2009 in München vor Gericht steht, ist das bekannteste Beispiel. Zu den meistgesuchten Nazi-Kriegsverbrechern gehören laut einer Liste des Simon-Wiesenthal-Centers die Ungarn Sándor Képíró und Károly Zentai, der Kroate Milivoj Asner, der Niederländer Klaas Carl Faber, der Däne Søren Kam, der Litauer Algimantas Dailide und der Este Michail Gorschkow.[27]

Das ist die historische Dimension der Holocaust-Erinnerung, die stets auch eine aktuelle, politisch-pädagogische, also auf Gegenwart und Zukunft gerichtete Facette besaß – mit der Intention, dass «Auschwitz sich nicht wiederhole».[28] Die wichtigste Vorkehrung war aus jüdischer Sicht die Gründung des wehrhaften Staates Israel. Insofern hat die deutsche Beteiligung an der UN-

Mission UNIFIL (Interimstruppe der Vereinten Nationen in Libanon) seit 2006, die 2010 verlängert wurde,[29] einen Ernstfall akut werden lassen, der bis dato höchstens als Gedankenexperiment durchgespielt werden musste: Soll Deutschland sich zum Schutz Israels im Nahen Osten militärisch engagieren? Aus historischen Gründen nicht, meinte seinerzeit Edmund Stoiber (CSU), aus historischen Gründen doch, forderten andere, darunter die Bundeskanzlerin Angela Merkel (CDU). Dass es zum Staat Israel besondere Beziehungen geben müsse, war und ist ein ungeschriebenes Gesetz der Bundesrepublik Deutschland, das mittlerweile aber auch dort zunehmend bröckelt und in Frage gestellt wird.[30]

Der Nachfolgestaat des «Dritten Reiches» übernahm die juristische und moralische Verantwortung für die nationalsozialistische Vernichtungspolitik, aber die beschwörende Parole, dass Auschwitz sich nicht wiederholen dürfe, bekam einen Zusatz: «Nie wieder Krieg!» Eben dieses Postulat führte zu einem dezidierten Verzicht auf Militäreinsätze außerhalb der Landesgrenzen, wovon das vereinte Deutschland bekanntlich bereits mehrfach abgerückt ist, im Kosovo 1999 auch ohne UN-Mandat. Dass im Jahr 2006 Israels damaliger Premier Ehud Olmert (2006 bis 2009) den robusten Einsatz der Bundeswehr zum Schutz Israels und der Juden erbeten hat, stellt die *special relationship* auf die Probe. Denn sie besagt womöglich: «Nie wieder Auschwitz, deswegen Krieg!»

Die Berliner Politik ging damals wie heute weiter als die deutsche Gesellschaft. Für Jerusalem sterben wollen die Deutschen so wenig wie Franzosen und Engländer 1938 für Prag oder 1939 für Danzig. Unpopulär wäre eine solche Intervention sicher, denn die öffentliche Meinung steht heute nicht mehr so geschlossen auf Seiten Israels wie noch im Nahostkrieg 1967. Das Meinungsklima wandelte sich mit der Dauer der Besetzung palästinensischer Gebiete, interessanterweise parallel zur wachsenden Anerkennung deutscher Verantwortung für den Holocaust. Heute, da Israel nicht zuletzt durch schwere eigene Fehler wahrscheinlich stärker bedroht ist als jemals zuvor seit der Gründung, möchte die

Mehrheit der Deutschen Israel in die Schranken weisen. Kritik an der israelischen Siedlungs- und Außenpolitik ist natürlich auch in Deutschland legitim, und sie wird auch auf breiter Front geübt.

Während die «Spezialbeziehung» verfällt, nehmen auch antisemitische Vorurteile zu, die nun weniger an den traditionellen Judenhass anknüpfen als an die Politik des Staates Israel.[31] Der Antisemitismus schlüpft heute gerne in das Gewand des Antizionismus, der Demonstrationen der radikalen Rechten und Linken in ganz Europa beflügelt. Aus dem «Antisemitismus trotz Auschwitz» und dem Antiisraelismus wegen Auschwitz wurde ein Judenhass nach Auschwitz.[32] Israel hat kaum mehr eine Lobby in Deutschland, nicht im Deutschen Bundestag, selten in der Massen- und Qualitätspresse, nicht unter Intellektuellen und schon lange nicht mehr in der multikulturellen Jugend Deutschlands. Auch in der Vergangenheit war nie Deutschland der Schutzpatron Israels, sondern die Vereinigten Staaten von Amerika. Die heftige, unter anderem von amerikanischen Juden selbst geübte Kritik an der dortigen «Israel-Lobby»[33] moniert, wie einäugig die US-Nahostpolitik auf Israel gesetzt und dass die Bush-Administration rein militärische Strategien der «Terror-Bekämpfung» favorisiert habe. Die Europäische Union verfolgt einen anderen Weg. Aber gute Beziehungen zu arabischen Regierungen dürfen nicht den geringsten Zweifel aufkommen lassen, an wessen Seite Europa steht, wenn Hisbollah, Hamas, Islamischer Dschihad und ihre Unterstützer ins Herz Israels zielen. Vor allem Irans Präsident Ahmadinedschad bestreitet das Existenzrecht Israels und hat auch die Leugnung des Holocaust auf eine neue, transnationale Stufe gehoben.

Kann der Holocaust überhaupt eine politische Handlungsanleitung für das heutige Europa sein? Rassendiskriminierung und Xenophobie sind weit verbreitete Erscheinungen sowohl in den Kernländern der EU mit langer demokratischer Tradition wie auch in den Transformationsgesellschaften mit neuen Demokratien.[34] Es liegt auf den ersten Blick nahe, diesen Erscheinungen die Lehren aus der Vergangenheit entgegenzuhalten, wie dies in der politischen Bildung praktiziert wird. Im Januar 2000 erprobte das

Stockholm International Forum on the Holocaust jedoch eine wenig geeignete Gegenwartsbewältigung an Österreich, als der ÖVP-Obmann Wolfgang Schüssel eine Koalition mit der FPÖ bildete, der rechtspopulistischen Partei des notorischen NS-Verharmlosers Jörg Haider. Österreich fühlte sich an den Pranger gestellt, während man sich an die Rechtsregierung Berlusconis in Italien nicht herantraute.

Eine andere Form der Aktualisierung ist die strafrechtliche Verfolgung der Leugnung (Negationismus) oder Verharmlosung (Revisionismus) des Holocaust. Diese treten oft in wissenschaftlichem Gewand auf (und reklamieren deshalb Meinungs- und Forschungsfreiheit für sich) und sind zu einem Kernmotiv neonazistischer, rechtsradikaler und nationalpopulistischer Bewegungen in ganz Europa geworden. Bereits seit Mitte der 1980er Jahre gab es Initiativen, derartige «Meinungen» unter Strafe zu stellen. Nach Art. 130 (3) des deutschen Strafgesetzbuches wird mit einer Freiheitsstrafe bis zu fünf Jahren oder mit Geldstrafe belegt, «wer eine unter der Herrschaft des Nationalsozialismus begangene Handlung der in § 6 Abs. 1 des Völkerstrafgesetzbuches bezeichneten Art in einer Weise, die geeignet ist, den öffentlichen Frieden zu stören, öffentlich oder in einer Versammlung billigt, leugnet oder verharmlost». Im israelischen Gesetz von 1986 heißt es in Absatz 2: «Eine Person, die schriftlich oder durch das gesprochene Wort irgendeine Aussage, die die Taten, die in der Zeit des Nationalsozialismus begangen wurden, leugnet oder in ihrem Umfang relativiert, und welche Verbrechen gegen die jüdischen Menschen oder die Menschlichkeit, mit dem Ziel, die Täter zu verteidigen, Sympathie auszudrücken oder sich mit ihnen zu identifizieren, veröffentlicht, soll mit Inhaftierung für die Zeit von fünf Jahren dafür verantwortlich gemacht werden.»

Das Bundesverfassungsgericht entschied 1994, beim Leugnen des Holocausts handele es sich «... um eine Tatsachenbehauptung, die nach ungezählten Augenzeugenberichten und Dokumenten, den Feststellungen der Gerichte in zahlreichen Strafverfahren und den Erkenntnissen der Geschichtswissenschaft erwiesen unwahr ist. Für sich genommen genießt eine Behauptung dieses Inhalts daher nicht den Schutz der Meinungsfreiheit.» Weitere EU-Staaten wie Frankreich, Österreich und Belgien, später auch Rumänien und Ungarn verabschiedeten analoge Gesetze, andere novellierten allgemeine Gesetze gegen Rassendiskriminierung, während wieder andere (wie Großbritannien) keinen Handlungsbedarf des Gesetzgebers sahen. In Art. 607 (2) des spanischen Strafgesetzbuches hieß es «Die Verbreitung jeder Art von Ideen oder Doktrinen, welche Verbrechen im Sinne der vorherigen Ziffer dieses Artikels ‹wie Völkermord› leugnen oder rechtfertigen, der Versuch der Wiedererrichtung von Regimen oder Institutionen, welche diese schützen oder gewähren lassen, wird mit Gefängnis von einem bis zwei Jahren bestraft.» Die Worte «leugnen oder» wurden jedoch vom spanischen Verfassungsgericht im November 2007 für verfassungswidrig und nichtig erklärt.

Interessant ist, dass etwa Luxemburg nicht speziell die Leugnung des Holocaust, sondern jedes Kriegsverbrechens, Verbrechens gegen die Menschlichkeit und Genozids unter Strafe stellte. Im Jahr 2008 erließ die EU die Richtlinie zur Bekämpfung von Rassismus und Fremdenfeindlichkeit. Künftig sollen in allen EU-Mitgliedsstaaten folgende Tatbestände strafbar werden:

«Öffentliche Aufreizung zu Gewalt und Hass, auch durch Verbreitung und Vertrieb von Traktaten, Bildern oder anderem Material, die sich gegen eine Gruppe von Personen oder ein Mitglied einer solchen Gruppe definiert durch Rasse, Hautfarbe, Religion, Abstammung oder nationale oder ethnische Zugehörigkeit richtet; ‹öffentliche Duldung, Leugnung oder massive Trivialisierung von Genozid-Verbrechen, Verbrechen gegen die Menschlichkeit und Kriegsverbrechen› wie sie im Statut des Internationalen Strafgerichtshofes (Artikel 6, 7 und 8) festgelegt sind, und welche sich gegen eine Gruppe von Personen oder ein Mitglied einer solchen Gruppe definiert durch Rasse, Hautfarbe, Religion, Abstammung oder nationale oder ethnische Zugehörigkeit richtet, sowie Verbrechen, definiert vom Nürnberger Gerichtshof (Art. 6 der Charta des Internationalen

Militärtribunals, Londoner Abkommen 1945), welche sich gegen eine Gruppe von Personen oder ein Mitglied einer solchen Gruppe definiert durch Rasse, Hautfarbe, Religion, Abstammung oder nationale oder ethnische Zugehörigkeit richten.» [35]

2. Sowjetkommunismus – gleichermaßen verbrecherisch?

Ob eine derartige Aktualisierung des Holocaust politisch-ethisch geboten ist und seine Instrumentalisierung für gegenwärtige Zwecke praktisch-politisch greift, darf man mit guten Gründen bezweifeln. Mit der Nachfrage, ob – da die strafrechtliche Ahndung der Leugnung des Holocaust nun EU-weit verbindlich werden soll – nicht auch die Leugnung der sowjetkommunistischen Verbrechen unter Strafe gestellt gehöre, haben sich die litauischen Mitglieder des Europäischen Parlaments, darunter Vytautas Landsbergis, von 1990 bis 1996 litauischer Parlamentspräsident, zunächst nicht durchsetzen können und kaum Fürsprecher unter westlichen Politikern gefunden. Problematisch wird die Zentralperspektive «Holocaust», wenn sie als Matrix der Bewältigung kommunistischer Staats- und Menschheitsverbrechen in ganz Ostmitteleuropa oktroyiert werden würde. Aber was spricht dagegen, wenn in Staaten des ehemaligen sowjetischen Herrschaftsbereichs wie in Polen mit Geldstrafe oder Freiheitsentzug bis zu drei Jahren auch bestraft wird, wer «kommunistische Verbrechen» und «andere politisch motivierte repressive Handlungen ausgeführt von Funktionären polnischer Strafverfolgungsbehörden, der Justiz oder von ihnen beauftragter Personen» im Zeitraum bis zum 31. Dezember 1989 bestreitet? In Art. 260 des tschechischen Gesetzes gegen die Unterstützung und Förderung von Bewegungen, die Menschenrechte und -freiheiten unterdrücken, von 2001 heißt es noch klarer:

«1. Die Person, welche Bewegungen unterstützt oder fördert, die die Menschenrechte und -freiheiten unterdrücken, oder die nationalen, rassischen, religiösen oder Klassenhass oder Hass gegen andere Personengruppen verbreitet, wird mit Gefängnis von 1 bis 5 Jahren bestraft.» In § 261 a heißt es dann: Die Person, die «den Nazi- oder kommunistischen Genozid öffentlich verneint, in Zweifel zieht, billigt oder zu rechtfertigen sucht, oder ebenso andere Verbrechen der Nazis oder Kommunisten, wird mit Gefängnis von 6 Monaten bis 3 Jahren bestraft.» [36]

Die Europäische Union ist ihrem Ursprung nach eine Markt- und Wirtschaftsgemeinschaft und somit stets um «Harmonisierung» bemüht. Dieses Prinzip ist nicht leicht auf Politikfelder zu übertragen, die von so symbolischer Natur sind wie die europäische Geschichte. Sie ist von zwei (zeitlich verschobenen, aber miteinander verwobenen) totalitären Erfahrungen mit Millionen von Toten und Traumatisierten überschattet; Fragen juristischer wie moralischer «Wiedergutmachung» sind bis heute virulent. Nationalbewusste Europäer möchten die Ausgestaltung dieses heiklen Themas subsidiär regeln, also auf keinen Fall Brüssel überlassen. Aber dass der Europäische Gerichtshof für Menschenrechte (der eine europäische Institution außerhalb der EU ist) mehrfach über die Zulässigkeit der Entfernung politisch belasteter Mitarbeiter aus dem öffentlichen Dienst und von Wahlrechtsbeschränkungen im postkommunistischen Osteuropa zu befinden hatte, belegt eine gewisse Harmonisierung der Geschichtsaufarbeitung.

Wenn die Leugnung des Holocaust in ganz Europa unter Strafe stehen soll, treibt das also logischerweise Forderungen hervor, mit den schrecklichen Seiten des Kommunismus analog zu verfahren. Der Rat der Europäischen Union gab 2007 der Kommission auf zu untersuchen,

«… ob ein zusätzliches Instrument benötigt wird, um das öffentliche Billigen, Leugnen oder gröbliche Verharmlosen von Völkermord, Verbrechen gegen die Menschlichkeit und Kriegsverbrechen mit unter Strafe zu stellen, wenn sich die genannten Straftaten gegen eine Gruppe von Personen richten, die sich durch *andere Kriterien* definieren als durch Rasse, Hautfarbe, Religion, Abstammung oder nationale oder ethnische Herkunft, wie etwa sozialer Status oder politische Verbindungen.» [37]

Die von der Roten Armee besetzten Staaten wollen und werden den 8./9. Mai 1945 sicher nicht zum Befreiungserlebnis erheben, denn das Ende der NS-Herrschaft bleibt für sie Auftakt eines anderen totalitären Regimes, dasjenige Stalins, das viele heutige Repräsentanten Ostmitteleuropas als «gleichermaßen verbrecherisch» (so die Lettin Sandra Kalniete) einstufen, also auf andere Weise ebenso unter Genozidverdacht stellen. Für die Massendeportationen und Ermordungen, für den Verlust der Freiheit und die gewaltsame Russifizierung haben sich die Repräsentanten des postsowjetischen Russland nie entschuldigt oder Entschädigung geleistet. Dass die besetzten Staaten Opfer des Sowjetimperiums waren, wird niemand mehr ernsthaft bestreiten. Umstritten wäre allerdings, wenn sie damit heute ihre Beteiligung am Judenmord zu relativieren oder kaschieren versuchten. Auch im Streit um das deutsche Gedenken ist es zu solchen Aufrechnungen gekommen, von denen die Propaganda des äußersten rechten Randes zehrt; man habe, heißt es da, den jüdischen Opfern einen Exklusivplatz eingeräumt und die Opfer der kommunistischen Diktatur (und der westlichen Bombardierungen) bewusst ausgelassen.

Dass man derartige Verbrechen verschwieg und gegeneinander aufrechnete, war vor allem den polemischen Konstellationen des Kalten Krieges geschuldet, die überwunden sein sollten, es aber noch nicht immer sind. Unter anderem deshalb bleiben eine gemeinsame europäische Erinnerung und ein grenzübergreifendes Gedenken schwierig. Einigermaßen gelungen scheint die Gratwanderung wiederum an deutschen Gedenkstätten wie Buchenwald und Sachsenhausen, wo die NS-Konzentrationslager im Jahr 1945 unmittelbar in «Speziallager» der sowjetischen Besatzer umgewandelt wurden (und es Einzelnen sogar passieren konnte, unter zwei verschiedenen Diktaturen an derselben Stelle inhaftiert zu sein).[38] Vor allem in Buchenwald fand man nach zähem Ringen ästhetisch-architektonisch wie historisch-pädagogisch akzeptable

Lösungen, die niemandes Leid unter den Tisch fallen lassen und falsche Generalisierungen vermeiden.

Wenn Europa ein kollektives Gedächtnis hat oder sich ein solches entwickelt, ist es ebenso vielfältig wie seine Nationen und Kulturen. Erinnerung lässt sich nicht mnemotechnisch regulieren und sicher nicht durch offizielle Staatsakte und routinierte Gedenkrituale wie am 8. Mai oder am 27. Januar oder eben auch am 23. August verordnen. Europäisch kann nur die Art und Weise sein, wie an die Untaten gemeinsam erinnert wird und wie daraus möglichst behutsame Lehren für die Gegenwart der europäischen Demokratien gezogen werden. Die Konkurrenz und Hierarchie zwischen dem, was man kontradiktorisch «Holocaust-Gedächtnis» und «GULag-Gedächtnis» nennt, dürfte die wichtigste Herausforderung sein.[39] Die Universalisierung oder Anthropologisierung des «Holocaust» liefe auf eine Ablösung von den deutschen Tätern und jüdischen Opfern hinaus; die Untiefe, in die eine dogmatische Singularisierung genau wie eine «undogmatische» Globalisierung (oder Europäisierung) führen können, wird damit sichtbar.[40] Wenn alle möglichen Gewaltakte mit der Ikone des Negativen, dem Holocaust, in Verbindung gebracht werden, wenn der historische Massenmord also durch Angleichen und Analogisieren verflacht und dann zu einer (über die westliche populäre Massenkultur vermittelten) ethischen Imprägnierung gegen Völkermord stilisiert wird, ist dies ebenso problematisch, wie wenn man ihn durch Partikularisierung dem historischen Prozess und Vergleich entzieht.

Wenn man also eine Gesamtschau der Menschheitsverbrechen im 20. Jahrhundert anstrebt, wird aus dem Kern der westeuropäischen Erinnerung, dem Holocaust-Gedächtnis, in der Perspektive des «GULag-Gedächtnisses» jeweils ein Halbkreis, und beide Halbkreise fügen sich zur totalitären Erfahrung des 20. Jahrhunderts. Man gerät allerdings in grobschlächtigen Varianten der Totalitarismusthese (rot gleich braun) rasch auf die schiefe Ebene der wechselseitigen Relativierung und Aufrechnung. Die Herausforderung der europäischen Erinnerungskultur besteht mithin

darin, das «Singuläre» am Zivilisationsbruch der industriell-bürokratischen Vernichtung der europäischen Juden herauszustellen,
ohne die systematische Ausrottung der «Klassen- und Volksfeinde» im sowjetischen Machtbereich herunterzuspielen. Jorge
Semprún, einst Mitglied der Kommunistischen Partei Spaniens,
hat die Hoffnung formuliert, dass

> «… bei der nächsten Gedenkfeier in zehn Jahren, 2015, die Erfah-
> rung des Gulag in unser kollektives europäisches Gedächtnis ein-
> gegliedert worden ist. Hoffen wir, dass neben die Bücher von Primo
> Levi, Imre Kertész oder David Rousset auch die ‹Erzählungen aus
> Kolyma› von Warlam Schalamow gerückt wurden. Das würde zum
> einen bedeuten, dass wir nicht länger halbseitig gelähmt wären,
> zum anderen aber, dass Russland einen entscheidenden Schritt auf
> dem Weg in die Demokratisierung getan hätte.»

Der geografische Begriff «Ostmitteleuropa» ist letztlich eine westliche Fiktion.[41] Stefan Troebst hat diese Ländergruppe hinsichtlich
ihrer Erinnerungsmodi in vier Zonen eingeteilt:[42] Während in den
baltischen Staaten, in Kroatien und in der Slowakei ein klarer anti-
kommunistischer und antisowjetischer Grundkonsens vorherr-
sche, betrieben Polen, Ungarn, Tschechien und die Ukraine eine –
sogar zunehmend – kontroverse Aufarbeitung der Vergangenheit;
Ambivalenz oder Apathie gegenüber der kommunistischen Vergangenheit könne man in Bulgarien, Rumänien, Serbien, Mazedo-
nien und Albanien konstatieren, während Russland, Weißrussland, Moldawien und andere GUS-Staaten eine hohe Eliten- und
Gedenkkontinuität gegenüber der Sowjetzeit an den Tag legten.
Dort wird *Stalin* als Feldherr des «Großen Vaterländischen Krieges» oftmals apologetisch betrachtet,[43] bisweilen sogar im Hinblick auf seine repressive und mörderische Qualität im Inneren
Russlands. In der Latenz autoritärer Momente in den postsowjetischen Herrschaftsstrukturen zeigt sich die ganze Brisanz einer
unaufgearbeiteten Verbrechensgeschichte: Sie unterminiert den
Weg in die Demokratie. Die mögliche Selbstexklusion Russlands
aus Europa findet in einer affirmativen und apologetischen Ge-

schichtspolitik nicht nur ihren Ausdruck, sie hat dort womöglich auch ihre tieferen Ursachen.

Wir haben bis hierhin drei Gründe für die gegebene Asymmetrie europäischer Erinnerungen festgestellt: *Erstens* verursachte (gerade aus deutscher Perspektive) die Annahme der Singularität des Holocaust – zusammen mit der Würdigung der russischen Leidensgeschichte – eine Wahrnehmungsblockade gegenüber dem «roten Totalitarismus», einschließlich der Aufarbeitung der DDR-Vergangenheit in Deutschland, die zum Teil am faulen Antifa-Konsens der DDR festhält und dazu neigt, SED-Verbrechen genauso zu relativieren, wie es nach 1945 bei NS-Verbrechen in Westdeutschland der Fall war. Die Asymmetrie der Wahrnehmung von GULag und Holocaust ist *zweitens* darauf zurückzuführen, dass der Mord an den europäischen Juden eine viel höhere Sichtbarkeit erreicht hat; eine vergleichbare Ikonisierung und Medialisierung haben die Verfolgungen kommunistischer Regime, denen von 1917 an bis in die chinesische und nordkoreanische Gegenwart Hunderte von Millionen Menschen zum Opfer gefallen sind, offenbar nicht erreicht. Man könnte es auch anders formulieren: Die nationalsozialistischen Deutschen hätten vornehmlich andere Völker umgebracht, die Kommunisten in Russland und China überwiegend ihre eigene Bevölkerung. Aber auch diese Rechnung ist falsch, wenn man richtigerweise die Verfolgung von Völkern in Ostmitteleuropa, in Zentralasien und Tibet durch die «Kolonialmächte» Russland und China einbeziehen würde. Als *dritter* Grund wird oft genannt, diese mörderische Erfahrung sei eine im Kern osteuropäische geblieben. Doch kann man in Westeuropa nicht ernsthaft behaupten, vom Stalinismus nicht affiziert gewesen zu sein; dagegen spricht schon die schiere Größe kommunistischer Parteien westlich des Eisernen Vorhangs, ex negativo auch die über viele Jahre westeuropäische Identität stiftende Funktion des Anti-Anti-Kommunismus und die auf dieser Grundlage verfolgte friedliche Koexistenz mit den so genannten Volksrepubliken, die friedensstiftend gewesen sein und die Spaltung Europas überwunden haben mag, aber zwischenzeitlich klar auf Kosten der Menschen- und Bürgerrechtsgruppen ging.[44]

3. Vertreibungen als gesamteuropäisches Trauma

Erinnerungen an erzwungene, großflächige und jeweils Zigtausende von Menschen betreffende «Bevölkerungstransfers» dürften bei aller Unterschiedlichkeit der Motive, Begründungen und Verläufe der Deportationen im kollektiven Gedächtnis Europas am tiefsten verankert sein. In den elektronischen Medien und Familiengedächtnissen werden sie wachgehalten und der Opferstatus des Vertriebenen auf spätere Generationen übertragen. Massenvertreibungen systematisierten sich mit dem Zerfall der großen Imperien im 19. Jahrhundert und lassen den Holocaust als besonders krassen und systematischen «Sonderfall» erscheinen.[45] Der amerikanische Historiker Norman Naimark hat hier generalisierend von «ethnischen Säuberungen» gesprochen,[46] die sich seit dem 19. Jahrhundert überall dort ergaben, wo sich herausbildende Nationalstaaten dem Wahn verfielen, die innere und äußere Souveränität und Legitimität politischer Herrschaft sei nur auf der Grundlage ethnisch homogener Volksgemeinschaften zu erreichen.

Dafür waren (und sind) auch demokratische Systeme anfällig. Das besondere Problem der heutigen Tschechen im Blick auf die politisch-moralische Anerkennung der Vertreibung der Sudetendeutschen könnte darin liegen, dass es eine bürgerlich-demokratische Regierung unter Edvard Beneš war, die die Vertreibungsdekrete ausfertigte; und das größte Hindernis für die Bearbeitung der jugoslawischen Katastrophe nach 1991 dürfte darin bestehen, dass das autoritäre Tito-Regime die historisch uneinigen Serben und Kroaten, Bosniaken und Kosovo-Albaner besser im Griff behalten hatte als die (illiberalen) Demokratien nach Tito, die einem ethnonationalistischen Furor und Religionskrieg verfielen.

Vor allem diese Hypothek der ethnischen Säuberungen und genozidalen Akte erschwert die Herausbildung einer gesamteuropäischen Erinnerung, weil sie nicht ausgestanden und alles andere als «vergessen und vorbei» sind. Ein Gegenbeispiel ist die europäische Thematisierung des deutschen Sonderfalls der Vertreibung. Initiativen wie das «Europäische Netzwerk Erinnerung und Solidarität»[47] wandten sich gegen eine rein nationale und rückwärtsgewandte Kommemoration, die dem deutschen «Zentrum gegen Vertreibungen» (anfangs zu Recht) unterstellt worden war. Im Verlauf der Debatte[48] mussten aber auch die Initiatoren dieses Zentrums, allen voran der Bund der Vertriebenen, eine europäische und globale Dimension in ihr Vorhaben einbauen; retrospektiv wird nun schon die «Charta der deutschen Heimatvertriebenen» von 1950 als transnationales Dokument gedeutet.[49] Am Ende könnte das Zentrum sogar einen Knotenpunkt in einem europäischen Netzwerk bilden, auch wenn es wohl noch lange dauern wird, bis Deutsche und Polen beziehungsweise Tschechen ebenso selbstverständlich gemeinsame Geschichtsbücher schreiben, wie dies im deutsch-französischen Fall möglich geworden ist.[50]

Am Beispiel der Vertreibung der Deutschen, die als Zankapfel zwischen den deutschen und polnischen Regierungen allmählich ausgedient zu haben scheint,[51] wird die innen- und außenpolitische Brisanz geteilter Erinnerung sichtbar. Im Westen aktualisiert sich daran ein überholtes Rechts-Links-Schema, im Osten stehen national orientierte Kräfte (gerade auch der Linken) gegen proeuropäisch-liberale Kreise. Die polnische Unversöhnlichkeit in Sachen Vertreibung hat mit der anfangs beschwiegenen, dann beinahe hysterisch bearbeiteten kommunistischen Vergangenheit zu tun. In allen postkommunistischen Gesellschaften ringen die Erben der Nomenklatura genau wie die Nachfahren der autoritären, oft in Kollaboration verstrickten Rechten um historische Legitimation, deren Brüchigkeit sie dann häufig beide in einem nationalistischen Affekt kompensieren zu können meinen.

Dabei brechen alteuropäische geopolitische Spaltungen auf, die durch die Blockkonfrontation der Supermächte im Kalten Krieg eingefroren waren. Aber es sind wohl kaum die alten Konflikte, die eine Verständigung zwischen Ost- und Westeuropäern verhindern, eher dienen sie als Ablenkung von neuen Auseinandersetzungen um Sicherheit, Energie, Freizügigkeit und dergleichen. Die lang andauernde Traumatisierung der Vertreibungsopfer und die große Verletzlichkeit von Gesellschaften mit hohen Vertriebenenanteilen, auch die schockierende Wiederkehr ethnischer Säuberungen im Jugoslawienkrieg und die Brisanz von Flucht und Vertreibung außerhalb Europas rufen nach universalen Normen und Definitionen. Nach dem *Rome Statute of the International Criminal Court* stellt jeder erzwungene Bevölkerungstransfer ein Verbrechen gegen die Menschlichkeit dar. Nach menschenrechtlichen Kriterien ist Vertreibung also verbrecherisch, darunter die Vertreibung von Millionen Deutschen nach 1944/45. Genau wie andere Vertreibungen muss diese aber in ihrem historischen Kontext betrachtet werden. Dazu gehören die völkische Raumordnungspolitik des «Dritten Reiches» in Osteuropa, die verbreitete Illoyalität vieler Sudentendeutscher gegenüber der jungen tschechoslowakischen Republik, die instabile Lage der polnischen und tschechischen Regierungen nach dem Ende der deutschen Okkupation und die Zwänge des sowjetischen Okkupationsregimes.

Die Zusammenschau der normativen und historischen Ebene schließt die summarische Gleichstellung aller möglichen Formen von Bevölkerungstransfer ebenso aus wie ihre Relativierung durch kontingente Zeitumstände. Umstritten ist in Europa, welche Vertreibungs- und Säuberungsakte als «Genozid» (Völkermord) einzustufen sind. Die Konvention der Vereinten Nationen über die Verhütung und Bestrafung des Völkermordes von 1948 definiert Genozid als die Absicht, «eine nationale, ethnische, rassische oder religiöse Gruppe ganz oder teilweise zu zerstören».[52] Dazu gehören

a) das Töten von Angehörigen der Gruppe,
b) das Zufügen von schweren körperlichen oder seelischen Schäden bei Angehörigen der Gruppe,
c) die absichtliche Unterwerfung unter Lebensbedingungen, die auf die völlige oder teilweise physische Zerstörung der Gruppe abzielen,
d) die Anordnung von Maßnahmen zur Geburtenverhinderung,

e) die gewaltsame Überführung von Kindern der Gruppe in eine andere Gruppe.

Auch die deutliche Präzisierung dieser Tatbestände im Völkerstrafrecht und die schärfer gewordene Verfolgungspraxis nach dem Weltrechtsprinzip, das den Vereinten Nationen in schweren Fällen ein Interventionsgebot auferlegt, haben nicht verhindern können, dass es innerhalb wie zwischen Nationen heftige Kontroversen über das Vorhandensein, die Effekte und die Verfolgung von Ereignissen in der jüngeren Geschichte gibt, die als Völkermord oder als «genozidal» (völkermordähnlich) eingestuft werden. Da Völkermord einen moralisch wie juristisch äußerst schwerwiegenden Vorwurf darstellt, von dem sich Täter möglichst reinwaschen wollen und von dem oftmals falsche Ankläger Gebrauch machen, sind Völkermord-Vorwürfe eine Waffe im Kampf um globale Anerkennung und eine Währung der internationalen Diplomatie geworden.

Das herausragende Beispiel dafür ist die «armenische Frage». Eine Mehrheit auch der liberalen und gerade der säkularen kemalistischen Türken weigert sich standhaft, die historische Verantwortung für den Massenmord an Hunderttausenden von Armeniern 1915 zu übernehmen. Unter der Hand wurde diese Frage damit für die Türkei wie die EU zu einem informellen Beitrittskriterium zur Europäischen Union, das in nationalen und supranationalen Parlamenten artikuliert wird. Franzosen haben den Kasus sehr hoch gehängt und die Leugnung des Armenier-Genozids nach dem Vorbild der «Auschwitz-Lüge» unter Strafe gestellt (ähnlich die Schweiz); behutsamer und stärker auf Konsens orientiert waren Erklärungen des Deutschen Bundestages.[53] Das größere Europa spaltet sich an der armenischen Frage erinnerungskulturell schon, bevor es überhaupt zusammenfinden kann. Doch erst umgekehrt wird ein Schuh draus: Europäisch müsste die Art sein, wie sich die türkische Gesellschaft im Inneren und die Türkei mit alten Freunden und Feinden über diese Frage verständigen.

Der Streit wirft exemplarisch die Frage auf, wo Europas Grenzen verlaufen; damit greifen supranationale EU-Binnenidentitäten transnational auf die europäische und nicht-europäische Ebene aus. Vor allem die Türkei, haben viele Gegner ihres Beitritts anklingen lassen, könne schon auf Grund ihrer «anderen» Kultur- und Religionsgeschichte niemals Teil einer europäischen Schicksalsgemeinschaft sein.[54] Auch die größten Befürworter eines EU-Beitritts, britische Bevölkerung und Politiker, bestätigen dies indirekt, wenn sie die Union als Freihandelszone ohne kulturelles Gedächtnis konzipieren. An keinem Komplex lassen sich die trennenden Dimensionen geteilter Erinnerung derzeit so deutlich belegen wie anhand der vermeintlichen Kulturgrenze zwischen «dem» Islam und dem «säkularen» Europa; wie demoskopische Umfragen belegen, sehen viele in Europa ungeachtet des tatsächlichen Grades der Entchristlichung eine historische Erinnerungs- und Schicksalsgemeinschaft gegen den Islam und die Türkei. Dabei bewirkte der türkische Kemalismus eine Verwestlichungsgeschichte par excellence, und die laizistische Republik war der beste Beweis für die Möglichkeit einer Westorientierung der im Kern immer noch sehr islamisch geprägten Gesellschaft. Würde Europa seine säkularen Grundlagen ernst nehmen, dürfte Religionszugehörigkeit weder im Inneren der Einwanderungsgesellschaften noch im Außenverhältnis ein unübersteigbares Integrationshindernis darstellen.

Der andere aktuelle Streitfall betrifft den Massentod von Millionen Ukrainern im Rahmen der stalinistischen Verfolgungen der 1930er Jahre. Während die EU dem türkischen Beitrittswunsch durch die Erhebung der Anerkennung des Armenier-Genozids zum Beitrittskriterium vorerst einen Riegel vorgeschoben hat, reklamiert jedenfalls der nach Westen tendierende Teil der Ukrainer energisch den Begriff «Völkermord» für die Hungertoten der 1930er Jahre. Dies geschieht nicht zuletzt aus Abgrenzung zum russischen Nachbarn, der die stalinistischen Verbrechen immer wieder zu relativieren versucht. Durch die Anwendung des Genozidbegriffs versucht die Ukraine höchstmögliche Aufmerksamkeit auf europäischer und internationaler Bühne für den so genannten Holodomor[55] zu ernten, nicht zuletzt um damit eine Eintrittskarte in die Europäische Union lösen zu können. Trotz zahlreicher Bemühungen der Ukraine, dem millionenfachen Mord auch in Westeuropa Beachtung zu verschaffen, bleibt dieses Verbrechen, eines der schwerwiegendsten in der Geschichte des Sowjetkommunismus, im Westen weitgehend unbekannt.

Zu beachten ist dieser Fall auch deswegen, weil er erneut die Frage aufwirft, ob nicht nur die systematische rassische und ethnische Verfolgung den Tatbestand des Völkermords erfüllt, sondern auch die ebenso gezielte Verfolgung von sozialen Schichten und Klassen, hier einer mittleren, als Ausbeuterklasse charakterisierten Bauernschicht. Die Hungerkatastrophe in der Ukraine war kein Naturereignis, sie war das Resultat der stalinistischen, gegen ländliches Privateigentum gerichteten Politik und bewusst in Kauf genommener Begleitumstand der von der Sowjetunion angestrebten Kollektivierung des Bodens, die wiederum der forcierten Industrialisierung dienen sollte. Hier ging es also nicht um ethnische, aber um politische Säuberungen, die mit einer ebenso großen Systematik, mit ähnlichen Methoden der Liquidierung und Deportation und auf der Grundlage einer ebenso mörderischen Ideologie betrieben wurden. Auch wenn die Unterscheidung zwischen klassischem Genozid und anderen, hier klassenkämpferisch motivierten Formen des «Demozids» (Rudolph J. Rummel) sachlich und heuristisch geboten ist, darf in dieser Differenzierung keine Herabstufung angelegt sein.

4. Kriegs- und Krisenerinnerungen als Motor Europas

Um die Erfahrung von Diktatur und Genozid liegt ein weiterer Kreis europäischer Erinnerung, der auf Kriege und Wirtschaftskrisen zurückgeht. Massenhaft frequentierte Ausstellungen, quotenstarke Ausstrahlungen des Geschichtsfernsehens und Webseiten zeigen, wie stark das Interesse an diesen Themen ist. Vor allem in England, Frankreich und Belgien spielt die mit dem Schreckensnamen Verdun assoziierte Erinnerung an den Ersten Weltkrieg (*The Great War, La Grande Guerre, De Groote Oorlog*) eine ganz herausragende Rolle; in Deutschland und Österreich ist, neben dem Zweiten Weltkrieg, der auch für Russland (*Großer Vaterländischer Krieg*) und osteuropäische Gesellschaften höchst bedeutsam ist, die Erinnerung an die Hyperinflation, den Zusammenbruch der Banken und die Weltwirtschaftskrise auch bei Nachlebenden bis heute lebendig.

Ein interessantes Beispiel ist der sogenannte «Weihnachtsfriede 1914» als neuer (west-)europäischer Erinnerungsort des Ersten Weltkriegs.

> «Am Beispiel der Popularisierung des Weihnachtsfriedens zeigt sich, dass der Erste Weltkrieg in den letzten Jahren ein europäischer Erinnerungsort wird, in dem sich die europäischen Nationen im gemeinsamen Leid und ohne Schuldvorwürfe begegnen und der dazu dient, eine europäische Identität zu stiften und eine (west)europäische Friedensmission zu legitimieren. Dies manifestiert sich sowohl in eher ‹informellen Medien› der Geschichtskultur, also z. B. im Tenor der zahlreichen Internetseiten zum Weihnachtsfrieden oder in Filmproduktionen, als auch in formellen Institutionen der Geschichtskultur wie etwa Museen.»[56]

Beispiele für die aktive europäische Erinnerung an den Weihnachtsfrieden in der Populärkultur sind international ausgestrahlte Fernsehdokumentationen und die deutsch-englisch-französisch-rumänische Koproduktion des Kinofilms *Merry Christmas,* der an Weihnachten 2005 zeitgleich in deutschen, englischen und französischen Kinos anlief. Unterschiedliche Erinnerungsmedien (Sachbuch, Film, Denkmäler, Gedenkfeiern) und Erinnerungsebenen von lokalen bis zu europäischen und globalen Medienereignissen greifen ineinander, ebenso akademische Formate der Geschichtswissenschaft, mündliche Geschichtsüberlieferung und populärkulturelle Formate.

Für die gesamte Periode zwischen 1914 und 1945 hat Charles de Gaulle im Londoner Exil die Formel vom «zweiten Dreißigjährigen Krieg» geprägt, um die Tiefe des Einschnitts und den Zusammenhang beider Weltkriege darzulegen, den nicht nur er auf eine Stufe hebt mit einer im europäischen Gedächtnis verankerten Periode des Schreckens im 17. Jahrhundert, nach der Europas Staatenordnung, Gesellschaft und Kultur geprägt wurde. Analog wurde auch die Existenzberechtigung der nach dem Zweiten Weltkrieg gegründeten Europäischen Wirtschaftsgemeinschaft anfangs nicht mit dem Holocaust und weniger mit der System-konkurrenz mit dem Kommunismus begründet als mit der trau-matischen Erfahrung zweier «totaler Kriege» und dem Damokles-schwert massenhafter Arbeitslosigkeit, die das europäische Staatensystem zerstört, es entdemokratisiert und seiner zentralen Stellung in der Welt beraubt hatten.

Selbst die bosnische Hauptstadt Sarajewo ist für die meisten Europäer wohl immer noch eher der Ort eines Attentats, das den Ersten Weltkrieg ausgelöst hat, als der Ort eines Massakers im jugoslawischen Krieg vor nicht einmal 20 Jahren. Die Ikone der deutsch-französischen Aussöhnung war nicht zufällig der Hän-dedruck von Staatspräsident François Mitterrand und Bundes-kanzler Helmut Kohl über den Soldatengräbern von Verdun, dem ähnlich eindrucksvolle Versöhnungsgesten zwischen Konrad Adenauer und Charles de Gaulle in Reims vorangegangen waren. Damit wurde die bis Mitte des 20. Jahrhunderts vorherrschende Erbfeindschaft zweier europäischer Mächte in ein bis dahin unge-ahntes Maß an politischer Kooperation sowie sozialstruktureller und kultureller Konvergenz überführt. Es sei hier mit Blick auf die bei vielen Leserinnen und Lesern sicher noch vorhandene Skepsis gegenüber einer gesamteuropäischen Erinnerung betont, dass sol-che politischen Prozesse stets durch geschichtspolitische Maßnah-men wie Städtepartnerschaften, Jugendaustausch und die Abfas-sung gemeinsamer Geschichtsbücher flankiert waren, die nun auch mit ehemaligen Kriegsgegnern in Osteuropa praktiziert werden. Selbst ein zur Dauerfehde einladender Name wie Katyn hat im russisch-polnisch(-deutschen) Verhältnis seine Sprengkraft verlo-ren und ist möglicherweise Ausgangspunkt für eine weniger anta-gonistische Erinnerungsgemeinschaft ehemaliger Kriegsgegner.[57]

Wie man auch am anhaltenden Interesse an der Schlacht von Stalingrad, an Städtebombardierungen (Rotterdam, Coventry, Dresden …) und am Schicksal von Kriegsgefangenen sehen kann, haben Kriegsereignisse und -traumata die kollektiven Erinnerungen und Mentalitäten der Europäer grenzüberschreitend geformt. Einen wesentlichen Raum nimmt auch die Erinnerung an den «Kalten Krieg» und an die Blockkonfrontation ein, vor allem die Drohung atomarer Selbstvernichtung der Menschheit, die in Mitteleuropa, dem virtuellen Ground Zero, aber auch in Großbritannien besonders intensiv empfunden wurde und die auch die Einstellung zur zivilen Nutzung der Kernenergie affiziert hat. Die zentralen Erinnerungsorte des geteilten Deutschland sind weniger Buchenwald und das ehemalige Stasi-Gefängnis Hohenschönhausen als Orte wie die Berliner Mauer, die nur in begrenztem Umfang als europäische Erinnerungsorte fungieren.[58]

Ereignisse der Zwischenkriegszeit wie Inflation und Depression, die soziale Unsicherheit, Verarmung und massenhafte Arbeitslosigkeit verursachten, sind in der jüngsten Finanzkrise als Referenzrahmen und Krisenmuster wieder aufgerufen worden. Ähnlich wie die Weltkriege waren dies gesamteuropäische Erfahrungen, deren Vehemenz die Fundierung der europäischen Versöhnung und Integration in wirtschaftspolitischen Schritten veranlasste, wie der Gründung der «Europäischen Gemeinschaft für Kohle und Stahl» (EGKS oder Montanunion) und dem jeweils nationalen Mustern folgenden Ausbau des europäischen Wohlfahrtsstaates. Bemerkenswert ist jedenfalls, dass Europa trotz eines beachtlichen Restes wechselseitiger Stereotypen und Ressentiments von inneren Feindbildern und «Erbfeindschaften» Abstand genommen hat und sich der innere Ost-West-Gegensatz im Bewusstsein allmählich nivelliert. Stellenweise haben äußere Feindbilder einer gemeinsamen Bedrohung an Kontur gewonnen, vor allem im Hinblick auf den islamistischen Terror, der auch in Europa eine verbreitete Islamophobie hat wachsen lassen. Angesichts der vermeintlichen und tatsächlichen äußeren Bedrohungen muss sich erweisen, wie stabil der «demokratische Frieden» ist,

der Europa seit 1945 weitgehend geprägt hat, und welche normativen und moralischen Ansprüche die EU in ihrer Außenpolitik
geltend machen kann.

5. Schwarzbuch Kolonialismus

Am Steinplatz in Berlin, in dessen Nähe der Rachemord eines
Armeniers an Talât Pascha (1872–1921), dem letzten Innenminister des Osmanischen Reiches, begangen wurde, versammeln sich
gelegentlich Opfer und Leugner des Genozids an den Armeniern.
An zwei Enden des leicht heruntergekommenen Parks stehen
frühe, zu Beginn der 1950er Jahre aufgestellte Gedenksteine für
die Opfer des Stalinismus und des Nationalsozialismus. Der Steinplatz könnte die bisher skizzierte Erinnerungsgeschichte Europas
symbolisieren, doch fehlte dann ein weiteres Denkmal, das an die
europäischen Kolonialverbrechen erinnert. Anlass könnte, wenn
man diese Idee fortspinnen möchte, die Kongokonferenz von
1884/1885 sein, die zehn Autominuten entfernt in der Wilhelmstraße stattgefunden hat. Unter deutscher Ägide wurde damals
der Kongo als belgische Kronkolonie etabliert. Während man in
Deutschland die Kolonialverbrechen, vor allem die an den Herero
in Südwestafrika, relativ spät in Erinnerung gerufen hat, geschah
dies in anderen europäischen Ländern intensiver, bis hin zu jüngsten Versuchen, auch die Behandlung der «positiven Seiten» der
Kolonialzeit im Schulunterricht und öffentlichen Diskurs per
Dekret zu verordnen.[59]

Das weite Feld der europäischen Kolonialerinnerung[60] um-
spannt einen langen Zeitraum von der Sklaverei bis zu neokoloni-
alen Wirtschaftspolitiken der Gegenwart. Der kongolesische Fall
macht eine nicht auf den europäischen Raum beschränkte
Geschichtspolitik plausibel, er zeigt aber auch die Grenzen und
Problematik einer Globalisierung des Gedenkens und Erinnerns
unter dem Signum eines raum-zeitlich entrückten Holocaust. Wieder darf die These von der Singularität des Judenmordes den Blick
nicht verengen und eine Hierarchie der Opfer vornehmen, die

letztlich rassistische Stereotypen unterstützt. Der nicht-affirmative Vergleich zwischen der Shoah und kolonialen Genoziden ist kein Tabu mehr; im Kongo sind unter der Regentschaft des belgischen Königs Leopold II. bis zu zehn Millionen Menschen bestialisch ermordet worden. Schon dort ist das ‹Unvorstellbare› Wirklichkeit geworden, wobei auch personelle Kontinuitäten zwischen Kolonialverbrechen und Judenmord unübersehbar sind.[61]

Der Kolonialismus trat in drei historischen Gestalten hervor: in Gestalt der Handelskompanien, die auf die Ausbeutung von Rohstoffen und menschlicher Arbeitskraft ausgerichtet waren, in den Regionen des Südens also vor allem wirtschaftlichen Nutzen suchten; in Gestalt der militärischen Eroberer, die der wirtschaftlichen Ausbeutung eine territoriale Form gaben und den imperialen Hunger der Eliten wie der Massen auf einen «Platz an der Sonne» befriedigten; und schließlich in Gestalt der Geistlichen und Pädagogen, die der kolonialen und imperialen Expansion eine zivilisatorische Mission anfügten. Bekanntlich blieb die segensreiche Wirkung dieser Mission weitgehend aus, während die destruktive und rassistische Dimension umso nachhaltiger hervortrat. Aber die Rückwirkungen dieser peripheren Erinnerung auf die europäische Gesellschaftsgeschichte sind bisher wenig thematisiert worden. Zugleich hat sich unter den postkolonialen Staatsklassen eine bequeme antikolonialistische Rechtfertigungsideologie ausgebreitet, die den Anteil der autochthonen Eliten an der fortgesetzten Ausbeutung und Unterentwicklung des Südens verschleiert. Beides zusammen führt zu dem Ergebnis, dass Rechtsstaatlichkeit, Demokratisierung und Übergangsjustiz in den postkolonialen Ländern nur sehr langsam vorangekommen sind.

Es wäre unmöglich, auf der Grundlage einer Art kontrafaktischen Geschichtsschreibung die durch Kolonisierung und Ausbeutung abgeschnittenen Entwicklungsmöglichkeiten der früheren europäischen Kolonien darzustellen oder gar zu quantifizieren. Dennoch hat sich Europa den Erfordernissen einer symbolischen wie faktischen Wiedergutmachung auf diesem Gebiet weit weniger gestellt als bei den Folgen von Kriegen und Genoziden in Europa. Dies beginnt bei der Restitution von Kulturgütern, die heute die Kernbestände der großen Museen der westlichen Metropolen zieren, und reicht bis zur Entschädigung von Nachfahren der Ureinwohner kolonisierter Gebiete, der Sklaven und der Opfer der zahllosen Massaker, die im Verlauf der imperialen Kriege verübt worden sind. Würde man diesbezüglich Maßstäbe anlegen wie bei Reparationszahlungen nach beiden Weltkriegen oder Ansprüchen von Holocaust-Überlebenden und ehemaligen Zwangsarbeitern, kämen ungeheure (und wohl auch unbezahlbare) Summen zustande.[62] Das heißt freilich nicht, dass man sich mit einer pauschalen Entschuldigung begnügen kann, wie sie US-Präsident Bill Clinton und Papst Johannes Paul II. in Afrika ausgesprochen haben.

Verdeutlichen kann man dies am Beispiel der bis heute unbefriedigenden Regelung von Ansprüchen der Herero, eines im Norden des heutigen Namibia lebenden Volkes, das auf Anerkennung und Kompensation der Opfer und Schäden drängt, die durch die Kolonialpolitik des Deutschen Reiches verursacht wurden.[63] Die Kolonisierung «Deutsch-Südwestafrikas» erfolgte nach dem oben beschriebenen Muster: 1883 schloss der Kaufmann Franz Adolf Eduard Lüderitz einen Vertrag mit Stammesältesten der Herero, ein Jahr später wurde die Region deutsches Schutzgebiet. Bald darauf kam es zu Konflikten um Land- und Wasserrechte (vor allem im Zusammenhang mit dem Bau der Otavi-Bahn), um sexuelle Übergriffe auf Herero-Frauen und um die drakonische Missionierung der Einheimischen. Durch die Rinderpest und eine Heuschreckenplage gingen 1897 fast drei Viertel des Viehbestandes verloren, so dass die Herero Land verkaufen und sich als Lohnarbeiter bei deutschen Farmern verdingen mussten. Weil die deutsche Verwaltung diese Agrarkrise nicht bewältigen konnte, kam es 1904 zum Hereroaufstand, Farmen und Siedlungen wurden niedergebrannt und circa 150 deutsche Siedler ermordet. Als Gouverneur Theodor Leutwein den Aufstand nicht in den Griff bekam, entsandte das Deutsche Reich ein Expeditionskorps unter Lothar von Trotha mit etwa 15 000 Mann.

Von Trotha wird der Ausspruch zugeschrieben: «Gewalt mit krassem Terrorismus und selbst mit Grausamkeit auszuüben, war und ist meine Politik. Ich vernichte die aufständischen Stämme in Strömen von Blut und Strömen von Geld. Nur auf dieser Aussaat kann etwas Neues entstehen.»[64] Das Resultat war eine Vorform von Völkermord, der bis zu 80 000 Menschen das Leben kostete; viele Herero ließ man in der nach der Schlacht am Waterberg von der Schutztruppe abgeriegelten wasserlosen Omaheke-Steppe verdursten. Nur rund 1000 Herero konnten entkommen.

Eine deutsche Regierung hat sich erst 2004, zum 100. Jahrestag, durch die damalige Ministerin für Entwicklungszusammenarbeit Heidemarie Wieczorek-Zeul (SPD) zur politischen und moralischen Schuld der deutschen Kolonialpolitik bekannt und die Herero um Vergebung gebeten, nachdem «entschädigungsrelevante Formulierungen» (Joschka Fischer) bis dahin vermieden worden waren. Finanzielle Entschädigungen, welche die Herero-Seite seit 1995 fordert und erfolglos vor amerikanischen Gerichten zu erstreiten versucht, lehnten die Regierungen Deutschlands und Namibias ab; dafür nimmt die Entwicklungszusammenarbeit im ehemaligen Kolonialgebiet einen besonderen Stellenwert ein. Im Jahr 2004 luden Mitglieder der Familie von Trotha den Herero-Häuptling Alfons Maharero nach Deutschland ein und baten für Lothar von Trothas Taten um Vergebung.[65] Eine scheinbar marginale Facette der unerledigten Kolonialgeschichte betrifft die Forderung von Opferinitiativen der Herero auf Herausgabe und Rückführung von Schädeln aus dem Universitätsarchiv Freiburg, dem Linden-Museum Stuttgart und dem dortigen Museum für Naturkunde, die als Beutestücke aus dem Hereroaufstand dorthin gelangt waren.

Deutsche Stellen, die dazu prinzipiell bereit sind, bisher aber wenig unternommen haben, unterschätzen die Bedeutung der Schädel für die Herero, ohne deren Rückführung die Seelen ihrer Vorfahren und sie selbst keine Ruhe finden. Es ist beabsichtigt, die Schädel im Unabhängigkeitsmuseum Namibias auszustellen.[66] In Deutschland existiert kein komplementäres Mahnmal, das ausdrücklich an deutsche Kolonialverbrechen erinnert, hingegen eine ganze Reihe von Straßen, die an Lüderitz und andere ehemalige Kolonialhelden erinnern. Erst 2006 hat der Stadtrat von München beschlossen, die dortige Von-Trotha-Straße in Hererostraße umzubenennen, gegen die Stimmen von CSU und FDP. Die CSU begründete ihre Ablehnung mit praktischen Gründen, auch gelte der Name der Straße seit langem der gesamten Familie von Trotha.[67]

Noch weniger wird der Kolonialismus als gesamteuropäisches Problem gesehen, was für den Mainstream der Geschichtsschreibung ebenso gilt wie für die Akteure der europäischen Außenpolitik und Entwicklungszusammenarbeit, und somit auch nicht als Auftrag für die Übernahme einer gemeinsamen Verantwortung anerkannt. Oftmals ganz ohne Bezug auf diese Geschichte wirken humanitäre Katastrophen, Bürger- und Grenzkriege, Zusammenbrüche von Staaten, Terroranschläge, Umwelt- und Klimakrisen auf das europäische Publikum ein, das speziell im Hinblick auf Einwanderer und Flüchtlinge aus Afrika südlich der Sahara wieder historisch verstaubte Metaphern vom «dunklen Kontinent» und von der «Last des weißen Mannes» bemüht.

6. Europa als Einwanderungskontinent

Die Kolonialgeschichte führt somit direkt oder indirekt in den sechsten Kreis europäischer Erinnerungen, die transnationalen Wanderungen nach Europa im 19. und 20. Jahrhundert und vor allem seit den 1950er Jahren. Da dies auch eine Geschichte von Asyl und Armutsmigration ist, besteht ein enger Zusammenhang zur kolonialen Geschichte Europas. Doch hat sich die Einwanderung seither stark ausdifferenziert und zu der Situation geführt, dass in westeuropäischen Gesellschaften heute bald jeder vierte, in den Metropolen 40 bis 50 Prozent der Bevölkerung einen «Migrationshintergrund» aufweisen.

Doch bringen die in den Anfängen befindlichen Migrationsmuseen in ganz Westeuropa weitere Facetten kultureller Globalisierung zum Vorschein. Eine offene Frage ist, inwiefern diese nicht nur den Erfolg oder Misserfolg der Auswanderung aus der Perspektive der Migranten bzw. die Schwierigkeiten ihrer sozialen Integration, politischen Einbürgerung und kulturellen Assimilation aus Sicht der «Mehrheitsgesellschaft» thematisieren sollen, sondern auch einen reflexiven Bezug zur europäischen Verbrechens- und Katastrophengeschichte von Shoah und GULag. Diese betraf Einwanderer und ihre Vorfahren nicht direkt, gleichwohl stellt sich den Angehörigen der zweiten und dritten Generation die Frage, wie sie mit diesen Vergangenheiten umgehen und in welchem Licht sie die «eigene», ihnen längst fremd gewordene Geschichte betrachten und bewerten sollen.[68]

Auch die früheren europäischen Erinnerungsorte, beginnend mit dem römischen Erbe und mittelalterlichen Relikten, können nicht mehr adäquat vermittelt werden, wenn keine Brücke zu den Einwanderern geschlagen oder berücksichtigt wird, wie stark sie derzeit mit nicht-europäischen Identitätsangeboten, etwa aus der islamischen Weltgemeinschaft, oder mit Agenden aus außereuropäischen Regionalkonflikten konfrontiert werden. Transnational wird ein europäisches Gedächtnis also, wenn die eingewanderten Europäer (sofern sie als Bürger und Bürgerinnen de jure und de facto anerkannt sind!) Verantwortung für Verbrechen und Ereignisse übernehmen, die außerhalb ihres ethnischen Herkunftshorizonts liegen, und wenn sich europäische Menschenrechts- und Asylpolitik zugleich in internationalen Krisen einschalten kann, ohne dass unter diesem normativen Schutzschild eurozentrische Interessen verfochten werden.

Europa hat heute in toto einen ausgeprägten «Migrationshintergrund», dem das öffentliche Bewusstsein und die Einwanderungs- und Integrationspolitiken kaum entsprechen. Immigration wird in den meisten Ländern noch als Problem- und Konfliktgeschichte wahrgenommen, und von Kritikern in die Reihe der traumatischen Episoden oder Aspekte der europäischen Geschichte eingeordnet. Doch Migration ist weder für die Aufnahmegesellschaften noch für die Einwanderergemeinschaften ein kollektives

Trauma, sondern zunächst eine erstaunliche Erfolgsgeschichte – wenn auch sicherlich mit Schattenseiten. Auf der Habenseite stehen wirtschaftliche Prosperität und sozialer Aufstieg, auch transkulturelle Innovationen, die beileibe nicht nur die europäische Küche positiv beeinflusst haben; auf der Sollseite finden sich die Aspekte sozialer Segregation und ethnisch-religiöser Diskriminierung.

Diesbezüglich steht Europa offenbar an einem Scheideweg. In vielen Ländern bricht sich eine offene Ablehnung ethnischer Minderheiten Bahn und werden mehr oder weniger gravierende Konflikte von politischer Seite zum Machterhalt oder Machtgewinn instrumentalisiert, nicht nur von rechtsextremen und nazistischen Parteien, sondern auch von populistischen Bewegungen und Regierungsparteien.[69] Sie schüren Ressentiments, stellen Sündenböcke an den Pranger und verletzen Rechtsgarantien und Konventionen, die Minderheiten seit 1945 effektiv geschützt haben. Der Zusammenhang mit der wirtschaftlichen Dauerkrise seit den 1970er Jahren ist unverkennbar, und es stellt sich die Frage, ob europäische Toleranz nur ein Schönwetterphänomen ist, das mit dem Abflauen der wirtschaftlichen Erfolgsgeschichte verschwinden könnte.

Wie in einer Nussschale ist diese Frage an der Behandlung einer in vieler Hinsicht herausstechenden Minderheit zu illustrieren. In einigen Städten der Slowakei haben Einwohner Betonwände gegen benachbarte «Zigeunerviertel» aufgerichtet. Nur so, meinten sie, konnten sie sich gegen Belästigungen und Diebstähle schützen, die der Volksgruppe der Roma[70] notorisch zugeschrieben werden. So entstanden in einem Land, in dem diese immerhin zehn Prozent der Bevölkerung ausmachen, «Zigeuner-Gettos»; zwanzig Jahre nach Öffnung des Eisernen Vorhangs wurden neue Mauern gezogen, in der Mitte Europas gegen ein europäisches Volk. Ähnliches geschah und geschieht in Tschechien, Rumänien, Bulgarien und Ungarn, wo die Roma Diskriminierung und Verelendung ausgesetzt sind. Für die Roma war das Ende der sozialistischen Ökonomie insofern ein Unglück, als sie überwiegend in der staatlich regulierten Landwirtschaft tätig waren, mit deren Privatisierung arbeitslos wurden und vom Land in die «Zigeunerviertel» (mahala) kleinerer und größerer Städte abwanderten.

Auch im Westen Europas, wo die meisten Roma und *Sinti* seit Jahrhunderten sesshaft sind, bleiben «Zigeuner» ein Stein des Anstoßes. Immer wieder kam es zu Konflikten mit Anrainern und der Polizei, wurden wilde oder auch genehmigte Lager kontrolliert und geräumt. Eskaliert ist die Lage vor allem in Italien und Frankreich, wo die Regierung im Sommer 2010 «Zigeunerlager» gezielt auflösen ließ und einen schweren Konflikt mit der EU Kommission riskierte. Es gibt heute insgesamt nur wenige Staaten der EU, in denen Roma und Sinti ebenso unauffällig wie unbehelligt leben können.

In einer Darstellung von Erinnerungskonflikten an der europäischen Peripherie nehmen die Roma eine besondere Stellung ein. Aus der südöstlichen Peripherie mögen Roma stammen, die in den letzten Jahren in die westeuropäischen Kernländer der EU gewandert sind, aber sie sind selbst EU-Bürger und als solche schwer auszuweisen, wie der französische Fall zeigt. Ihre periphere Rolle nehmen sie weniger herkunftsbezogen ein als ob ihres marginalen Status inmitten der europäischen Gesellschaft. Als Erinnerungskonflikt kann man den Gegensatz zwischen vermeintlich Einheimischen und vermeintlich Fremden insofern einstufen, als er auf die uralte Spaltung zwischen «Bauern» (im Romanes: Gadzo) und Nomaden zurückverweist. In den Agrargesellschaften waren nomadische und halb-nomadische Gemeinschaften notorisch gefürchtet, «fahrend Volk» passte nicht in kollektive Identitätsmuster, die mit ethnischer Verwurzelung und Bindung an Grund und Boden verbunden waren. Auch dass sich Roma und Sinti in patriarchalen Familienclans organisieren, dass sie in «Kumpaneien» wirtschaften und bestimmten Reinhaltungsritualen folgen, wird häufig mit Unverständnis und Intoleranz bedacht. In der «Zigeuner-Folklore» gelten Roma und Sinti als exotisch und anomisch, als schwer anpassungsfähig und tendenziell gefährlich, selbst in der freundlicheren Sicht auf Virtuosen der

«Zigeunermusik», Flamencotänze und «Zigeunerwallfahrten» (wie jährlich in Sainte-Marie-de-la-Mer in der Camargue) bleiben Ausnahmestellung und Geringschätzung bestehen. Ähnlich wie bei den jüdischen Minderheiten in Europa wurden Mobilitätsbeschränkungen beziehungsweise Migrationszwänge, die durch Obrigkeiten und Mehrheiten auferlegt waren, aggressiv gegen die Leidtragenden selbst gerichtet, ungeachtet der seit Jahrzehnten belegbaren Tatsache, dass Roma in ihrer überwältigenden Mehrheit sesshaft sind und der Anteil der «reisenden Roma» stetig zurückgegangen ist.[72]

Diese empirische Normalisierung soll nicht überspielen, dass man Schwierigkeiten mit dem Verhalten von Roma haben kann. Wer ehrlich ist, war schon einmal wenig erfreut über aggressives Betteln und unerwünschtes Scheibenwaschen an Ampelstopps, und es sind nicht nur episodische Fälle bekannt, wo Kinder von Familienclans zum «Klauen» angehalten worden sind. Aufgeregte Medienberichterstattung darüber dramatisiert die Proportionen dieser Irritation und schiebt ihre Ursachen einzig auf die Individualtäter und vermeintliche Kollektivmerkmale, während das Drama der historischen Diskriminierung, die schon im 16. Jahrhundert begann, und die aktuelle Exklusion meist verschwiegen werden. Das nationalsozialistische Deutschland hat dies auf die Spitze getrieben und eine sechsstellige Zahl von «Zigeunern» ermordet, Tausende von Roma sind im Zuge der jüngsten ethnischen Säuberungen in Bosnien und im Kosovo vertrieben worden und in so gut wie allen europäischen Ländern veranstalten Ethnonationalisten und Neofaschisten verbale, zunehmend auch echte Hetzjagden auf Roma, in den Hauptsiedlungsgebieten zwischen Rumänien und Ungarn gehört Antiziganismus fast zum guten Ton. In Deutschland haben erst spektakuläre Gedenkaktionen und die Lobbyarbeit des Zentralrats Deutscher Sinti und Roma[73] den Holocaust an dieser Volksgruppe ins Gedächtnis gerufen. Das Denkmal für die im Nationalsozialismus ermordeten Sinti und Roma in der Nähe des Berliner Reichstagsgebäudes, das der Künstler Dani Karavan gestaltet hat, ist auf Grund interner Querelen um die zu wählende Inschrift bisher nur symbolisch eingeweiht worden. Der Hinweis auf die Verfolgungspraxis vor 1945, den die EU-Justizkommissarin Viviane Reding angesichts der französischen Wortwahl und Zielsetzung für angebracht hielt, war aus dieser Sicht keineswegs deplatziert, denn Frankreich hat sein Renommee als große Einwanderungs- und Asylnation mit seinem Vorgehen tatsächlich kompromittiert und für den Beifall von rechtsaußen aufs Spiel gesetzt.

Auch wenn das Gros der Roma und Sinti die Staatsangehörigkeit des jeweiligen Landes beziehungsweise legale Aufenthaltsdokumente besitzt, ist der vereinzelte Status der Staatenlosigkeit metaphorisch zu nehmen. Die Roma und Sinti sind die Paria-Gruppe der europäischen Gesellschaft, und es stünde der Europäischen Union gut an, wenn sie die vereinzelten Bemühungen, eine nachhaltige Inklusion und Integration im Respekt der kulturellen Besonderheiten zu garantieren, intensivierte. Die Häufung der von Rumänien bis Frankreich reichenden Konflikte sollte Anstoß dazu sein. Mit der halbherzigen Konfliktlösung beim EU-Gipfel im September 2010 deutete sich ja immerhin an, dass «Europa» auch in diesem Fall die Ebene darstellt, auf der inner- und zwischenstaatliche Konflikte zu beruhigen und einzudämmen sind.

7. Europas Erfolgsgeschichte nach 1945

Man sieht zusammenfassend: Europas kollektives Gedächtnis nach 1989 ist ebenso vielfältig wie seine Nationen und Kulturen und genauso – im doppelten Sinne – geteilt wie seine Staaten- und Gesellschaftswelt. Der starke, immer wiederkehrende Impuls, Vergessen in und für Europa sei besser als Erinnern, ist verständlich und hat prominente Anwälte gefunden – im postkolonialen Frankreich, im postfranquistischen Spanien und im postsozialistischen Polen. «Amnestie ja – Amnesie nein!» lautete dagegen das Plädoyer des ebenso prominenten Dissidenten und Pazifisten Adam Michnik.[74] Denn es lässt sich belegen, dass Demokratisierungsprozesse in Übergangsgesellschaften – und das waren nach

1945 fast alle europäischen Nationen – ohne kritische Rekapitulation der eigenen Vergangenheit prekär und unvollkommen blieben. Das gilt für die Bearbeitung des polnischen oder ungarischen Antisemitismus, für die unmenschliche Behandlung der Roma in Osteuropa, für die in Frankreich von höchster Stelle verordnete Amnesie in Sachen Algerienkrieg. Und so wie europäische Demokratien seit 1945 gegeneinander keine Kriege mehr führen, erfährt der demokratische Prozess Legitimation durch eine nunmehr gesamteuropäische Geschichtspolitik, an der lokale Graswurzelinitiativen ebenso beteiligt sind wie offiziöse Schulbuchkommissionen und staatliche wie überstaatliche Instanzen.

Geschichtspolitisch und ausstellungspädagogisch lässt sich hier durchaus ein Schnitt machen. Wir kommen zur unbestreitbaren Erfolgsgeschichte (West-)Europas nach 1950, die im «Haus der europäischen Geschichte», das 2014 in Brüssel seine Pforten öffnen soll, einen wichtigen Platz einnehmen wird. Denn nach dem Ende des Zweiten Weltkrieges hat sich in Europa eine Entwicklung ergeben, die aus dem totalitären Zirkel und der ideologischen Ost-West-Spaltung herausführt. Man kann kaum behaupten, die Osterweiterung von 2004 habe diesen Riss bereits geheilt. Aber man muss sich auch nicht scheuen, eine Ausstellung zu konzipieren, die diese Erfolgsgeschichte thematisiert.

Denn ein Erfolg war die europäische Integration ohne Zweifel. Für die meisten zählt zuallererst ihre ökonomische Wachstumsbilanz – man braucht nur das heutige Entwicklungs- und Wohlstandsniveau mit dem von 1930 oder 1950 zu vergleichen, um die Leistungsfähigkeit der Wirtschaftsunion einschätzen zu können. Für andere zählt mehr die politische Dividende einer dauerhaften Friedensstiftung zwischen ehedem tief verfeindeten Staaten, was den zwischenstaatlichen Verkehr – Deutschland ist nach dem treffenden Bonmot des damaligen Verteidigungsministers Volker Rühe erstmals in seiner Geschichte «von Freunden umzingelt»[75] – ebenso betrifft wie die Überwindung unversöhnlicher politischer Ideologien. In Europa gibt es heute ausschließlich parlamentarische und semi-präsidentielle Demokratien, die im globalen Freiheits-Ranking weit oben rangieren, ebenso verbreitet und stabil sind Rechts- und Verfassungsstaatlichkeit. Wieder andere rücken die Stärke der europäischen Kulturen in den Mittelpunkt, womit Europa an seine Blütezeiten im 19. und 20. Jahrhundert anschließen könne. Nirgendwo sonst existiert ein so dichtes Netz kultureller Initiativen, an keiner Stelle der Welt ist es so inklusiv, unerreicht ist auch die Autonomie der Kulturschaffenden. Für die Autoren zählt aber vor allem die Stärke der europäischen Bürger-gesellschaft, die im Übrigen für viele der bisher aufgelisteten Vor-züge verantwortlich ist.

Für all das gibt es keine Garantie, und an vielen Stellen haben wirtschaftliche und kulturelle Globalisierung und neoliberale Politiken sozialer Exklusion das Bild schon stark verdunkelt. Umso bemerkenswerter ist der Umstand, dass die positive Bilanz Europas nach 1945 bisher kaum das europäische Selbstbewusst-sein prägt und aus ihr nur in Maßen eine äußere Gestaltungsmacht in der Weltpolitik erwächst. Insofern hat die Präsentation der europäischen Erfolgsgeschichte kaum Züge von Selbstlob und gehört ironischerweise mit in die kritische Aufarbeitung des euro-päischen Nationalismus, die den Nationalstaaten zu viel zutraut und «Brüssel» notorisch misstraut.

Das geplante *Haus der europäischen Geschichte* in Brüssel soll nach dem Willen der Experten und Expertinnen des für die Muse-umskonzeption einberufenen Sachverständigenausschusses nahe an den Erkenntnissen der Fachwissenschaft sein, neueste museo-logische und museumspädagogische Erkenntnisse berücksichti-gen und vielfältige Objekt-, Text- und Medienelemente aufneh-men. Hier kann das Haus auf das Konzept der Erinnerungsorte zurückgreifen, die in diesem Fall a priori supranational ausgelegt sein müssen, also in vielen europäischen Ländern bekannt sein müssen, und dabei auf verschiedene, womöglich kontroverse Art angeschaut und eingeordnet werden können. Kontroversen wird es sowohl innergesellschaftlich wie zwischenstaatlich geben, und der Leitgedanke dieses Buches ist, dass eben diese Konflikte, so-fern sie friedlich ausgetragen und institutionell bearbeitet werden, eine vitale Erinnerungsgemeinschaft herstellen und festigen können.

Die skizzierten sieben Kreise europäischer Erinnerung erheben keinen Anspruch auf Vollständigkeit; auch sind die wechselseitigen Überlappungen, der Referenzpunkt Holocaust und zugleich eine wachsende zeitliche und sachliche Distanz dazu deutlich geworden. Gemeinsam ist die Vorherrschaft einer Geschichte von Verbrechen und Traumata, die den Europäern eine schwere Erinnerungsbürde auferlegt. Die folgenden Geschichtsreportagen[76] behandeln Erinnerungskonflikte und geschichtspolitische Auseinandersetzungen in Ländern, die geografisch-kulturell zu Europa gehören und zum Teil den EU-Beitritt anstreben, an der Anerkennung ihrer Zugehörigkeit und Aufnahme in die politische Gemeinschaft aber nicht zuletzt dadurch gehindert werden, dass sie eine «unbewältigte Vergangenheit» haben und bei ihnen virulente Konflikte mit Minderheiten bestehen.

Zweites Kapitel
Erinnerungsorte der europäischen Peripherie

Den Begriff «Erinnerungsort» hat der französische Historiker Pierre Nora 1984 mit seinem Großforschungsprojekt *Les lieux de mémoire* eingeführt.[77] Nora wollte die Kristallisationspunkte der öffentlichen Erinnerung inventarisieren und zugleich in patriotisch-republikanischer Mission Orte benennen, die «Gewicht für die Herausbildung der politischen Identität Frankreichs» besitzen.[78] Allgemeiner sind Erinnerungsorte Medien des kollektiven Gedächtnisses eines Gemeinwesens,[79] wozu neben physisch markanten, häufig zur Weckung und Pflege der Erinnerung inszenierten Orten (wie Gedenkstätten, Museen und Mahnmalen) auch Ereignisse, Gedenkfeiern, Persönlichkeiten, Organisationen, Rituale und Embleme sowie wissenschaftliche, literarische und Gesetzestexte zählen können. Diese sollen einen materiellen, einen symbolischen und einen funktionalen Sinn aufweisen. Noras Illustration ist die Schweigeminute, die das «extremste Beispiel einer symbolischen Bedeutung zu sein scheint, ‹sie› ist materieller Ausschnitt einer Zeiteinheit und dient gleichzeitig dazu, periodisch eine Erinnerung wachzurufen».

Die Schweigeminute, die in Israel alljährlich die Erinnerung an den Holocaust wachrufen soll, belegt die Potenz solcher Erinnerungsorte, die, wie Nora formuliert hat «einfach und vieldeutig, natürlich und künstlich, der sinnlichen Erfahrung unmittelbar gegeben und gleichzeitig Produkt eines höchst abstrakten Gedankenwerks» sind. Interessanter als die originäre Widmung wirken oft die Metamorphosen und Adaptionen von Erinnerungsorten im Laufe der Zeit, wobei sich verschiedene Vergangenheitsbezüge mosaikartig verbinden können. Erinnerungsorte bilden eine Geschichte zweiten Grades, die nicht rekonstruieren soll, «wie es wirklich gewesen ist», sondern die Konstruktion und Verwendung von Geschichte(n) im öffentlichen Raum zum Gegenstand hat.

Während sich nationale Erinnerungsorte in der Regel auf eine territorial geschlossene Erinnerungsgemeinschaft beziehen,[80] stehen europäische Pendants vor der Schwierigkeit, dass Europas Grenzen nicht eindeutig zu bestimmen, ihre Referenz und Wirkung also offen sind.[81] Zwar bildet die Europäische Union ein räumlich klar – wenn auch nicht abschließend – definiertes Objekt, doch anders als bei der politischen und ökonomischen Routinekooperation auf supranationaler Ebene, die auch Gesellschaftsstrukturen konvergieren lässt, verharrt das kollektive Erinnern bislang im nationalhistorischen Rahmen. Doch wächst in ganz Europa nun «eine neue Wahrnehmung der Vergangenheit [...], die die gemeinsamen Aspekte der getrennten Geschichten hervorhebt und die Geschichte des Nachbarn als Teil der eigenen Geschichte betrachtet».[82]

Damit treten genuin europäische Erinnerungsorte ins Bewusstsein, auch wenn sie in divergente, oft antagonistische nationale Kontexte eingebettet bleiben. Ein Beispiel ist das Datum des 8. Mai 1945: In Westeuropa symbolisiert es das Ende des «Dritten Reiches», in Mittel- und Osteuropa den Beginn einer neuerlichen und lange anhaltenden Okkupation durch die Sowjetunion. Das offizielle Russland verknüpft mit dem 8./9. Mai positive Heldennarrative, in Deutschland schwankt die Deutung des Gedenktages zwischen «Befreiung» und «Zusammenbruch». Nationale und europäische Erinnerungsorte können sich überlappen: Der Mord an den europäischen Juden wird in Deutschland und Polen je spezifisch gedeutet und aufgearbeitet, aber der Holocaust bestimmt zugleich die gesamteuropäische Erinnerung.[83]

So muss das für die französische Nation entwickelte Konzept, das auf andere Nationalstaaten und Regionen übertragen wurde, auf supranationaler Ebene neu gedacht werden; auch in Sachen Kommemoration sind Europa und die Europäische Union Gebilde sui generis, deren kollektives Gedächtnis jenseits der Nationalgeschichten und diesseits der Globalgeschichte angesiedelt ist.

Und es ist, wie es der Historiker Henry Rousso ausgedrückt hat, in die Zukunft gerichtet: «Ein gesamteuropäisches Gedächtnis schriebe sich demnach eher in einen Erwartungshorizont als in einen Erfahrungsraum ein; es wäre eher zu konstruieren als zu exhumieren.»[84]

Wie die exemplarischen Erinnerungsorte dieses Buches zeigen sollen, ergibt sich Europas heterogene Erinnerungsgemeinschaft somit auch nicht aus normativen Vorab-Konsensen, Wertekatalogen und Leitkulturen, sondern genau aus der Strittigkeit solcher Konsensannahmen und der diskursiven und zivilen Bearbeitung von Deutungs- und Anerkennungskonflikten.[85] Europäisch ist nicht eine ex post aus der historischen Tradition geformte Identität oder eine alleuropäische Geschichtsbetrachtung ex cathedra, sondern die Art und Weise, wie Meinungsverschiedenheiten über die Bewertung historischer Ereignisse und über disparate Erinnerungen geschlichtet werden. Exemplarisch war die Rede des damaligen Bundespräsidenten Richard von Weizsäcker 1985 zum 40. Jahrestag des Endes des Zweiten Weltkriegs im Deutschen Bundestag; dass er die umstrittenen bundesdeutschen Bewertungen des 8. Mai 1945 zusammenführte, schloss die langjährige Kontroverse über Befreiung versus Zusammenbruch nicht ab, bot aber einen Referenz- und Gesprächsrahmen, auf dessen Grundlage konträre Positionen abzuwägen waren.[86] Ähnliches darf man bei der Bewertung der DDR als «Unrechtsstaat» erwarten, woran im Frühsommer 2010 immerhin noch Koalitionsverhandlungen zwischen SPD und Grünen auf der einen und der Linkspartei auf der anderen Seite in NRW scheitern konnten; auch wenn die DDR-Vergangenheit nur ein Vorwand für ein vermutlich ohnehin angestrebtes Scheitern der Koalitionsverhandlungen war, zeigt das Beispiel, wie sehr die Vergangenheit aktuelle Machtkämpfe beeinflussen kann. Solche Auseinandersetzungen können Jahrzehnte dauern, doch im Laufe der Zeit schält sich zumeist eine Lesart heraus, die nicht für alle, aber für viele akzeptabel und meinungsbildend ist.

Analoge Beispiele finden sich auf internationaler Ebene. Im April 2010 stürzten auf dem Flug zu einer Gedenkfeier für die

Opfer von Katyn, wo im Frühjahr 1940 Teile der polnischen Elite von den Sowjets umgebracht worden waren, zusammen mit dem Staatspräsidenten Lech Kaczyński zahlreiche führende Mitglieder der heutigen polnischen Elite beim Landeversuch in Russland ab. Das tragische Ereignis bewirkte eine ungeahnte Annäherung zwischen Russland und Polen und einen nun vielleicht inklusiveren polnischen Patriotismus. Und ganz gleich, ob das gegenseitige Misstrauen zwischenzeitlich wieder erstarken sollte, kann selbst «Katyn» siebzig Jahre nach dem Massaker ein Katalysator der Europäisierung Europas werden.

Katyn ist ein zentraler Mythos der polnischen Nation, aber bislang nur ein peripherer Erinnerungsort für den Rest des Kontinents. Auch die von uns gewählten Erinnerungsorte beziehen sich auf geschichtspolitische Konflikte an der europäischen Peripherie. Auf den ersten (und oft auch zweiten) Blick stehen sie einer geteilten Erinnerung des heutigen Europa ebenso im Wege wie nach 1945 die offenen Wunden des Zweiten Weltkriegs dem gespaltenen Europa. Aber wie diese besitzen sie das Potential, durch eine Debatte zivilisiert, in einem gewissen Sinne auch geheilt zu werden. Dazu reichen Harmoniebekundungen in Sonntagsreden nicht aus; schmerzhafte Wahrnehmungsunterschiede müssen angesprochen und «auf den Tisch gelegt» werden, bevor man supranationale Sichtweisen in der Zeitgeschichtsforschung, in Schulbüchern und nicht zuletzt vor Strafgerichten erreichen kann, die in die öffentliche Geschichtskultur und ins allgemeine Geschichtsbewusstsein übergehen können. Selbst wenn das geschehen ist, gibt es niemals eine Garantie gegen mögliche Rückfälle in antagonistische Sichtweisen und sogar das Wiederaufflammen gewaltsamer Konflikte, aber solche werden unwahrscheinlicher, zumal dann, wenn diskursive Fortschritte in institutionelle und vertragliche Arrangements und Routinen überführt werden.

Die Auswahl der folgenden Erinnerungsorte der europäischen Peripherie umfasst nicht allein physisch-materielle Orte (wie ein Denkmal), an denen sich konkrete Ereignisse abgespielt haben oder reinszeniert werden. Wir haben auch symbolische und virtuelle Orte ausgesucht, an denen sich das kollektive Gedächtnis politischer Gemeinschaften ebenfalls kristallisiert und ausrichtet. So wie Auschwitz ein authentischer Ort ist, an dem sich ein ungeheuerliches Menschheitsverbrechen ereignet hat, ist «Auschwitz» eine Metapher, die in der Jugendbegegnungsstätte in Oświęcim[87] genauso wie am Denkmal für die ermordeten Juden Europas in der Mitte Berlins vergegenwärtigt werden kann.[88]

In diesem Doppelsinne behandeln wir die von uns ausgewählten Erinnerungsorte: Den Anfang macht «Aljoscha», die umgestellte Bronzeskulptur eines gefallenen Rotarmisten in der estnischen Hauptstadt Tallinn, in seiner ambivalenten Bedeutung für die Geschichte des Zweiten Weltkriegs, für die politische Verfolgung in der Ära des Stalinismus und das prekäre Verhältnis zwischen der EU und der Russländischen Föderation. Das nächste Beispiel ist ein auf YouTube verbreitetes «Euronews»-Video aus dem Gerichtssaal des Jugoslawien-Tribunals in Den Haag. Wir präsentieren es als Erinnerungsort des Jugoslawienkrieges und des Unvermögens der Europäer, den schwersten Menschenrechtsverletzungen nach 1945 wirksam entgegenzutreten. Ein ungewöhnlicher Erinnerungsort ist auch Artikel 301 im türkischen Strafgesetzbuch, der die «Beleidigung der türkischen Nation, des Staates der türkischen Republik und der Institutionen und Organe des Staates» unter Strafe stellt; er spaltet die türkische Öffentlichkeit, trübt die Beziehungen zwischen der Türkei und der EU und beschäftigt auch die türkische Diaspora. Und wir untersuchen, was eine Wanderausstellung über den Holodomor, den Hungertod Hunderttausender Ukrainer in den 1930er Jahren, über die gegenwärtige Orientierungskrise der Ukraine zwischen Europäischer Union und der Russländischen Föderation aussagt. Es folgt der Blick in ein verstaubt wirkendes Museum vor den Toren Brüssels, das die verdrängten Kolonialmassaker von Europäern in Afrika auf verquere Weise zur Sprache bringt, und zuletzt ein randständiges Ausstellungsstück im Bonner Haus der Geschichte der Bundesrepublik Deutschland, das die schwierige Inklusion von Migranten in Deutschland und Europa indiziert. Manche der

Erinnerungsorte (wie Aljoscha) sind direkte Auslöser von Erinnerungskonflikten gewesen, andere (wie das YouTube-Video) sind eher Medien oder Arenen des Konfliktes, wieder andere signalisieren lediglich die Potentialität eines Erinnerungskonflikts.

Die Geschichtsreportagen über diese Erinnerungsorte sind etwa gleich aufgebaut: Zunächst legen wir an einem exemplarischen Erinnerungsort dar, wie er zum Streitfall werden konnte oder wie er, sozusagen aus dem geschichtspolitischen «Off», vermiedene Debatten und verdrängte Konflikte zum Vorschein bringt. Im zweiten Schritt referieren wir (in gebotener Kürze) den derzeitigen Stand der zeithistorischen Forschung zu den dahinter liegenden Deutungs- und Anerkennungskonflikten. «Derzeitiger Stand» meint, dass die Zeitgeschichte, wie es ihr eigen ist, an allen Orten noch «qualmt»[89], mit anderen Worten; Empirie und Bewertung sind noch offen.

Auch, wo eine bestimmte Position der Geschichte, wie sie wirklich gewesen ist, näher liegen dürfte, sind wir nicht der Meinung, ein mit der «herrschenden Meinung» begründetes Wissensregime könne einen geschichtspolitischen Dissens autoritativ entscheiden oder gar beenden. Im nächsten Schritt legen wir deshalb die Ebenen und Arenen des geschichtspolitischen Konflikts dar, die (vor allem bei Bürgerkriegen) eine Binnendimension haben, eine außenpolitische Dimension aufweisen und von Fall zu Fall Exil- und Diasporagruppen aktivieren.

Schließlich interessiert uns das Europäische des Erinnerungskonflikts, seine «Europäizität». Wie supranational waren seine Auslöser? Welchen Einfluss hatte er auf die Dynamik der europäischen Integration? Und wie behindert oder befördert seine Austragung die Erweiterung und Vertiefung der Europäischen Union heute? In vielen ausgewählten Erinnerungskonflikten geht es um den Status ethnischer und religiöser Minderheiten, oft auch um die Bewertung der Kollaboration mit Besatzungsregimen, stets um die Wirkung der «Aufarbeitung der Vergangenheit» auf Demokratisierungsprozesse und die geschichtspolitische Dimension zwischenstaatlicher Konflikte.

Abbildung 2. Europäische Erinnerungsorte der Peripherie

	1	2	3	4	5	6	7
Ort/ Medium	«Aljo-scha»-Denkmal in Tallinn *Statue*	YouTube-*Video* aus Den Haag	*Artikel 301* im türkischen Strafgesetzbuch	Holodo-mor-*Wanderausstellung* in Köln	*Rotunde* im Zentralafrikamuseum in Tervuren	Deutz tief-*Moped-Foto* im Haus der Geschichte der Bundesrepublik, Bonn	*Plan* des Hauses der Europäischen Geschichte Brüssel
Streitfall	23. August 1939 GULag 8./9. Mai 1945	*Ethnische Säuberung* in Sarajevo und Srebenica 1992 ff.	*Genozid 1* Armenien 1915–1917	*Genozid 2* Ukraine 1930er Jahre	*Genozid 3* Kolonialverbrechen (Zentralafrika) 1884 ff.	Gastarbeiter 1955 ff. *Arbeitsmigration u. Asyl*	*Europäische Integration nach 1945*
Konfliktlinie	Ost-West (Kommunismus)	Ost-West (Christentum-Islam)	Ost-West (Grenzen Europas)	Ost-West (Russland)	Nord-Süd (Kolonialismus)	Nord-Süd (Wanderung)	Ost-West und Nord-Süd
Arena 1 (Binnen)	Balten vs. Russen	Bosniaken vs. Serben	Türken vs. Kurden	West- vs. Ost-Ukraine	Zentralafrik. Konflikt	Migrantengemeinschaften	Ost-West-Gefälle in Europa
Arena 2 (Außen)	Baltikum vs. GUS, EU vs. GUS	Jugoslawien vs. Nachbarstaaten	Türkei vs. Armenien, Zypern	Ukraine vs. Russland	EU vs. Afrika	EU-Politik Migration u. Flucht	Europa und EU in der Welt
Arena 3 (Diaspora)	Russen und Balten in Europa	«Ex-Jugoslawen» in Deutschland	Türkische und armenische Diaspora	Ukrainer u. Russen im Westen	Afrikaner in Europa	Rückwanderer	
Europa	Diktaturvergleich, post-komm. Transformation	EU-Beitritt Slowenien, Kroatien, Serbien, Kosovo	EU-Beitritt Türkei	EU-Beitritt Ukraine	Humanitäre Intervention und Demokratieexport	Freizügigkeit, Migration, Asyl	Europäische Öffentlichkeit

1. *Aljoscha* und die baltische Ambivalenz

«Aljoscha» nach der Versetzung vom April 2007 an seinem neuen Platz auf dem Talliner Militärfriedhof außerhalb des Stadtzentrums.

Der Bronzene Soldat: ein umgestellter Erinnerungsort

Auf dem Militärfriedhof *Tallinna Kaitseväe kalmistu*, einige Kilometer außerhalb des Zentrums der estnischen Hauptstadt Tallinn, sticht den Friedhofsbesuchern *Aljoscha* ins Auge: eine Bossenwand mit einer bronzenen, etwa zwei Meter hohen Statue eines Soldaten in der Uniform der Roten Armee aus dem Zweiten Weltkrieg. Den Helm in der rechten Hand, trauert der Soldat um seine gefallenen Kameraden. Blumen und Kränze, die auf seinem Körper und auf den Stufen platziert worden sind, deuten darauf hin, dass die Statue häufig besucht und gepflegt wird. Bevor der *Bronzene Soldat* auf diesen Militärfriedhof kam, blickte er 60 Jahre lang, seit seiner Errichtung am 22. September 1947 am dritten Jahrestag des Einmarsches der Roten Armee in Tallinn, streng und übermannshoch von seinem Sockel auf die Passanten in der Innenstadt Tallinns.

Das Soldatendenkmal war wie in vielen anderen Staaten Ostmitteleuropas zur Erinnerung an den Sieg über den Faschismus und als Symbol für die nach 1945 im sowjetischen Herrschaftsbereich errichtete Gesellschaftsordnung aufgestellt worden, offiziell als Erinnerung an die gefallenen sowjetischen Soldaten im Zweiten Weltkrieg. Vermutlich tauften russischsprachige Estinnen und Esten die Statue *Aljoscha*.[90] Manche sehen in ihr bis heute ein Symbol russischer Stärke, für die Befreiung Europas vom Faschismus und für den Sieg im *Großen Vaterländischen Krieg* –, wie das offizielle Russland den Teil des Zweiten Weltkrieges vom deutschen Überfall auf die Sowjetunion 1941 bis zur Kapitulation Deutschlands am 9. Mai 1945 nennt. Aus dieser Sicht war die Angliederung des Baltikums an die Sowjetunion, die in zwei Etappen vor und nach dem Krieg gegen das Deutsche Reich erfolgte, freiwillig geschehen.

Für die meisten anderen Bewohner Estlands ist der *Bronzene Soldat* schlichtweg ein Symbol für die über 40 Jahre während sowjetische Okkupation und den damit verbundenen Verlust bürgerlicher Freiheit und staatlicher Unabhängigkeit, die nach ihrer Erringung nach dem Ersten Weltkrieg bis 1940 unter prekären Nachbarschaftsverhältnissen verteidigt und erst 1990 wiedererlangt worden war. Aus dieser Sicht, die das Gros der nicht-russischen Bewohner der beiden anderen baltischen Staaten Lettland und Litauen teilt, mutet eine Titulatur des 9. Mai 1945 als «Tag der Befreiung» als blanker Zynismus und Provokation an, als Propagandarelikt einer überwundenen totalitären Diktatur.[91]

Angesichts dieser hart umstrittenen Ansichten über ein und dieselbe Statue wird nachvollziehbar, warum ihre Verlegung im Frühjahr 2007 in Estland bürgerkriegsähnliche Zustände mit zahlreichen Verletzten und sogar einem Toten auslösen konnte. Festnahmen wegen Vandalismus und eine diplomatische Krise zwischen Estland und Russland waren das Resultat.[92] In den ersten Jahren der estnischen Unabhängigkeit war eine Umdeutung des Monuments vorgeschlagen worden, doch standen zu dieser Zeit für die estnischen Bürger andere, vor allem ökonomische Probleme des Übergangs im Vordergrund.[93] Am frühen Morgen des 9. Mai 2005 war die Statue des *Bronzenen Soldaten* zum ersten Mal von einem Unbekannten mit roter Farbe bemalt worden, und die Diskussionen um die sowjetische Vergangenheit erreichten einen ersten Höhepunkt.[94]

Die vom damaligen russischen Präsidenten Wladimir Putin ausgesprochene Einladung der baltischen Staatspräsidenten nach Moskau zur Feier des 60. Jahrestages der Befreiung vom Faschismus erhitzte zu dieser Zeit die Gemüter. Lediglich die lettische Präsidentin Vaira Vike-Freiberga folgte ihr; sie wollte damit der lettischen Sichtweise auf den Zweiten Weltkrieg und namentlich auf das Geheime Zusatzprotokoll des Hitler-Stalin-Pakts vom August 1939 auf internationaler Ebene Gehör verschaffen.[95] Der damalige Präsident Estlands, Arnold Rüütel (1990 bis 1992 und 2001 bis 2006), hatte sich gegen einen Besuch in Moskau entschieden. Das brachte ihm Unterstützung, aber auch die Kritik ein, das Gedenken der russophonen Minderheit im eigenen Land zu ignorieren, die doch immerhin etwa ein Drittel der Bevölkerung ausmachte – für diese war und blieb der 9. Mai ein bedeutender Tag.[96]

Rund um die Diskussionen zum 60. Jahrestag des Kriegsendes kam es in Tallinn zu ersten Rangeleien und einer Demonstration unter den Mottos «Die Zeit des roten Faschismus ist um!» und «Schluss mit der Okkupation!» Das symbolträchtige Soldatendenkmal im Zentrum der Haupstadt war Auslöser und Austragungsort dieser Konflikte, über die estnische wie russische Medien intensiv berichteten. Nachdem es ein Jahr später, um den 9. Mai 2006, erneut zu Auseinandersetzungen um den *Bronzenen Soldaten* gekommen war, kündigte Andrus Ansip, der Premierminister der Republik Estland, am 26. Mai 2006 und im darauffolgenden Wahlkampf die Verlegung des *Bronzenen Soldaten* an. Ausschreitungen im Umfeld der Statue bei den Mai-Feierlichkeiten sollten damit künftig vermieden werden. Zunächst befasste sich ein «Runder Tisch» mit der Frage der Denkmalverlegung. Am 10. Januar

2007, fast zwei Jahre nach den ersten Protesten, verabschiedete das estnische Parlament (Riigikogu) ein Gesetz «zum Schutz von Militärgräbern» mit 66 Ja-Stimmen gegen 6 Nein-Stimmen. Unter diesem irreführenden Titel wurde die Umbettung jener gefallenen Soldaten, die um das Aljoscha-Denkmal begraben waren, und die Entfernung des Denkmals aus der Stadtmitte legalisiert.[97]

Auf das in ihren Augen provozierende Gesetz reagierte die russische Staatsduma umgehend und reflexhaft, indem sie das estnische Vorgehen als «weiteres Kapitel der Heroisierung des Nazismus» brandmarkte. Auch in großen Teilen der russischen Öffentlichkeit erregten die estnischen Beschlüsse Aufsehen. So wurde das estnische Konsulat in Sankt Petersburg mit schwarzer Farbe beschmiert, wofür Aktivisten der National-Bolschewistischen Partei die Verantwortung übernahmen.[98] Die russische Einmischung gipfelte schließlich Anfang April 2007 in dem Aufruf des damaligen stellvertretenden Ministerpräsidenten Sergej Iwanow zum Boykott estnischer Waren, sollte das Denkmal wie geplant verlegt werden.[99] Mit der Parlamentswahl am 4. März 2007 erteilten die estnischen Wählerinnen und Wähler schließlich Andrus Ansip und seiner Reformpartei den Regierungsauftrag, den Ansip auch als Mandat auffasste, den *Bronzenen Soldaten* zu verlegen.

Am 25. April 2007 kündigte er die Exhumierung der sowjetischen Soldaten an, die um das Denkmal herum begraben lagen. In der darauffolgenden Nacht wurden in Tallinn Geschäfte geplündert, Gebäude zerstört, ein Mensch kam ums Leben. Bei den Akteuren der Gewaltausbrüche handelte es sich keinesfalls nur um «Nicht-Esten», die gegen das sowjet- und russlandkritische Geschichtsnarrativ der Mehrheit rebellierten, ebenso wenig trifft die Behauptung zu, dass die Randalierer ausschließlich der russophonen Minderheit angehörten.[100] Ungeachtet der traurigen Bilanz der Ausschreitungen wurde das Denkmal am 27. April 2007 demontiert, aus der Innenstadt entfernt und auf dem Soldatenfriedhof wiedererrichtet. Kremltreue Jugendorganisationen blockierten nach der Randalenacht, die in Anlehnung an die sogenannte deutsche «Reichskristallnacht» in der Öffentlichkeit

Proteste vor der estnischen Botschaft in Moskau am Tag nach der «bronzenen Nacht» von Tallinn.

«Pronksöö» (Bronzene Nacht) genannt wurde, die estnische Botschaft in Moskau. Sie sahen vor allem die Würde der Veteranen und der Opfer des Krieges verletzt, nahmen den Erinnerungskonflikt aber auch zum Anlass, um sozialen Protest kundzutun.

Die estnische Reaktion ließ nicht lange auf sich warten: Nachdem während einer Pressekonferenz Mitglieder einer russischen Jugendorganisation die estnische Botschafterin in Moskau tätlich angegriffen hatten, blieb die Botschaft eine Woche lang geschlossen. Die Europäische Kommission mahnte daraufhin die russischen Behörden, die Wiener Konvention einzuhalten, welche die Sicherheit und reibungslose Arbeit der diplomatischen Auslandsvertretungen gewährleistet. In Russland selbst stieß die Belagerung der Botschaft durchaus auf Verständnis: In einer Umfrage äußerten 80 Prozent der Befragten Wut auf die Handlungen Estlands. 59 Prozent der Befragten sahen in der Denkmalsverlegung eine von estnischer Seite zu verantwortende schwere Belastung der estnisch-russischen Beziehungen.[101]

An diesem Beispiel lässt sich zeigen, wie geschichtspolitische Binnenkonflikte außenpolitische Folgen haben können: Estnische Politiker und Beamte berichteten von Internetangriffen auf offizielle estnische Webseiten,[102] der Kreml unterbrach den Bahnverkehr zwischen Estland und Sankt Petersburg, drohte Tallinn mit wirtschaftlichen Sanktionen, und estnische Produkte verschwanden aus russischen Supermarktregalen. Viele Transporte wurden seit Mai 2007 auf Häfen außerhalb Estlands umgeleitet, so dass der Hafen von Tallinn insgesamt 13 Prozent seines Verkehrsaufkommens verlor. Ein Jahr nach der Verlegung des Denkmals, im April 2008, bezifferte die estnische Regierung den Verlust durch russische Sanktionen auf rund 450 Millionen Euro.[103]

Da der Konflikt in Westeuropa weitgehend unbekannt oder inzwischen (außer in Fachkreisen) fast vergessen ist, kann man nach der Reaktion Resteuropas fragen. Als der russische Außenminister Sergej Lawrow die Europäische Union beschuldigte, mit der Unterstützung der estnischen Regierung die Nachkriegsgeschichte umschreiben zu wollen, erklärte das Europäische Parlament in einer Entschließung am 21. Mai 2007 die Solidariät mit der Republik Estland. Es begründete seinen Schritt unter anderem mit dem Vandalismus in der Hauptstadt Tallinn sowie den Fehlinformationen von Seiten russischer Medien, die die Ereignisse angeheizt und weitere Proteste ausgelöst hätten. Während die Reaktionen[104] in den westeuropäischen Staaten verhalten blieben und diese sich von dem Eklat an ihrer Erinnerungsperipherie anscheinend wenig betroffen fühlten, fand das baltische Land in Anrainerstaaten der Europäischen Union mehr Unterstützung. Vor allem Litauen und Lettland verwiesen auf das staatliche Souveränitätsprinzip und verurteilten die Ausschreitungen in Tallinn sowie die russische Intervention als Einmischung in die inneren Angelegenheiten Estlands. Auch Finnland, Schweden, Norwegen sowie die USA und Israel schlossen sich dem mehr oder weniger deutlich an, wobei sie den Konflikt stets als rein estnisches Problem deuteten, das ohne internationale Interventionen gelöst werden müsse. Der ukrainische Außenminister Arsenij Jazenjuk äußerte zwar Verständnis für beide Seiten, bekräftigte aber, dass die Entscheidung des souveränen Estlands respektiert werden müsse. Das entschiedenste Solidaritätsbekenntnis erhielt Estland von Seiten Georgiens und Polens, die in dieser Zeit ebenfalls mit Russland im Streit lagen. Demgegenüber verurteilten das weiß-russische und serbische Außenministerium wie auch das kirgi-sische Parlament die Demontage des Denkmals in Tallinn als einen «gegen die Geschichte gerichteten Akt».[105]

Die jeweiligen Solidaritätsbekundungen deckten sich mit der bestehenden Spaltung der internationalen Staatengemeinschaft im Umgang mit Russland: Traditionell russlandkritische Staaten (etwa die mittelosteuropäischen), die historisch negative Erfah-rungen sowohl mit der Sowjetunion als auch schon mit dem zaristischen Russland gemacht hatten, äußerten wenig Kritik am estnischen Vorgehen, während Staaten, die traditionell gute Bezie-hungen zu Russland haben, wie Serbien, das im Kosovo-Konflikt von Russland unterstützt wurde, und ehemalige Sowjetrepubliken in Zentralasien den Konflikt zum Anlass nahmen, einmal mehr Stellung für Russland zu beziehen.

Der Streitfall: 8. oder 9. Mai – und die Bedeutung des 23. August 1939

Ein Befriedungsversuch kam schließlich von der estnischen Regierung selbst: Andrus Ansip legte am 8. (!) Mai 2007, dem Jah-restag des Kriegsendes und nur wenige Tage nach den beschrie-benen Vorfällen in Tallinn, einen Kranz an dem umstrittenen Denkmal nieder und kommentierte dies in dem von Urmas E. Liiv im gleichen Jahr gedrehten Dokumentarfilm «Pronksöö» (Bron-zene Nacht): «Anfangs hatte ich nicht vor, dem Bronzesoldaten die Ehre zu erweisen. Aber auf dem Kriegsfriedhof hat das Monu-ment nur eine Bedeutung: Der Bronzesoldat symbolisiert dort alle im Krieg Gefallenen.» Ansips Interpretation des 8. Mai entspricht dabei der Selbstwahrnehmung Estlands, ein Staat der Europäischen Union und abgegrenzt gegenüber Russland zu sein. Während die Sowjetunion und nun Russland am 9. Mai dem Ende des Zweiten Weltkrieges 1945 gedacht hatte beziehungsweise gedenkt, sehen die westeuropäischen Staaten den 8. Mai 1945 als Ende der Feindseligkeiten auf dem europäischen Kontinent.

Zwar war bereits am 7. Mai 1945 in Reims die Kapitulationsurkunde unterzeichnet worden, Stalin bestand jedoch auf die Unterzeichnung durch den Oberkommandierenden der Roten Armee Marschall Schukow, der am 7. Mai nicht anwesend war. So wurde am 8. Mai 1945 die Kapitulation im sowjetischen Hauptquartier Berlin-Karlshorst wiederholt. Die Ratifizierung der Kapitulationsurkunde erfolgte jedoch kurz nach Mitternacht am 9. Mai 1945. Die Sowjetunion verkündete erst nach dieser (zweiten) Unterzeichnung die deutsche Kapitulation, so dass dieses Datum in der Sowjetunion wie auch bis heute in den meisten ihrer Nachfolgestaaten alljährlich als «Tag des Sieges» begangen wird. Dagegen ist der 9. Mai für die baltischen Staaten eine Gedächtnisikone mit negativer Strahlkraft und steht symbolisch für die aufgezwungene sowjetische Herrschaft.

Treten wir einen Schritt hinter das mittlerweile abgekühlte Konfliktgeschehen zurück und analysieren die Symbolik der Statue noch einmal genauer: Zu Sowjetzeiten legten Menschen bei der Begehung des Jahrestages der «Befreiung» Estlands durch die Rote Armee sowie am 9. Mai jährlich Blumenkränze an der Statue nieder – ganz im Sinne des sowjetischen Geschichtsnarrativs vom heldenhaften Sieg und der Niederringung des Faschismus in Europa. Und noch heute wird dieser Tag von großen Teilen der russischsprachigen Bevölkerung Estlands in der Kontinuität sowjetischer Traditionen als Familienfeier begangen. Es ist unbestreitbar, dass die Sowjetunion wie kein anderes Land im Zweiten Weltkrieg unter der ungeheuerlichen Dimension des Terrors litt, den der Nationalsozialismus über den europäischen Kontinent brachte – an rund 27 Millionen Opfer gilt es zu erinnern. Doch zwischen der individuellen Trauer und dem staatlichen Gedenken, wie es im heutigen Russland praktiziert wird, besteht eine enorme Kluft.

Die propagandistische Darstellung und die überpathetische Verklärung des «Großen Sieges» macht die Aufarbeitung dunkler Aspekte des Krieges und der sowjetischen Geschichte, die Verbrechen des Stalinismus, symbolisiert durch den GULag, weitgehend zum Tabu.[106]

Der mit dem 9. Mai verbundene Stolz auf die Niederringung des Faschismus durch die Sowjetunion und das staatlich verordnete Gedenken daran erschwerte für lange Zeit jede differenzierte Erinnerung und Trauerarbeit. Im Jahr 2008 rollten erstmals seit dem Ende der UdSSR bei der Siegesfeier sogar wieder Panzer über den Roten Platz in Moskau – ein Vorgang, der international als Zeichen gewertet wurde, dass Russland der Welt seine militärische Potenz und die imperialen Absichten im «Nahen Ausland» verdeutlichen wollte.[107] Im Mittelpunkt der Feierlichkeiten stand jedoch die Inszenierung der siegreichen Vergangenheit als Mittel zur Konstruktion einer postsowjetischen Identität. Eine differenzierte historische Reflexion der Ereignisse im Zweiten Weltkrieg ist dabei ebenso wenig gefragt wie ein pluralistisches Geschichtsbewusstsein, was sich nicht zuletzt bei den Gedenkfeiern zum 65. Jahrestag der Schlacht um Stalingrad wieder gezeigt hat.[108] Der kritischen Aufarbeitung stalinistischer Verbrechen wird auf staatlicher Ebene wenig Platz eingeräumt. Versuche, die Vergangenheit einer rationalen und kritischen Revision zu unterziehen, kommen fast ausschließlich aus der ressourcenschwachen Zivilgesellschaft – vor allem von der Menschenrechtsorganisation *Memorial*, wenn auch die Diskussion um die sowjetischen Verbrechen in Katyn als ein möglicher Hinweis auf einen beginnenden Wandel innerhalb Russlands gedeutet werden können.[109]

In der Sowjetunion wurden Themen wie die völkerrechtswidrige Annexion der baltischen Staaten und die Deportationen aus den baltischen und anderen von der Sowjetunion besetzten Staaten Osteuropas im öffentlichen Diskurs lange tabuisiert. Erst die unter der Überschrift Glasnost und Perestroika in der zweiten Hälfte der 1980er Jahre vollzogene Öffnungs- und Reformpolitik des Generalsekretärs des Zentralkomitees der KPdSU Michail

Gorbatschow sprengte die Uniformität dieses Mythos durch eine pluralistischere Geschichtsdeutung, legte Deutungsunterschiede hinsichtlich des Krieges offen und erlaubte die Verhandlung lange zurückgehaltener Aspekte in der Geschichtsschreibung. Die 1988 gegründete Organisation *Memorial* begann, die Opfer der stalinistischen Repression im GULag zu thematisieren. Als Zeichen der Größe blieb und bleibt der Sieg im Großen Vaterländischen Krieg aber auch nach dem Zusammenbruch der Sowjetunion ein wichtiger Bestandteil der kollektiven russischen Identität und dient als zentrale Erinnerung an eine ruhmreiche Vergangenheit für die postsowjetische Gesellschaft.

Hinter dem 8./9. Mai taucht nun ein für die europäische Erinnerung noch kritischeres Datum auf: der 23. August 1939. Wurde schon 1989 das an diesem Tag vereinbarte «geheime Zusatzprotokoll» des Hitler-Stalin-Paktes durch die Gorbatschow-Regierung nach fünfzigjähriger sowjetischer Leugnung anerkannt und für die Öffentlichkeit zugänglich gemacht, betrachtet das heutige Russland die sowjetische Besetzung der baltischen Staaten in der Zeit von 1940 bis 1991 weiterhin nicht als illegale Okkupation, sondern als freiwilligen Anschluss. Aufgrund des russischen Mythos der eigenen Geschichte als Abfolge heroischer und ruhmreicher Leistungen haben Fragen nach der staatsbürgerlichen Verantwortung des Einzelnen für die Aufarbeitung und Auseinandersetzung mit der Geschichte wenig Platz. Solange die russische Seite bei ihrer Geschichtsversion bleibt, wird auch Estland kaum von seinem Selbstbild eines Opfers abrücken. Fast scheint ein Wandel in der offiziellen russischen Erinnerungskultur die Voraussetzung für eine kritischere Betrachtung der estnischen Geschichtsnarrative zu sein.

Neue Erkenntnisse der Geschichtswissenschaft über die Schattenseiten des Krieges haben das öffentliche Bewusstsein in Russland nur marginal erreicht. Dass der Sieg über den Nationalsozialismus das totalitäre System bis heute im Ganzen legitimiert und die Akzeptanz Stalins unter dem Putin-Regime unerhört gewachsen ist, zeigen Ergebnisse von Umfragen aus den letzten Jahren:

2003 bewerteten 53% der Russen Stalins Rolle positiv (1998 waren es 19% gewesen), sogar rund 27% hätten für Stalin gestimmt, hätte er für das Amt des Präsidenten Russlands zur Wahl gestanden. Dementsprechend wünschten sich im Jahr 2005 37% der Bürger ein Stalindenkmal.[110] In einer Umfrage aus dem Jahr 2009 antworteten 32% der Befragten auf die Frage «In Anbetracht des Umfangs der Repressionen in der Stalin-Ära und der gewaltsamen Umsiedlung (Deportation) einiger Volker, sind Sie mit der Ansicht einverstanden, dass die führende Person des Landes Josef Stalin als Staatsverbrecher bezeichnet werden sollte?» mit «im Ganzen kann ich das so nicht sagen», 12% zeigten sich «überhaupt nicht einverstanden», für 18% war es «schwer zu sagen» und nur 12% zeigten sich mit dieser Aussage «völlig einverstanden», 26% waren «weitgehend einverstanden».[111]

Von dem Mythos des «Großen Sieges» – jahrzehntelang Bestandteil sowjetischen Lebens – hat sich Russland bisher nicht nachhaltig lösen können. Dadurch gilt auch die Schreckensherrschaft Stalins als bei weitem nicht so belastet wie in den baltischen Staaten: Wie muss es in estnischen Ohren klingen, wenn ein Teil der russischen Bevölkerung Stalins Verbrechen herunterzuspielen versucht und Putin die sowjetische Nationalhymne wiedereinführt? Der manipulative Zug der russischen Geschichtspolitik und die mangelnde Bereitschaft der politischen Elite Russlands zum Dialog in strittigen historischen Fragen erschwert das Zusammenleben mit ehemaligen baltischen Sowjetrepubliken und mit ihren russischsprachigen Minderheiten.

Westlich-demokratische Gesellschaften formen kollektive Identitäten durch differenzierte historische Sinnkonstruktionen. Stand der Held historisch gesehen im Mittelpunkt von Erinnerungsritualen, hat sich, wie eingangs angedeutet, in den westlich-demokratischen Staaten eine Wendung vom Triumph zum Trauma vollzogen.[113] In Russland hingegen bildet nach wie vor der Held das zentrale Element bei der Konstruktion kollektiver Identität.

Wenig differenzierter ist die Situation auch in Estland: Neben den Heldenerzählungen aus den Jahren der Unabhängigkeit und den Erinnerungen an den estnischen Widerstand gegen das Sowjetregime dominiert ein Opferdiskurs, in dem die national-sozialistische Tyrannei und die damit verbundene estnische Kollaboration eine deutlich untergeordnete Rolle spielt: «Das bedeutet, dass obwohl viele heikle Fragen über die eigene Verstrickung der Esten in der Aufrechterhaltung der repressiven Regime unbeantwortet geblieben sind, der Großteil der Schuld einfach der Sowjetunion und Nazideutschland aufgebürdet worden ist.»[114]

Opfer- wie Heldendiskurse widersetzen sich der Übernahme einer Täterperspektive. In dieser Sicht wird an den Verlust der Unabhängigkeit beziehungsweise deren Wiedererlangung im Jahr 1991 und an die Ereignisse unter den deutschen und sowjetischen Besatzungen erinnert. Deswegen blieb die kritische Auseinandersetzung mit der eigenen Kollaboration mit der nationalsozialistischen Besatzungsmacht und der Beteiligung der baltischen Völker am Holocaust lange stark unterbelichtet.

Arena «Russen» versus «Balten», «Europa» versus «Russland»?

Faktisch kam es während der deutschen Besatzung zu Deportationen, bei denen die am stärksten betroffene Gruppe, die der Juden, teilweise unter Mithilfe der lokalen Bevölkerung ermordet wurde. Neben der antideutschen Widerstandsbewegung spielte in Estland die prodeutsche Kollaboration eine wichtige Rolle. Doch in heutigen Geschichtsdebatten wird der freiwillige Eintritt vieler Esten und Letten in die SS-Legionen und die Kollaboration mit den Deutschen noch überwiegend als unvermeidliche Reaktion auf den sowjetischen Terror und als «geringeres Übel» in Relation zu den Erfahrungen unter der vorangehenden sowjetischen Okkupation 1940/41 gesehen. Eine Rede des ehemaligen Außenministers Trivimi Velliste auf einer offiziellen Gedenkveranstaltung für das Ende des Zweiten Weltkrieges an der Gedenkstätte Maarjamäe am 2. September 2007 veranschaulicht diese Haltung. In Anwesenheit von Abgeordneten des estnischen

Parlaments und zahlreicher Veteranen der estnischen SS-Verbände erklärte er:

> «Die Esten hatten während des Krieges keinen anderen Ausweg, als sich vom Feind Nummer zwei bewaffnen zu lassen, um gegen den Feind Nummer eins zu kämpfen. Denn vom Feind Nummer eins war keine Schonung zu erwarten.»

Schon einen Monat vorher war Velliste in der Presse für eine Rede kritisiert worden, in der er die sowjetischen Soldaten als «Terroristen» bezeichnet hatte und die «Hilfe» betonte, die er rückblickend in Gestalt Hitlerdeutschlands für die Esten erkannte.[115] Auch museal finden diese Geschichtsklitterungen ihren Niederschlag, so etwa im Okkupationsmuseum Tallinn oder in der erst 2008 neu gestalteten Ausstellung «A Will to be Free, 90 years of the Republic of Estonia» im Maarjamäe Palace, einem Teil des Estnischen Museums für Geschichte in Tallinn.

Anhand der verschiedenen Ausstellungen seit Ende der 1980er Jahre im Maarjamäe Palace lässt sich die Entwicklung estnischer Erinnerungskultur nachvollziehen. 1987 wurde zunächst eine Dauerausstellung zum *Großen Vaterländischen Krieg* eröffnet, die Anfang der 1990er Jahre zu einer Ausstellung «Estland unter zwei Mächten 1940–1950» umgestaltet wurde. Die erste Ausstellung wurde noch ohne Einfluss von Glasnost und Perestroika konzipiert, stand in der Breschnew'schen Erinnerungstradition und begann folglich erst mit dem 22. Juni 1941, dem Beginn des *Großen Vaterländischen Krieges*. Die Ausstellung der 1990er Jahre konzentrierte sich hingegen auf die Darstellung des Schicksals des estnischen Staates und Volkes im Zweiten Weltkrieg und des Kriegsendes als Anfang der stalinistischen Repression. Diese Ausstellung hob die Bedeutung des Hitler-Stalin-Paktes beziehungsweise des darin enthaltenen Geheimen Zusatzprotokolls hervor. In beiden Ausstellungen fehlte die Täterdimension fast vollständig: In der ersten Ausstellung sah man sich als Opfer des nationalsozialistischen Regimes bzw. die Sowjetunion als heldenhafte Befreierin Europas vom Faschismus, in der zweiten dagegen als Opfer des stalinistischen Terrors. In keiner der beiden Ausstellungen wird der Holocaust angemessen thematisiert.[116] In der dritten, 2008 eröffneten Ausstellung steht, wie der Titel der Ausstellung «A Will to Be Free. 90 Years of the Republic of Estonia» andeutet, die Geschichte des «ungebrochenen Willens zur Unabhängigkeit», der Widerstand gegen die jeweilige Besatzung und das Leiden der Zivilbevölkerung, vor allem unter der Brutalität des «roten Terrors», im Mittelpunkt. Diskurse über estnische Täter und Täterinnen finden kaum oder nur am Rande Erwähnung.

Ähnliches trifft auf das 2003 in der Tallinner Innenstadt eröffnete Okkupationsmuseum zu, welches durch die 1998 privat gegründete Kistler-Ritso-Stiftung der Exil-Estin Olga Ritso finanziert wird: Wieder dominiert eine apologetische Sichtweise, in der die estnische Nation als homogen und unschuldig dargestellt wird. Die nationalsozialistischen Verbrechen spielen eine völlig untergeordnete Rolle. In dem Audio-Guide werden nur knappe Hinweise auf die NS-Zeit gegeben, etwa, dass die deutsche Okkupation ihre eigenen Repressionen gebracht habe, besonders gegen Juden. Detailliertere Ausführungen oder Ausstellungsstücke fehlen – im Gegensatz zu den ausführlichen Darstellungen des Leidens unter dem sowjetischen Terror. Eine diesbezüglich unzureichend erscheinende Erklärung lieferte der Museumsleiter Heiki Ahonen in einem Interview mit den Autoren am 17. März 2008: «Die deutsche Besatzung dauerte nur kurz. [...] Deswegen können wir kaum physische Exponate ausstellen».[117] Eine Tafel im Museum erklärt ferner: «Die deutsche Okkupation war in der Tat nicht so brutal wie die vorangegangene und folgende sowjetische Besatzung.» In den Gästebüchern des Museums wird teils heftige Kritik an dieser Form der Darstellung geübt, denn hier wird Geschichte einseitig kanonisiert.

Auch wenn Efraim Zuroff, Direktor des Simon-Wiesenthal-Zentrums in Jerusalem, teilweise zu Recht, wegen mangelnder Sensibilität für die Situation in den baltischen Staaten und deren Umgang mit ihrer Vergangenheit kritisiert wurde,[118] ist seine Rüge der unzureichenden Verfolgung von NS-Verbrechen in Estland im Kern berechtigt: «Der Holocaust war nicht: Deutsche gegen die Juden. Er war: Europa gegen die Juden. In jedem europäischen Land haben die Nazis Helfer gefunden. Umgebracht hat man sie im Osten [...]. In Estland [...] fanden die Deutschen sehr viele Menschen, die bereitwillig gemordet haben. Das will natürlich in diesen Ländern niemand hören. Ich kämpfe für die historische Wahrheit.»[119] Doch der Holocaust und die Kollaboration mit den Nazis stellen die historische Opferrolle Estlands in Frage.

Auch die Thematisierung der estnischen Kollaboration mit der sowjetischen Herrschaft, vor allem mit der zweiten Phase, fand bisher nur ansatzweise statt. Dabei beklagen sich sowohl estnische als auch lettische Kollegen über den oftmals restriktiven Zugang zu den russischen Archiven. Vor einiger Zeit ist eine gemeinsame Publikation litauischer Historiker mit dem Institut für Allgemeine Geschichte der Russischen Akademie der Wissenschaften über die erste sowjetische Besatzung in Litauen 1940/41 entstanden, in der die russische Mitherausgeberin Natalia Lebedeva zur Genugtuung der baltischen Staaten den Terminus «Okkupation» verwendete. Heftige Gegenreaktionen aus Russland führten jedoch dazu, die Publikation in Russland zunächst unter Verschluss zu halten. Auf dem russischen Buchmarkt war sie nicht erhältlich.[120]

In Estland und vielen anderen Nationen, die sich aus der sowjetischen Herrschaft und von russischen Hegemonialansprüchen gelöst haben und immer noch zu lösen versuchen, prallen drei Geschichtsnarrative aufeinander: das russische, repräsentiert durch die russophone Minderheit, das nationale, das auf Heilung des verletzten Selbstbewusstseins abzielt, und von außen kommend das durch die Holocaust-Erinnerung maßgeblich mitbestimmte vor allem westeuropäisch und amerikanisch geprägte Gedächtnis – letzteres hat seine historische Grundlage darin, dass der Holocaust sich geografisch ganz überwiegend in Osteuropa, Polen, Weißrussland, der Ukraine und dem Baltikum abgespielt hat. Vor allem im Baltikum hat die radikale Ablehnung des Kommunismus bisweilen eine Indifferenz oder sogar apologetische Nähe gegenüber dem Nationalsozialismus provoziert. Die schwarz-weiß gezeichneten Zuschreibungen «Esten gleich Faschisten» auf der einen und «Russen gleich Besatzer» auf der anderen Seite haben eine Annäherung in einem gemeinsamen Geschichtsdiskurs verhindert. Zugespitzt hat Pille Petersoo vier Idealtypen des «Anderen» als Exklusionsmechanismus bei der Konstruktion kollektiver estnischer Identität festgestellt: Die «internen positiven Anderen», die Deutschbalten und die schwedische Gemeinschaft, sind in der estnischen Gesellschaft weitgehend integriert. Als «interne negative Andere» bezeichnet Petersoo die während der sowjetischen Okkupation angesiedelten russischsprachigen Immigranten, die durch ihre scheinbare Indifferenz gegenüber der estnischen Kultur und Sprache als schwer zu integrieren angesehen würden. Das «externe positive Andere» sei die als Vorbild fungierende Europäische Union, während das «externe negative Andere» zweifellos Russland einnehme.[121] In Teilen der estnischen Wahrnehmung hat sich demnach die russische Kultur als das Negative schlechthin eingebrannt. Die Konsequenzen dieser Zuschreibung sind weitreichend: «Bedenkt man, dass die Esten die UdSSR ganz überwiegend als einen Besatzer ansehen, dann weisen solche Auffassungsunterschiede eher in die Richtung von Parallelgesellschaften als in Richtung auf multikulturelle Integration.»[122] Um die Spaltung des Landes entlang einer ethnischen Linie nicht weiter zu vertiefen und das «spaltende Erbe der Geschichte zu überwinden»,[123] wird von verschiedenen Stellen die Auseinandersetzung mit der ethnischen Heterogenität des Landes angemahnt. Tatiana Zhurzhenko gibt in diesem Zusammenhang zu bedenken, «dass die Russen vor Ort für symbolische Anerkennung kämpfen, für ihr Recht, in der nationalen Erinnerungslandschaft vorzukommen. Ihr Problem ist natürlich, dass die dafür in Frage kommenden symbolischen Ressourcen mit dem Zusammenbruch der Sowjetunion komplett entwertet worden sind und dem neuen Narrativ der Nationalgeschichte zuwiderlaufen.»[124]

Nochmal: Nationalsozialismus und Stalinismus – gleichermaßen verbrecherisch?

Wie könnte ein gesamteuropäischer Ansatz aussehen, der den virulenten Erinnerungskonflikt in Estland und den beiden anderen baltischen Staaten konstruktiv aufgreift und zivilisiert?[125] Schwierigkeit und Bedeutung dieser Initiative für eine gesamteuropäische Erinnerungsgemeinschaft bestehen darin, dass sich im Baltikum die beiden totalitären Erfahrungen des 20. Jahrhunderts – Nationalsozialismus und Stalinismus – auf dramatische und für die dortigen Völker so besonders tragische Weise überlagert haben. Wie lässt sich diese Verschränkung analytisch so aufbereiten, dass die Schilderung zweier sich ablösender Okkupationsregime, die inhaltlich korrespondierten, teilweise auch operativ konvergierten, weder in wechselseitige Aufrechnung (welches Regime war schlimmer?) abgleitet noch in undifferenzierte Totalitarismuskritik (beide Regime waren gleich schlimm) mündet?[126]

Versetzen wir uns also in eine supranationale Historikerkommission, die ein Kapitel in einem gesamteuropäischen Schulbuch, einen Abschnitt in einer durch Europa führenden Ausstellung oder einen Raum in dem für 2014 geplanten *Haus der Europäischen Geschichte* in Brüssel erarbeiten soll, die für die baltischen Staaten ebenso gültig und akzeptabel ist wie für Russland und Deutschland. Vor ihr liegen mindestens fünf heikle Fragen auf dem Tisch:

- **Doppelte Okkupation:** Wie haben das nationalsozialistische Deutschland und die Sowjetunion zwischen 1933 und 1941 bei der Unterdrückung der Freiheit der baltischen Völker und Staaten zusammengewirkt?
- **Holocaust:** Welche Rolle haben Teile der baltischen Bevölkerung bei der Ermordung der im Baltikum lebenden Juden gespielt?
- **Kollaboration:** Wie verbreitet war die Kollaboration der baltischen Bevölkerung unter den Okkupationsregimen?
- **Gerechtigkeit:** Wie ist die Beteiligung an Verbrechen dieser Regime geahndet worden, welche Formen und Medien von

Übergangsjustiz sind gewählt worden?

– **Zugehörigkeit:** Wie ist der rechtliche Status der russischsprachigen Bevölkerung in den baltischen Staaten nach ihrer Unabhängigkeit, ist sie Diskriminierungen ausgesetzt?

Die letzte Frage wird erheblich komplexer dadurch, dass viele Funktionsträger des kommunistischen Regimes russischsprachige Staatsangehörige der baltischen Sowjetrepubliken und Zuwanderer aus anderen Sowjetrepubliken waren.

Gerade das Phänomen der Kollaboration zeigt, wie totalitäre Herrschaft ein ethnisch und sozial indifferentes Reaktionsschema hervorgebracht hat, wonach Wenige mutig Verantwortung übernommen und sich schützend vor andere gestellt haben, weit mehr Menschen zu teuflischen Grausamkeiten fähig waren und die große Masse passiv zuschaute und abwartete. In der europäischen Gesamtschau kann man daraus auch keinen Sonderstatus der Balten ableiten und vor allem keine baltische Kollektivschuld konstruieren, wie dies in der sowjetischen Ära aus durchsichtigen Gründen geschehen ist – und sich mit Desinformationen der Russischen Föderation vielfach bis in die Gegenwart fortsetzt.

Nach wie vor bleibt das Thema der Kollaboration wie des Mordes an den Juden in Mittelosteuropa ein nicht sehr engagiert diskutierter Themenkomplex. Auch wenn es zum Beispiel in «Polen [...] nicht möglich zu leugnen oder herunterzuspielen [war], was in den Vernichtungslagern von Treblinka, Majdanek oder Sobibor geschehen» ist, «listete das Regime Opfer nur nach Nationalitäten auf: Polen, Ungarn, Deutsche und so fort. Polnische Schulkinder wurden zwar an den schockierenden Fotos vorbeigeführt, man zeigte ihnen die Berge von Schuhen, Haaren und Brillen, aber man sagte ihnen nicht, dass sie von Juden stammten.»[127] Diese Bewandtnis vor Augen, hebt Judt jedoch gleichzeitig hervor, «wenn die Osteuropäer der Not der Juden weniger Aufmerksamkeit schenkten, so heißt das nicht, dass sie ihr während der Deutschen Besatzungszeit gleichgültig gegenüber standen oder nur mit dem eigenen Überleben beschäftigt waren. Es lag daran, dass die Kommunisten ihrerseits so viel Leid und Ungerechtigkeit verursachten, dass eine neue Schicht von Bitterkeit und Erinnerungen die alte überlagerte.»[128] Daran lässt sich verdeutlichen, wie stark die Verknüpfung zwischen Anerkennung der kommunistischen Verbrechen durch Westeuropa und die Möglichkeit einer Aufarbeitung der eigenen Kollaborationsgeschichte in den osteuropäischen Staaten miteinander verwoben sind.

Ein weiterer Aspekt, der eine Auseinandersetzung mit den eigenen Verbrechen an den Juden erschwert, ist die zunehmende Abwanderung jüdischer Einwohner aus den osteuropäischen Staaten nach Israel und Westeuropa. Nach Aussage von Yosef Govrin ist die jüdische Bevölkerung seit 1990 um zwei Drittel geschrumpft.[129] Das weitgehende Fehlen öffentlicher Autoritäten, die mäßigend auf antisemitische Einstellungen und Tendenzen einwirken könnten, das Selbstbild einer antifaschistischen Vergangenheit, Extremisten am linken und rechten Rand des politischen Spektrums sowie das Ausbleiben einer starken Institutionalisierung der jüdischen Bevölkerung während der faschistischen und sowjetischen Regime machen die Thematisierung der jüdischen Leidensgeschichte zusätzlich schwierig.[130]

Die Mitwirkung von Balten am Holocaust wird in den letzten Jahren genauer und kritischer in baltischen wissenschaftlichen Arbeiten, ansatzweise auch in Schulbüchern, im Fernsehen und in Zeitungen betrachtet.[131] In der breiteren Öffentlichkeit herrscht jedoch eher ein national-affirmatives Geschichtsverständnis vor, das nicht nur die Kollaboration mit den Nazis, sondern auch die mit den Sowjets herunterspielt. Aber die rege Mitwirkung zum Beispiel Lettlands an der *Stockholm International Conference on the Holocaust* im Januar 2000 und die Modernisierung der Gedenkstätten in Salaspils, Rumbula und Libau sowie der Denkmale im Wald von Bikernieki und in Dünaburg signalisieren, dass kritische Anstöße aufgenommen worden sind. Die lettische Präsidentin Vike-Freiberga hat auf der Stockholmer Konferenz und bei ihrem Staatsbesuch in Israel im Februar 2006 eingeräumt, wie erfolgreich die Nazis lettische Kollaborateure rekrutiert haben. Ihre Zahl gibt sie mit 1000 an, nicht ohne die 500 Letten herauszustellen, die

Juden nachweislich gerettet haben und dafür in der israelischen Holocaust-Gedenkstätte Yad Vashem geehrt werden. Mit dieser Gedenkstätte besteht eine enge Kooperation, auch die juristische Aufarbeitung der Kollaborationsverbrechen durch die lettische Generalstaatsanwaltschaft wurde Israel zugesagt – was immer das nach über sechzig Jahren noch bedeuten mag. Auch die Eesti Ajalooõpetajate Selts (EAS), eine Vereinigung estnischer Geschichtslehrer, spielt seit 1993 bei der Entwicklung einer geschichtsbewussten Erziehung und einer kritischen Aufarbeitung der jüngsten Geschichte eine wichtige Rolle.[132] Gerade der Dialog zwischen estnischen und russischen Geschichtslehrern steht dabei im Vordergrund, das Projekt «The Integration of Society in Estonia» gilt dabei als wegweisend für diese Vorhaben. Ähnlich dem deutsch-französischen Schulbuch ist auch aus diesem Projekt ein Lehrbuch entstanden, in welchem kritische Fragen zur Kollaboration, zu Schuld und Verantwortung abgehandelt und zum Gegenstand der Lerneinheiten gemacht werden. Untersuchungen, inwiefern diese Ansätze tatsächlich Eingang in den täglichen Unterricht gefunden haben, gibt es bisher jedoch nicht. Auf einem anderen Feld wurde der 4. Juli, der an die Zerstörung der Synagoge in Riga 1941 erinnert, als lettischer *Holocaust Memorial Day* eingerichtet. Mittlerweile wurden jüdische Gemeinden, Schulen und Synagogen revitalisiert, in Riga wurde auf Initiative und unter Leitung des Holocaust-Überlebenden Margers Vestermanis ein Holocaust-Museum eingeweiht, ferner das Museum *Juden in Lettland.*

Um die nationalistische Ausrichtung und Isolierung der lettischen Historiographie zu überwinden, ist ihre Internationalisierung wichtig. Dazu könnte die 1998 von Guntis Ulmanis eingesetzte internationale Historikerkommission dienen; sie untersucht Verbrechen gegen die Menschlichkeit, die zwischen 1940 und 1956 *unter* den (also nicht allein: *durch* die) beiden Besatzungsregimes verübt wurden, und erarbeitet Lehrmaterialien und diverse Tagungsbände.[133]

Die wesentliche Streitfrage der 1990er Jahre die hinter den Geschichtskontroversen steht, war die strikte Regelung der Staatsangehörigkeit in diesen Staaten, die beispielsweise in Lettland eine *nolens volens* multiethnische Bevölkerung des Landes rigoros auf die lettische Kultur und Sprache zu verpflichten versuchte. Die russische Minderheit empfand es als schwere Diskriminierung, wenn nach der Unabhängigkeit 1991 nur solche Personen die Staatsbürgerschaft erhielten, die vor 1940 auf lettischem Boden geboren worden waren oder direkte Nachkommen von solchen Letten sind. Alle anderen müssen seit 1995 ein anspruchsvolles Einbürgerungsverfahren «Naturalisierung» mit einem Sprachtest und einer Prüfung in lettischer Geschichte und Verfassungskunde absolvieren. Während die meisten Letten zweisprachig sind, ist etwa die Hälfte der russischen Minderheit in Lettland einsprachig, was bedeutet, dass sie an den Testfragen («Beschreiben Sie ein Bild», «Schildern sie eine alltägliche Situation» etc.) scheitern kann. Viele Russen, Weißrussen und Ukrainer haben sich nicht einbürgern lassen und als so genannte «Nicht-Staatsbürger» eigene Pässe erhalten, die ihnen zwar uneingeschränktes Aufenthalts- und Arbeitsrecht in Lettland sowie den Schutz durch den lettischen Staat sichern, sie aber von Wahlen ausschließen und für Auslandsreisen (auch nach Russland) ein Visum erforderlich machen. Der eminente Vorteil, damit auch EU-Bürger zu werden, hat mittlerweile viele junge Russischsprachige dazu bewegt, bilingual und lettische Staatsbürger zu werden, zudem werden auch in russischen Schulen von der 10. Klasse an mindestens 60 Prozent des Unterrichts auf Lettisch abgehalten. Ein rundes Sechstel «Nicht-Staatsbürger», die eigene Kommunikationskanäle unterhalten und Erinnerungsgemeinschaften bilden, bleiben aber ein Problem, das zu Recht die Aufmerksamkeit der europäischen Öffentlichkeit und Gerichtshöfe gefunden hat. Die Organisation für Sicherheit und Zusammenarbeit in Europa (OSZE) hat ihre Beobachtungsdelegation im Jahr 2001 abgezogen, 2002 wurde in Riga ein Integrationsministerium eingerichtet. Multilingualität wäre einem modernen Land angemessen, in dem ähnlich wie andernorts in Ostmitteleuropa ohnehin das Englische zur lingua franca von Touristen, Geschäftsleuten und Wissenschaftlern geworden ist.

Fazit: Europäisierung der Peripherieerfahrung

Die Schwierigkeit der europäischen Erinnerungskulturen besteht darin, das Singuläre an der industriell-bürokratischen Vernichtung der europäischen Juden herauszustellen, ohne den Holocaust damit dogmatisch dem historischen Vergleich zu entziehen und die Ausrottung der «Klassen- und Volksfeinde» im sowjetischen Machtbereich herunterzuspielen. Es ist nicht leicht, eine Form des Gedenkens zu finden, welche die tragische totalitäre Doppelerfahrung im gebotenen Respekt überliefert, ohne die totalitären Phänomene gleichzusetzen. Dazu muss die zeitliche Abfolge der beiden Diktaturerfahrungen ebenso berücksichtigt werden wie die fatale Einheit des Ortes. Für den Einzelnen war es völlig gleich, welchem System er zum Opfer fiel, aber analytisch bleibt die Differenz wichtig, und sie kann sich in den Ritualen der Erinnerung niederschlagen. Selten gelingt die Balance auf Anhieb, meist stellt sich eine unselige Hierarchisierung und Konkurrenz der Opfergruppen ein, die weniger «braune» und «rote Diktatur» gleichsetzen als eine kollektive Erfahrung gegen die andere aufrechnen. Die eine Opfererfahrung wird heruntergespielt, die andere dramatisiert, und oft findet ein zynischer *body count* statt, der die jeweils «andere Seite» zum Schweigen bringen soll.

Vor allem Westeuropäer müssen aber auch lernen, die faktische Interaktion von Nationalsozialismus und Stalinismus in der Region, die der Historiker Timothy Snyder als «Bloodlands» bezeichnet,[134] anzuerkennen und zu verstehen, wie beide totalitäre Regime in einer Art antagonistischen Kooperation verbunden waren und sich wechselseitig radikalisierten. Zwischen dem Hungertod von Millionen Ukrainern (s. Kap. 2/4) und dem Holocaust, zwischen den Massendeportationen Stalins und der Vernichtung durch Arbeit in NS-Lagern und den ethnischen Säuberungen nach dem Zweiten Weltkrieg besteht somit ein komplexer innerer Zusammenhang, der in Polen, in den baltischen Ländern, in der Ukraine und in Weißrussland nicht weniger als 14 Millionen Menschen – außerhalb von unmittelbaren Kampfhandlungen im Krieg – das Leben gekostet hat. Der Hitler-Stalin-Pakt besiegelte die Verachtung beider Namensgeber für die Völker und Staaten zwischen ihnen; Russifizierung und Lebensraum-Projekte waren höchst verschieden, sie griffen aber in tödlicher Perfektion ineinander, und auch der Judenhass vereinte beide Diktatoren und Systeme.

Die Aufarbeitung dieser geteilten Vergangenheit blieb lange auf Russland und Deutschland fixiert, selbst wo beide Systeme auf die Anklagebank gesetzt wurden und sich auch die Opfer zu Wort meldeten. Dagegen steht nun der Blick aus der europäischen Peripherie, die in Wahrheit mitten in Europa liegt. Ein familienbiografischer Roman wie der der lettischen Politikern und Diplomatin Sandra Kalniete («Mit Ballschuhen im sibirischen Schnee»), der 2001 auf Lettisch und 2003 auf Französisch erschienen war, musste für Verwirrung sorgen, beginnend damit, dass viele Lettland kaum auf der Landkarte lokalisieren können oder es mit einem der Nachbarländer im Baltikum verwechseln. Sicher konnten Kritiker ihrer Rede auf der Leipziger Buchmesse[135] Argumente gegen die plakative Aussage ins Feld führen, beide Regime seien «gleichermaßen verbrecherisch» gewesen.

Aber waren sie es aus lettischer, estnischer und litauischer Sicht denn nicht? Ein Zuhörer in Leipzig, der stellvertretende Vorsitzende des Zentralrats der Juden in Deutschland, Salomon Korn, verließ den Saal nach dem Satz, dass «… hinter dem Eisernen Vorhang das sowjetische Regime fortgesetzten Genozid an den Völkern Osteuropas und natürlich auch am eigenen Volk beging». Nachfragenden Journalisten erklärte Korn, in seinen Augen sei die mit der Wahl des Begriffs verbundene Gleichsetzung «unerträglich». Die Sowjetunion habe nicht Völkermord begangen wie das NS-Regime, im Übrigen sei der stalinistische Terror «… auch eine Folge der Kollaboration vieler Balten mit dem Nationalsozialismus gewesen». Korn hatte zwei grundsätzliche Einwände: Aus einem Einzelschicksal wie dem der Familie Kalniete könne man keine allgemeinen Schlüsse ziehen, und in übergeordneter historischer Perspektive sei der Holocaust singulär, weil er alle Juden, vom Säugling bis zum Greis, *als solche* der Vernichtung anheim gab. Ohne «als besserwisserischer Lehrer von außen» auftreten zu wollen, mahnte Korn, bitte die historischen Proportionen zu wahren:

> «... die Idee, ein Volk vollständig auszurotten, ist etwas anderes als, schlimm genug, die Elite eines Volkes zu ermorden. Auf diesem Unterschied beharre ich – ohne damit das jeweilige individuelle Leid anderer auch nur im Geringsten mindern zu wollen.»[136]

So stellte sich die Aufstellung in einem für öffentliche Skandale typischen Dreieck dar: Sandra Kalniete, als Kind deportierter Letten 1952 im sibirischen Gebiet um Tomsk geboren und seit dem Alter von vier Jahren in Lettland lebend, international renommierte Kunstwissenschaftlerin und Juristin, in den späten 1980er Jahren führend in der lettischen Unabhängigkeitsbewegung, dann international angesehene Spitzendiplomatin, wirft dem westlichen Teil Europas vor, die Leidensgeschichte der von der Sowjetunion okkupierten Länder nicht ernst zu nehmen und aus dem kollektiven Gedächtnis Europas auszuschließen. Salomon Korn, 1943 als Sohn einer Rabbinerfamilie im ostpolnischen Lublin geboren, in Frankfurt am Main aufgewachsen und als promovierter Jurist zum Vorstandsmitglied der dortigen Jüdischen Gemeinde aufgestiegen, ein früher Kritiker des Berliner Holocaust-Mahnmals, heute Kuratoriumsmitglied der Denkmal-Stiftung, moniert das anhaltende Schweigen über die osteuropäische Kollaboration in einem akut antisemitischen Umfeld und sieht im Vergleich der Diktaturen eine den Holocaust relativierende und seine Opfer herabwürdigende Gleichsetzung.

Und der dritte Pol, die Öffentlichkeit, soll als Resonanzboden den Ausschlag geben. Umstritten ist die Aussagekraft von Biografien, die Relationierung von Opfern und die Bewertung ihres kollektiven Status in der Katastrophengeschichte Mitteleuropas im 20. Jahrhundert und die Angemessenheit von Theorien, die einmal eher Konvergenzen (Totalitarismus), das andere Mal eher Differenzen (Singularität) in den Mittelpunkt rücken. Beide Seiten bemühen sich um die *Anerkennung* ihrer Sichtweise und inszenieren dazu fatalerweise eine neue Ost-West-Konfrontation – mehr als sechzig Jahre nach Ende des Zweiten Weltkriegs und bald zwei Jahrzehnte nach dem Durchtrennen des Eisernen Vorhangs.

Einige Wochen nach der Leipziger Buchmesse unterstützte Korn Kalnietes Anliegen dann im Kern:

«Die Osteuropäer haben unter der sowjetischen Besatzung unendlich gelitten. Dieses Leid gehörte bisher nicht zum kollektiven Gedächtnis Westeuropas – das muss sich ändern. Wir Westeuropäer müssen das zur Kenntnis nehmen. Ich bin auch nicht der Meinung, dass die Opfer, die die Sowjetunion im Kampf gegen Hitler gebracht hat, Verbrechen an Letten, Esten und Litauern auch nur im Geringsten rechtfertigen.»

Sandra Kalniete hob, in Reaktion auf massive Kritik an ihrem Buch,[137] bei einer Veranstaltung der Körber-Stiftung im Februar 2006 hervor:

«Sowohl die Nazis als auch die Sowjets haben in den baltischen Staaten Verbrechen verübt. Die Schuldigen müssen, unabhängig davon, ob sie im Namen der faschistischen oder der kommunistischen Doktrin handelten, zur Verantwortung gezogen werden. Gleiches gilt für diejenigen Kollaborateure vor Ort, die Verbrechen an der Zivilbevölkerung begingen.»

2. Karadžić in Den Haag oder: Europa begann nicht in Sarajevo

YouTube-Video vom ersten Auftritt von Radovan *Karadžić* vor dem Internationalen Strafgerichtshof für das ehemalige Jugoslawien in Den Haag am 31. Juli 2008.

Der Ort: Doktor K. – auf YouTube

161 Personen wurden bis März 2010 vom Internationalen Strafgerichtshof für das ehemalige Jugoslawien in Den Haag angeklagt, 121 Verfahren sind abgeschlossen, 61 Täter wurden verurteilt.[138] Prominentester Angeklagter war der 2006 in der Haft verstorbene, ehemalige serbische Präsident Slobodan Milošević, heute ist es Fall IT-95–5/18, der am 21. Juli 2008 festgenommene Radovan Karadžić. Erstmals in Den Haag einvernommen wurde er am 31. Juli 2008, der Prozess kann bis 2012 oder länger dauern. Manche Beobachter glauben, dass auch der ehemalige Anführer und Präsident der bosnischen Serben die niederländische Hauptstadt nicht mehr lebend verlassen wird.

Karadžićs ersten Auftritt kann man auf diversen Videoschnipseln auf dem Internetportal YouTube verfolgen. Hier steht er als virtueller Erinnerungsort des schwersten europäischen Völkermords nach 1945, als exemplarischer Fall für so genannte ethnische Säuberungen in der europäischen Geschichte. Karadžić ließ – das ist unbestritten – die bosnische Hauptstadt Sarajevo fast vier Jahre belagern und die männlichen Muslime Srebrenicas ausrotten. Der Jugoslawienkrieg, die größte innereuropäische Katastrophe nach 1945, ist aber außer bei den schwer traumatisierten Opfern und Hinterbliebenen den meisten Europäern nur noch als audiovisuelles Hintergrundrauschen präsent.

Dafür steht im World Wide Web namentlich das Internetportal YouTube. Sein Potenzial (und seine Ambivalenz) als *lieu de mémoire* muss zunächst umrissen werden: YouTube ist ein neues Unterhaltungs- und Sozialmedium. Seit seinem Start im Jahr 2005 bringt es Videos aller Art, bisweilen an den Grenzen zur Pornographie und Volksverhetzung und darüber hinaus. Die kalifornische Firma YouTube (frei übersetzt: «du sendest»), die mit Werbeeinnahmen Gewinne erzielt, gehört zum weit verzweigten Google-Imperium. Von der herkömmlichen «Röhre», dem elektronischen Massenmedium Fernsehen, unterscheidet es sich als nicht lineare Bilderzählung, die (anders auch als im klassischen Musikfernsehen) von den Nutzern (mit)gestaltet werden kann. YouTube ist Phänomen und Arena individualisierter Massenkommunikation: Die meisten sehen Videos an und archivieren sie, viele laden aber auch Eigenprodukte hoch und publizieren somit für ein globales Massenpublikum von ungewisser Größe und Aufmerksamkeit und tauschen sich mit «Freunden» und «Abonnenten» aus.

YouTube ist ein typischer Online-Zwitter – zwischen verstreuter, eher passiver Massenunterhaltung (mit täglich mehr als einer Milliarde Abrufen) und einem Sozialmedium, in dem sich «von unten» ephemere virtuelle Gemeinschaften bilden. Es wirkt auch als ein politisches Medium, insofern man damit die Türsteher der Print- und elektronischen Massenmedien leicht umgehen kann.

Größtmögliche Belanglosigkeiten stehen dann wie beiläufig neben brisanter Information und Intervention, und beides ist der radikalen Sprunghaftigkeit und Gegenwartsfixierung menschlicher Schaulust anheim gegeben. Die Verweildauer auf den Seiten ist üblicherweise kurz. YouTube hat sich vor allem für das jüngere Publikum zu einem bedeutenden, wenn nicht dem wichtigsten Informations- und Kommunikationsmedium entwickelt.[139]

Damit zu dem Video vom Juli 2008, das wir aus einer Reihe von früheren und späteren YouTube-Auftritten Karadžićs ausgewählt haben. Es entstammt den eindrucksvollen «No-comment»-Videos des Nachrichtensenders Euronews, hat eine Länge von gut zwei Minuten und war bis zum August 2010 knapp 167 000-mal aufgerufen worden. Man gelangt zu diesem Video über Stichworte wie «Karadžić», «Jugoslawien-Tribunal» oder dergleichen, beziehungsweise über Links von anderen (YouTube-)Webseiten. Umrankt ist der halblinks angeordnete Bildschirm von thematisch ganz unverbundenen Werbebannern; bei unseren Aufrufen waren dies beispielsweise ein von der Wirtschaftszeitung *Financial Times* veranstaltetes Politiker-Barometer (mit Online-Abstimmung), eine Werbung für Schülernachhilfe und ein Link zu einer Partnerschaftswebseite namens «Flirt-Fever». Diese triviale Umgebung ist kein untypischer Kontext für die Perzeption lokaler, nationaler oder globaler Medienereignisse, auch wo sie von einer derartigen Katastrophe handeln wie in Jugoslawien nach 1991.[140]

Wer nicht sogleich weiterklickt und sich das ganze Video anschaut, bekommt folgende Sequenzen aus dem Den Haager Gerichtssaal zu sehen und zu hören:

1. Die Kamera ist auf den Angeklagten gerichtet, der sich gerade hinsetzt. Neben ihm steht ein Gerichtswärter, hinter ihm sieht man einen verglasten Raum, in welchem die Dolmetscher sitzen. Aus dem Off hört man eine weibliche Stimme «Please be seated» («Bitte Platz nehmen!»).

2. Das Gericht (unter Vorsitz des Niederländers Alphons Orie) hat Platz genommen, im Vordergrund sitzt weiteres Gerichtspersonal im Halbrund des Saales vor Computerbildschirmen.

3. Karadžić, der nun im Vollbild zu sehen ist und einen nach hinten hängenden Kopfhörer aufgesetzt hat, verfolgt in serbischer Übersetzung mit angespannter Miene und gelegentlichem Zucken der Mundwinkel die Worte des Richters: «Streitkräfte bosnischer Serben ...»

4. Man sieht in der Totale auf den Richter, Registrarbeamte, Justizangestellte, eine Gerichtsdienerin sowie Karadžić im Hintergrund sichtbar hinter leeren Stühlen «... rings um Sarajevo, setzten eine militärische Strategie um, ...»

5. Zu sehen ist der weißhaarige Richter Alphons Orie, der langsam und artikuliert fortfährt: «... welche Granatfeuer und Beschuss aus dem Hinterhalt anwendete, um die Zivilisten Sarajevos zu töten, zu verstümmeln, zu verletzen und zu terrorisieren.»

6. Man sieht Karadžić im Vollbild, fast regungslos, seine Augen wandern umher, während aus dem Off weiter die Stimme des Richters zu hören ist, der die Anklage vorträgt: «[...] Es wird behauptet, dass Tausende Zivilisten, einschließlich Kindern und älteren Menschen, umgebracht und verletzt wurden.» Bei «children and the elderly» senkt sich der Blick des Angeklagten, er zuckt mit den Mundwinkeln, fasst sich mit der linken Hand an die Stirn und reibt sich Stirn und Augenbrauen.

7. In einer längeren Passage, in der die Kamera in der Halbtotale auf ihn gerichtet ist, gibt Karadžić in serbischer Sprache folgende Erklärung ab, die im Euronews-Video nicht übersetzt wird: «Nun, in diesem Fall werde ich jetzt mal einen Rechtseinwand einreichen, das Dokument mit dem Text, den ich darlegen wollte. Ich bitte sie zwei Sorgen zur Kenntnis zu nehmen: Ich fürchte um mein Leben und ich fürchte mich vor der Schnelligkeit. Schnelligkeit ist bedeutend in dieser Sache, die in den Western immer gemacht wird, wenn die Cowboys Rücken an Rücken loslaufen und dann ziehen und schießen und dann halt der schnellere stirbt. Aber in Sachen der Rechtssprechung ist sie gefährlich. Deshalb möchte ich gleichberechtigt behandelt werden vor Ihnen und in Anbetracht der

Anklage, dass ich nicht in die Situation komme, in der ich keine Möglichkeit für einen regulären Prozessablauf bekomme. Ich hoffe, das Sekretariat nimmt sich meines Rechtseinspruchs an, das sind vier Seiten, die ich hiermit einreichen möchte.» Karadžić reicht das Papier über die Abtrennung in den Raum hinein; befeuchtet sich die Lippen.

8. Der Richter erklärt dem Angeklagten mit ruhigen Handgesten, dass der Gerichtshof zu diesem Zeitpunkt keine schriftlichen Erklärungen annimmt.

9. Hier ist offenbar ein Schnitt erfolgt. Karadžić steht, zu seiner rechten und linken sind die Blicke zweier uniformierter Beamten auf ihn gerichtet. Er schließt langsam seinen Aktenkoffer, greift sich an die Krawatte, schließt mit der linken Hand sein Jackett, lächelt und nickt einer Person zu, die sich noch nicht im Sichtfeld der Kamera befindet, aber vermutlich auf den Angeklagten zubewegt. Der Beamte an der linken Bildkante bedeutet Karadžić bereits mit einer Armbewegung den Weg zur Tür hinaus, nickt dann aber ebenfalls bejahend in Richtung der sich nähernden Person.

Hier bricht das Video ab, man kann es erneut abspielen, das Programm verlassen oder auf der rechten Seite eine Reihe verwandter Videos anklicken, darunter seltener aufgerufene Videos anderer Anbieter zu Karadžićs erster Anhörung am 31. Juli 2008. Die Kommentarfunktion führt zu einer Art elektronischem Kummerkasten, der voller paranoischer Klagen und vulgärer Hassausbrüche ist und «Entlarvungen» in Umlauf setzt wie die Behauptung, der Nachname «Kara Hadzi Tj» sei viel zu türkisch und verrate Dr. K. als Serbisch-Türken. Hier wird der ganze Jugoslawienkrieg von meist anonym bleibenden Cyberkriegern nachgekartet.

Der Betrachter ist «wie live» dabei, ihm fehlen in der Regel aber so gut wie alle Informationen, die zum Verständnis dieses ersten Verhandlungstages und des gesamten Prozesses erforderlich sind. Dazu zählt etwa die Frage des Richters, ob Karadžić keinen Anwalt wünsche, wozu dieser geheimnisvoll erklärte, er habe einen «unsichtbaren» Verteidiger. Bemerkenswert ist auch seine Gleichsetzung des Tribunals mit einer «Naturkatastrophe», der er genauso wenig gestatten würde, ihm etwas «anzuhaben». Viele Zeitungsberichte betonen die Coolness und den sarkastischen Humor des Angeklagten, etwa wenn er zu Protokoll gibt, er sei schon an schlimmeren Orten als im Den Haager Gefängnis gewesen. Bei solchen Wortwechseln vermerkten die Journalisten in ihren Zeitungsberichten ein Lächeln auf den Lippen des Richters Orie. Das YouTube-Video korrigiert allerdings den in den meisten Reportagen verbreiteten Eindruck, Karadžić habe sich ruhig und gelassen verhalten und das Auftreten eines Geschäftsmannes an den Tag gelegt, bisweilen wirkt er durchaus nervös und gelegentlich orientierungslos.

Held oder Schurke, Geschäftsmann oder Massenmörder? Ein neuer Adolf Eichmann, dessen Schauprozess in Jerusalem 1961 ein erstes Medienereignis dieser Art war, der «Osama bin Laden des Westens» (so Richard Holbrooke, der in den 1990er Jahren amerikanischer Sondergesandter auf dem Balkan war)? Die mögliche Wirkung von flüchtigen Medien wie YouTube auf die globale Erinnerungskultur haben wir angedeutet: In diesem Bildermeer entdeckt man, zufällig oder nach gezielter Suche, die Medienikone Radovan Karadžić, erkennbar an der markanten Architektur seiner (hier schon schütter gewordenen) Frisur. In einem von Millionen angesteuerten Ramschladen visueller Schnipsel kann man sich durchklicken zu den Lebensstationen des Dr. K., wo immer eine Kamera auf ihn gerichtet war. Unter dem Suchbegriff Karadžić läuft dann eine Wandlung ab – vom wohlgenährten, mal in Nadelstreifen und mal in Tarngrün auftretenden Kriegsherrn mit der unbändigen Tolle bis zum Undercover-Guru mit weißem Rauschebart, Brille und Haargummi, vom Konterfei auf Fahndungsplakaten, die fünf Millionen Dollar Kopfgeld ausloben, bis zum schweigsamen, sarkastischen oder aggressiven Greis hinter kugelsicherem Glas auf der Anklagebank von Den Haag. Wer diese Mutation sieht, kann kaum umhin, nach seinen persönlichen Sympathien oder Antipathien über den Angeklagten zu urteilen. Allzu leicht verführt das Auge zu dem Verdikt, man habe es mit dem sprichwörtlichen «verrückten Irrenarzt» zu tun.

Radovan Karadžić, 1945 in einem montenegrinischen Dorf geboren, ist Psychiater, Freizeitpoet und Amateurmusiker. Zur Medienikone wurde er, seit die vom ihm befehligten Paramilitärs 1992 zusammen mit Einheiten der jugoslawischen Bundesarmee vom oberhalb von Sarajevo gelegenen Hauptquartier in Pale aus die Belagerung der Stadt begannen. Das multiethnische und multireligiöse Sarajevo galt als «Jerusalem des Balkans» und genoss die Sympathie jugoslawischer und anderer Kosmopoliten; genau damit zog es die Aversionen ethnischer Säuberer[141] wie von selbst auf sich. Die Belagerung sollte bis zum 29. Februar 1996 dauern und mit 1425 Tagen die längste im 20. Jahrhundert werden; auch die Luftbrücke zur Versorgung der Bevölkerung währte länger als selbst ihr Berliner Pendant in den Jahren 1948/49. Fast 11 000 Menschen (unter ihnen rund 1600 Kinder) wurden in Sarajevo getötet, im Bosnienkrieg starben insgesamt mehr als 100 000, und Ungezählte wurden an Körper und Seele verletzt. Schon beim Anflug auf Sarajevo und von den Hügeln rund um die Stadt stechen heute die Friedhöfe mit Tausenden von weißen Grabstelen ins Auge.

Bereits im September 1993 hatte der Granatenregen 35 000 Gebäude in Sarajevo zerstört, kaum ein Haus blieb unbeschädigt. Gerade Krankenhäuser, Medienzentren, Industrieanlagen, Regierungsgebäude, Kasernen und Stützpunkte der Vereinten Nationen waren bevorzugtes Ziel der auf den Bergen um den Talkessel von Sarajevo aufgestellten Truppen und Paramilitärs. Das zerschossene Hotel *Holiday Inn*, gebaut zur Winterolympiade 1984, wurde ein Symbol Sarajevos; auf YouTube findet man – teils mit lächerlicher vorgeschalteter Werbung, teils nur nach Anmeldung – Bilder von der *Snajperska aleja* – der «Scharfschützenallee» –, der berüchtigten Verbindungsstraße zwischen alter und neuer Stadt, die im Visier der Scharfschützen in den umliegenden Hochhäusern lag. Noch immer fassungslos schaut man an, wie Kinder und alte, gebrechliche Menschen getroffen niedersinken. Einen Klick weiter finden sich dann dokumentarische und Spielfilmszenen über die Verzweiflung und den Wahnsinn im Kessel von Sarajevo, Bilder vom Autodafé der Nationalbibliothek in Sarajevo, wo in der Nacht vom 25. auf den 26. August 1992 mit Hunderttausenden Büchern, Manuskripten und Bildern das kulturelle Archiv Bosniens in Flammen aufging, und natürlich Bilder aus Srebrenica im Jahr 1995. Makabrer Höhepunkt ist das fast heiter wirkende Rendezvous des Kommandeurs der holländischen UN-Blauhelmtruppe Dutchbat mit General Ratko Mladić, die sich zuprosten, bevor es an die Massenexekution geht.

Diese ikonischen Bilder, die auf YouTube Tausende bis Zigtausende Aufrufe aufweisen, lösten Entsetzen in Europa aus, aber keine geschlossene Gegenaktion. Sie bewirkten kein Bewusstsein für die Europa insgesamt drohende Gefahr, kein Zusammenrücken gegen den gemeinsamen Feind, den ethnischen Nationalismus, der die gesamte postkommunistische Hemisphäre ergriffen hatte und auch den Westen Europas nicht verschonen sollte. Und der Rest der Welt hatte anscheinend Wichtigeres zu tun, als sich an der europäischen Peripherie einzumischen und eine blutige Nase zu holen. Erst als Sarajevo am 9. April 1995 neuerlich schwer von serbischen Truppen beschossen wurde, nahm das UN-Kriegsverbrechertribunal für das ehemalige Jugoslawien Ermittlungen gegen die mutmaßlichen Anstifter Karadžić und Mladić auf. Am 14. November 1995 wurde eine erweiterte Anklageschrift eingereicht, am 11. Juli 1996 erging der internationale Haftbefehl. Es sollte 12 Jahre dauern, bis Karadžić gefasst wurde, der unterdessen in Pale, Belgrad und auch in Wien unbehelligt als Arzt praktiziert hatte, unter dem Namen Dragan David Dabić und mit einer bizarr veränderten Erscheinung als «Alternativmediziner». Über General Mladić, Karadžićs Kompagnon und Armeeführer der Serbischen Republik in Bosnien-Herzegowina (Republika Srpska), haben öffentlichen Mutmaßungen zufolge einflussreiche Hintermänner lange ihre schützende Hand gehalten; periodisch auftauchende Meldungen mutmaßten wie bei Karadžić, er sei schwerkrank oder längst tot, da und dort aufgetaucht, führe ein beschauliches Pensionistendasein, westliche

Geheimdienste seien ihm auf den Fersen, seine Auslieferung stehe kurz bevor.[142]

Der Fall: ethnische Säuberungen (nicht nur) in Jugoslawien

Dem Prozess gegen ihn, der am 26. Oktober 2009 vor dem Haager Tribunal begann, blieb Karadžić in den ersten drei Sitzungen zunächst fern. Nach der Eröffnungsanhörung im Juli 2008 äußerte er sich erst am 1. März 2010 in seinem ersten Plädoyer mit der bekannten Notwehrformel, die bosnischen Serben hätten sich nur gegen islamische Fundamentalisten zur Wehr gesetzt, die auf Alleinherrschaft aus gewesen seien. «Unsere Sache ist gerecht und heilig», erklärte er und wies die Anklage in den meisten Punkten zurück.

«THE ACCUSED: [Interpretation] I would first like to greet all the active and passive participants of this session. I stand here before you not to defend the mere mortal that I am but to defend the greatness of a small nation in Bosnia-Herzegovina which, for 500 years, has had to suffer and has demonstrated a great deal of modesty and perseverance to survive in freedom. I don't want to defend myself by saying that I wasn't important or that I didn't occupy an important post while I was serving my people, nor will I shift the blame to someone else. I will defend that nation of ours and their cause, which is just and holy, and in that way I shall be able to defend myself, too, and my nation, because we have a good case. We have good evidence and proof, and if I'm given sufficient time and resources to prepare my Defence, I shall be able to do so and it will be to our advantage.»[143]

Im weiteren Verlauf leugnet Karadžić den verbrecherischen Charakter seiner Taten:

«So the OTP [Office of The Prosecutor] is trying […] to accuse me of planning, aiding, abetting, instigating, and whatever else you have, the removal of Muslims and Croats from the territories in Bosnia-Herzegovina that Serbs lay a claim to. [...] The Prosecution is behaving as if this were a crime. We're going to hear that often enough here, and that just shows how false this entire situation is, what a fabrication all of this is.»[144]

In den Anklageschriften gegen Karadžić und andere Angeklagte in Den Haag kommt das Wortpaar «ethnische Säuberung» nicht vor, das seit seiner Prägung im Serbokroatischen zu Beginn der 1980er Jahre eine Weltkarriere zur Bezeichnung verwandter Phänomene durchlaufen hat.[145] *Etničko čišćenje* bezeichnet die Absicht, ethnisch homogene Gebiete zu schaffen, also den (in der Durchführung irrwitzigen) Versuch, eine vollständige Kongruenz von einer Bevölkerung (imaginierter) einheitlicher Herkunft und Territorium herzustellen.

Dieses Raumordnungs- und kollektive Identitätsmuster war grundlegend für die Nationenbildung in vielen Teilen Europas, wo «(Bluts-)Abstammung von ...» mehr galt als «die Zustimmung zu ...», jenes Muster politischer Identität, das in herkunftsblinderen republikanischen Gemeinwesen vorherrscht.[146] Das Streben nach ethnischer Entmischung ist ein fast zwangsläufig zur Gewalt drängendes Phantasma, weil ethnische Homogenität nur unter radikaler Verleugnung oder Veränderung der sozialen Lebenswelt erreichbar ist, in welcher Gemeinwesen von jeher wanderungs- und heiratsbedingt ethnisch «durchmischt» sind. Verfechter ethnischer Reinheit halten es gleichwohl für angemessen, fremdethnische (oder auch andersreligiöse) Gruppen aus einem bestimmten Gebiet zu entfernen; sie legen in der Regel zunächst freiwillige Umsiedlung nahe, betreten damit aber die schiefe Ebene, die zur gewaltsamen Vertreibung, Repression und (sporadischen oder organisierten) Tötung unwillkommener Individuen und Gemeinschaften führt. Wie leicht werden dann Behausungen zerstört, Eigentum geplündert und geraubt, Menschen geschunden, vergewaltigt, gefoltert und – oftmals mit demonstrativer Bestialität – getötet! Der zutiefst menschenfeindliche und patriarchalische Kern des Phantasmas erweist sich dort, wo die sexuelle Reproduktionsfähigkeit der Gegenpartei getroffen werden soll – durch die Kastration und Exekution zeugungsfähiger Männer und die Tötung von Nachwuchs im Säuglingsalter, all das, damit keine Soldaten oder Soldaten gebärende Mütter heranwachsen. Und ganz besonders verwerflich ist, aber weithin verschwiegen wird die mit System betriebene Erniedrigung, Schändung und Zwangsschwängerung von Frauen.

Einige Angaben zur Person Radovan Karadžić können das von ihm dargelegte, in Serbien weit verbreitete Weltbild verständlicher machen: Der montenegrinische Vater, ein einfacher Handwerker, gehörte zu den Tschetniks, die in Montenegro seit 1941 auf Seiten der Achsenmächte kämpften. Nach dem Krieg war er unter Tito jahrelang inhaftiert. 1960 zog die Familie nach Sarajevo, damals als multikulturelles Schaufenster der Vielvölkerrepublik gelobt und ein Magnet für jene, die sich als überethnische Jugoslawen fühlten. Karadžić legte das Abitur ab und begann ein Medizinstudium; seit 1971 arbeitete Dr. med Karadžić als Psychiater im Krankenhaus von Sarajevo, er bildete sich in Zagreb, Belgrad und an der Columbia University in New York fort und gründete eine eigene Praxis im 20 Kilometer östlich von Sarajevo gelegenen Pale.

Radovan Karadžić ist verheiratet und hat zwei Kinder. Manche Biografen zeigen sich verwundert, dass ein Familienvater zum Massenmörder geworden sein soll, zumal er als Gruppentherapeut Neurosen und Depressionen behandelte, nebenbei Kindergedichte abfasste und traditionelle serbische Volksmusik komponierte. Man darf aber sagen, dass er sich genau mit diesen Medien und Riten in den nicht mehr bloß verbalradikalen Exterminismus hineinsteigerte.[147] Seine Mentoren waren radikale serbische Nationalisten, und die vier Gedichtbände, die der Schöngeist seit 1968 veröffentlichte, priesen den Kampfgeist des serbischen «Wehrvolkes» und projizierten das jahrhundertealte antiosmanische Feindbild auf die muslimischen Bosniaken. Karadžić verkörpert eine serbische Paranoia, die sich seit der zum Mythos aufgebauschten Schlacht auf dem Amselfeld im Jahr 1389 aufgebaut und schubweise radikalisiert hat, zuletzt am Ausgang des Tito-Regimes, das die historisch tief verfeindeten Ethnien Jugoslawiens nur mit Repression und einer jugoslawischen Sonderwegsideologie zusammenhalten konnte.

Die politische Karriere des Radovan Karadžić, der sogar mit der Gründung einer grünen Partei geliebäugelt haben soll, ist also keineswegs unerklärlich und verdankt sich dem Ende der Tito-Herrschaft; zugute kam ihr die formale, einzig auf die Abhaltung freier Wahlen gerichtete Demokratisierung der jugoslawischen Teilrepubliken, wo nach dem Ende der Einparteienherrschaft des Bundes der Kommunisten Jugoswlawiens zahlreiche Parteien zugelassen wurden, die in aller Regel nach ethnischen Kriterien zugeschnitten waren. Eine davon war die von dem Psychiater Jovan Rašković im Juli 1990 gegründete Serbische Demokratische Partei (SDS), deren erster Vorsitzender (nach vielen Anfragen an andere) der bis dahin noch wenig bekannte Karadžić wurde. Bei den ersten freien Wahlen in Bosnien-Herzegowina am 18. November und 2. Dezember 1990 errang seine Partei als zweitstärkste Fraktion 72 der 240 Sitze der ersten Kammer des bosnischen Parlaments.[148] Nach Beginn der Kämpfe im Frühjahr 1991 in Kroatien und der Bildung der dortigen Republik Serbische Krajina rief Karadžić im September 1991 die «Serbische Autonome Region Bosnische Krajina, Herzegowina und Romanija» aus. Am 9. November 1991 veranstaltete er gegen die bosnischen Unabhängigkeitsbestrebungen in den serbischen Regionen der jugoslawischen Teilrepublik ein Referendum, dessen Ziel ein gemeinsamer Staat der bosnischen Serben mit Serbien, Montenegro und der Republik Serbische Krajina war. Die überwältigende Mehrheit der bosnischen Serben stimmte diesem Vorhaben zu.

Am 9. Januar 1992 wurde dann die «Serbische Republik Bosnien-Herzegowina» (Republika Srpska) ausgerufen, deren erster Präsident Karadžić wurde. Dass im Januar 1992 das bosnische Parlament eine Volksabstimmung über die Unabhängigkeit Bosnien-Herzegowinas beschloss, fasste Karadžić als «Kriegserklärung an die Serben» auf, das im Februar/März durchgeführte

Referendum boykottierte er. Nach der Ausrufung der Unabhän-
gigkeit Bosnien-Herzegowinas am 3. März 1992 brachen in ganz
Bosnien Kämpfe aus. Bis Dezember 1992 gelang es Präsident
Karadžić und Oberbefehlshaber Mladić, mit der Unterstützung
Serbiens (das heißt vor allem: der serbisierten Reste der jugoslawi-
schen Bundesarmee), knapp drei Viertel des Gebiets von Bosnien-
Herzegowina unter Kontrolle zu bringen.

Nachdem wirksame internationale Hilfe bereits für Sarajevo
ausgeblieben war, symbolisiert Srebrenica das endgültige Versagen
Europas. Stattgefunden hat dieser Völkermord nämlich in einer
«Schutzzone» der Vereinten Nationen, in der holländische Blau-
helm-Soldaten stationiert waren, das Dutchbat unter General
Thomas Karremans. Das Urteil des Kriegsverbrechertribunals in
erster Instanz gegen Radislav Krstić, spätere Urteile gegen Vidoje
Blagojević und Dragan Jokić, der UN-Bericht zu Srebrenica von
1999 und forensische Untersuchungen der Massengräber[149] be-
legen die Vorwürfe gegen Karadžić. Er hat angeordnet, durch
Operationen von Militärs, Freischärlern und Polizisten eine un-
erträgliche Lage in der UN-Schutzzone herbeizuführen, die Ein-
geschlossenen sollten keine Hoffnung auf Überleben haben. Auf
Anordnung von Ratko Mladić wurden in der Umgebung von
Srebrenica über mehrere Tage hinweg bis zu 8000 Bosniaken plan-
mäßig getötet; die Frauen wurden abtransportiert, Männer und
Jungen zwischen 12 und 77 Jahren ausgesondert und exekutiert.[150]

YouTube zeigt uns auch den jovialen, gut gelaunten Mladić am
Vorabend dieses Gemetzels, wie er die Frauen und Kinder beru-
higt und die Blauhelme dirigiert; ungläubig sieht man das freund-
liche Tête-à-Tête Mladićs mit dem holländischen Kommandanten
Karremans am Abend des 12. Juli 1995 und Videoaufnahmen von
feiernden und tanzenden Dutchbat-Soldaten in Zagreb nach dem
Abzug aus Srebrenica.[151] Und den später angelegten Friedhof von
Sarajevo mit endlosen Reihen weißer Kreuze, die Klagen und
Demonstrationen der überlebenden Frauen, die Karadžić in Den
Haag in die Augen sehen wollten und ihn nicht zu Gesicht beka-
men, weil er nicht zur Verhandlung erschienen war.

Auf YouTube kann man ebenfalls hören, wie Karadžić die Gräueltaten als Schutzmaßnahmen der serbischen Bevölkerung gegen den islamischen Fundamentalismus deklariert, und das Echo aus den Kaffeehäusern von Pale und Belgrad: Karadžić ist für viele Serben immer noch ein Held und Widerstandskämpfer. Und man hört Leugner und Verharmloser des Massakers im Westen, die ein Komplott der NATO, deutscher Postfaschisten und so weiter gegen Serbien insinuieren;[152] für einen echten Historikerstreit sind diese Stimmen, auch wenn sich der Schriftsteller Peter Handke ihnen zugesellte, zu marginal, aber bei YouTube steht wie gesagt alles – Verschwörungstheorien, schreiende Anklage und Sarajevo-Kitsch – unterschiedslos nebeneinander.

Karadžić wähnte sich 1995 am Ziel und reklamierte am 23. August als Basis für neue Friedensverhandlungen knapp zwei Drittel des Territoriums von Bosnien-Herzegowina für die Serben. Doch wurden die Friedensverhandlungen nicht mehr mit ihm, sondern mit den Präsidenten Bosnien-Herzegowinas, Serbiens und Kroatiens, Alija Izetbegović, Slobodan Milošević und Franjo Tuđman geführt und am 21. November im amerikanischen Dayton abgeschlossen. Im Vertrag von Dayton wurde festgelegt, dass die Republika Srpska 49 Prozent des Territoriums Bosnien-Herzegowinas ausmachen sollte und die zwischenzeitlich von den Serben eroberten Gebiete sowie etwa die Hälfte des geteilten Sarajevo, die von bosnischen Serben bewohnt wurde, an die durch den Vertrag gegründete Bosniakisch-Kroatische Föderation abgegeben werden mussten. Ein Gegen-Referendum in der Republika Srpska erbrachte eine nahezu 100-prozentige Ablehnung der Übergabe der Gebiete. Die Unterzeichnung des *Dayton-Vertrags* am 14. Dezember 1995 in Paris und das Ende des Bosnienkrieges konnte Karadžić jedoch nicht verhindern. Am 30. Juni 1996 musste er als Präsident der Republika Srpska abtreten, ihm folgte Biljana Plavšić, die 2009 vom Kriegsverbrechertribunal verurteilt worden ist.

Oft wird die «atavistische» Dimension des Jugoslawienkriegs hervorgehoben und so getan, als handele es sich bei ethnischen Säuberungen um eine Art Wesensmerkmal der Ex-Jugoslawen.

Doch droht eine derartige Bestialität in allen Regionen, wo für Stämme und Völker, die unter imperialer Herrschaft, mehr oder weniger friedlich koexistierten, im Zuge der Nationsbildung Identifikationszwänge geschaffen oder verordnet wurden. In besonderem Maße anfällig sind mehrfach imperial durchdrungene Zonen, in dieser Region vom Oströmischen Reich über das Osmanische Imperium und das Habsburgerreich bis zum Königreich und dem sozialistischen Bundesstaat Jugoslawien. Dieser lag auf der jahrhundertealten und immer wieder politisch-ideologisch und militärisch aktualisierten Scheidelinie zwischen Ost und West, zwischen katholischen Kroaten, orthodoxen Serben und muslimischen Bosniaken, zwischen faschistischen und kommunistischen Kräften, zwischen (jugo-)slawischer Nostalgie, popkultureller Verwestlichung und Marktliberalisierung.

Drei Arenen: Ex-Jugoslawien, Diaspora, Europa

Kann das Unrecht der ethnischen Säuberung je wieder gutgemacht werden? Drei miteinander verbundene Arenen können hier identifiziert werden: (a) der interethnische Ausgleich in der Föderation Bosnien-Herzegowina beziehungsweise zwischen den Teilstaaten des ehemaligen Jugoslawien, (b) die Auseinandersetzung der als Arbeitsemigranten, Flüchtlinge und *Expatriates* in Europa und in aller Welt lebenden Menschen, und (c) der Beitrag der Institutionen der Europäischen Union im weiteren Sinne.

(a) Die Teilstaaten: Die traumatischen Kriegserfahrungen und das nach 1990 auf allen Seiten erlittene Unrecht werden zurückprojiziert auf die Fronten im Zweiten Weltkrieg, an dessen Konstellation die Kombattanten innerlich oft bis heute festhalten, so dass sich in vielen Köpfen und Herzen eine regelrechte Vendetta aufdrängt. Nach wie vor beherrschen wechselseitige Anklagen, Verdächtigungen und Drohungen das Verhältnis der Volksgruppen, und dieses doktrinäre Freund-Feind-Schema wird an nachwachsende Generationen weitergegeben, die in einem Klima brutaler Gewalt aufgewachsen sind und kaum alternative gemeinsame

Bildungsangebote bekommen.[153] Der «Jugoslawismus», eine Wiedervereinigungsutopie, hat auf dem Gebiet des ehemaligen Jugoslawien kaum eine Chance, die Nachfolgestaaten kooperieren weder bi- und multilateral noch auf der internationalen Bühne.

Es fragt sich also, wie bald 20 Jahre nach dem Beginn des Krieges und nach 15 Jahren eines formalen Friedens gegen den in den Parlamenten und im Volk vorherrschenden Ethnonationalismus Bestrebungen zur Aussöhnung und Elemente innerer Übergangsgerechtigkeit vorankommen sollen. Die moralische und analytische Aufarbeitung des Bürgerkriegs, beginnend mit der Registrierung von Toten und Vermissten, bleibt bisher neben dem Tribunal in Den Haag privaten Menschenrechts- und Friedensorganisationen überlassen, wie dem bosnischen «Untersuchungs- und Dokumentationszentrum» (IDC), das einen «Atlas der Kriegsverbrechen» erstellt hat. Die kroatische Schriftstellerin Slavenka Drakulic verlangt eine «Entnazifizierung und Entnationalisierung, wie die Deutschen es nach dem Holocaust gemacht haben», ihr serbischer Kollege Dragan Popović von der «Jugend-Initiative für Menschenrechte» wird mit dem Satz zitiert «Wir haben keine Zukunft ohne die Klärung der Vergangenheit».[154] Gemeinsam haben Vertreterinnen der kroatischen Organisation «Documenta», des serbischen «Fonds für humanitäres Recht» und des IDC in Sarajevo regional organisierte «Wahrheitskommissionen» nach dem Vorbild von Südafrikas gefordert. Dazu sollten bis zum Tag der Menschenrechte im Dezember 2010 Millionen Unterschriften quer durch das ehemalige Jugoslawien gesammelt werden. Diesen Initiativen fehlt ein scheinbar naheliegender wichtiger Bündnispartner, nämlich die Religionsgemeinschaften, da sowohl die orthodoxe Kirche in Serbien als auch die katholische Kirche in Kroatien und muslimische Vereine in Bosnien in den Krieg verwickelt waren und wenig Interesse an einer Aufarbeitung zeigen.

Vor allem die serbische Seite müsste sich auf die ehemaligen Kriegsgegner zubewegen, und auch hier gibt es echte Anzeichen eines vorsichtigen Wandels. Im Juni 2004 räumten Vertreter der

Republika Srpska eine Verantwortung für das Massaker von Srebrenica ein, unbekannte Massengräber wurden offengelegt und gegenüber den Hinterbliebenen der Opfer eine Entschuldigung ausgesprochen. Mit Blick auf Europa, dem sich nun auch Serbien verstärkt annähert, übergab eine bosnisch-serbische Untersuchungskommission Ende März 2005 der Staatsanwaltschaft des UN-Kriegsverbrechertribunals eine Namensliste von 892 mutmaßlichen Tätern. Ein Videoband, das die Erschießung von vier männlichen Jugendlichen und zwei jungen Männern aus Srebrenica zeigt, wurde 2005 im Prozess gegen Slobodan Milošević vorgeführt und dann auch von serbischen Fernsehsendern ausgestrahlt. Auch Serbiens Premierminister Vojislav Koštunica sprach im Bezug auf Srebrenica von einem «brutalen, gnadenlosen und beschämenden Verbrechen», einige mutmaßliche Täter wurden verhaftet. Anfang Oktober 2005 legte eine Sonderarbeitsgruppe der bosnisch-serbischen Regierung dem UN-Kriegsverbrechertribunal eine Liste von etwa 19 500 Personen vor, die sich an dem Massaker auf die eine oder andere Art direkt beteiligt haben sollen, und Ende März 2010 entschuldigte sich das serbische Parlament nach einer ganztägigen Debatte für das Massaker von Srebrenica, ohne allerdings den Begriff «Völkermord» in seine Resolution aufzunehmen. Für die Erklärung stimmten bei 21 Enthaltungen 127 von 250 Abgeordneten.[155]

Positive Signale kamen im Jahr 2010 auch vom kroatischen Staatspräsidenten Ivo Josipović, der sich bei dem Nachbarstaat Bosnien und für den 1993 verübten Angriff Kroatiens auf Herzegowina entschuldigte. Bei den letzten Wahlen in der Föderation Bosnien-Herzegowina waren multiethnische Kräfte, vor allem die Sozialdemokratische Partei (SDP), erfolgreich. Zugleich verhärteten sich die Positionen der serbischen Seite. Insgesamt bleibt die «Bewältigung der Vergangenheit» an ein im Ausland, in Den Haag sitzendes Gericht delegiert, das für ein virtuell gewordenes Jugoslawien tätig wird.[156] Dabei werden Äquidistanzen konstruiert und Ausreden möglich, als hätten sich alle gleichermaßen schuldig gemacht.

(b) Die Emigration: Aus einer kaum zu überschauenden Zahl von User-Kommentaren zu unserem Beispielvideo, ganz überwiegend anonym eingestellt und mangels Löschung dauerhaft anzuschauen, ergibt sich ein typischer (und zunächst entmutigender) Eindruck. Spiegelten die dort vorherrschenden Hasstiraden die öffentliche Meinung in Europa und besonders im ehemaligen Jugoslawien beziehungsweise in der jugoslawischen Emigrantenszene wider, wäre YouTube sicher kein Medium der Friedensstiftung (es sei denn zum «Dampfablassen», das nonverbale Aggressionen mindert ...). Man darf anhand des Duktus davon ausgehen, dass ein Teil der Internetnutzer, die sich auf Deutsch oder Englisch an der «Debatte» beteiligen, als Auswanderer und Asylanten im westlichen Ausland leben. Sie sollen hier kurz im Blick auf ihr Geschichtsbewusstsein und ihren Beitrag zur Friedensstiftung beleuchtet werden.

Auswanderer aus Jugoslawien strömten in drei Phasen in den Westen: im Rahmen der Anwerbung seit den 1960er Jahren, im Zuge der Verschärfung der wirtschaftlichen Krise Jugoslawiens in den 1980er Jahren, nach Beginn des Krieges 1991, darunter vermehrt Wissenschaftler, Künstler und Intellektuelle. Weder entsprachen die aus verschiedenen Republiken kommenden Migranten dem homogenen Bild, das man sich in den Gastländern von den «Jugoslawen» gemacht hatte, noch kam es andererseits mit der Zuspitzung der ethnisch-religiösen Konflikte zu einer Replikation der Bürgerkriegssituation in den Gastländern, wenn man von einigen spektakulären Fällen so genannter Wochenendkämpfer absieht, die sich in Kurzurlauben an die Fronten begeben haben. Für die gesamtjugoslawische Emigration sind drei Faktoren typisch: die Aufstiegsorientierung der «Gastarbeiter», die häufiger als bei anderen Migrantengruppen von Erfolg gekrönt war, die stärker beibehaltene Bindung an die Heimatregion und die große Anpassungsfähigkeit, die in Baden-Württemberg zu dem fast liebevollen Namen «Jugoschwaben» führte.[157]

Besonders ausgeprägt war und ist die serbische Arbeitsemigration. Die Zahl der Auswanderer serbischer Herkunft (mit und ohne serbische Staatsbürgerschaft) wird weltweit auf 3,5 Millionen geschätzt, im Jahr 2007 sollen rund 40% aller Familien in Serbien Freunde oder Verwandte im Ausland, mehrheitlich in Europa, gehabt haben. Überweisungen, Pensionen und Schenkungen der Auswanderer stellen die wichtigste Devisenquelle für den jugoslawischen Nachfolgestaat dar; 2006 schätzte die Weltbank die Gesamtsumme dieser Übertragungen auf 4,7 Milliarden Dollar, was fast 14% des damaligen Bruttoinlandsprodukts Serbiens und Montenegros ausmachte.[158] Will man diese Überweisungen auf der Habenseite der (ansonsten deformierten) serbischen Ökonomie verbuchen, wiegt der «brain drain» qualifizierter Arbeitskräfte gerade in der derzeitigen Lage als schweres Defizit. Insgesamt haben die Arbeitsmigranten die Europäisierung dieser Staaten vorangebracht und sich im Verlauf des Krieges überwiegend als eher rationale und besonnene Kräfte erwiesen, doch haben sie bisher auch keine aktive Rolle bei der Überwindung der ethnisch-religiösen Spaltungen und der Aussöhnung in ihren Herkunftsländern übernommen.

(c) Gibt es eine Lösung durch Europäisierung? Der französische Politikwissenschaftler Jacques Rupnik hat in einem souveränen Überblick über die «Welt im Balkanspiegel» das Scheitern Europas und der Europäischen Union dargelegt, in der jugoslawischen Krise konfliktschlichtend und deeskalierend zu wirken und damit «die schlimmste kollektive Katastrophe des Westens» (Richard Holbrooke) zu vermeiden. Dieses Versagen wird nicht dadurch relativiert, dass letztlich alle Mittel- und Großmächte an einer anderen Lösung als der gescheitert sind, die verfeindeten Parteien «ausbluten» zu lassen. Das bedeutet: Weder hatten diverse europäische Mächte (Frankreich, Großbritannien, Deutschland) noch die USA in der Clinton-Ära, das postsowjetische Russland und die Türkei beziehungsweise die islamische Welt ein starkes Interesse an der Befriedung des Balkans, dessen Tragödie letztlich also durch den Mangel an politischem Willen zu humanitärer Intervention ihren Lauf nahm. Das Resultat waren das nachhaltige Fiasko der «gemeinsamen Außen- und Sicherheitspolitik» der Europäischen Union, eine bleibende Entfremdung der islamischen Staaten und Gesellschaften von Europa, die hilflose Hinnahme ethnonationalistischer Konfliktlösungen und eine transatlantische Krise. In den Worten Rupniks:

«Während Europa sich zur supranationalen, liberalen, grenzenlosen Zukunft des 21. Jahrhunderts vorwärts bewegt, fallen die ‹Stämme› des Balkans zurück in die Fehden des 19. Jahrhunderts um ethnische und territoriale Grenzen. Wenn daher der Balkan-Krieg sowohl historisch (als Archaismus, Anachronismus) als auch geographisch (für ‹Stämme› lies ‹Dritte Welt›) aus Europa ‹wegerklärt› werden kann, dann brauchen wir ihn auch nicht als europäisches Problem zu behandeln. Humanitäre Hilfe und Isolierung reichen völlig aus. Kurzum: Wenn dieser Konflikt nichts mit dem heutigen Europa zu tun hat, muss man sich nicht engagieren, ihn zu lösen, es reicht, ihn einzudämmen.»[159]

Informiert wurde diese Fehleinschätzung durch die falschen Lehren aus der Geschichte: Alle Nationen folgten schematisch den Sichtweisen der europäischen Bündnissysteme in den Weltkriegen, beziehungsweise aktuellen Schreckgespenstern. Frankreich sympathisierte mit seinem alten Bündnispartner Serbien, das gerade wiedervereinte Deutschland projizierte unter christdemokratischer Führung in einem Akt katholischer Solidarität den unerwarteten Genuss des eigenen Selbstbestimmungsrechts auf Kroatien – und nährte damit fahrlässig antigermanische Verschwörungstheorien im slawisch-orthodoxen Serbien. Alle Mächte sahen irgendwo das Gespenst der sich wiederholenden Geschichte, ohne sich eigentlich für das Schicksal Jugoslawiens und die Zukunft seiner Menschen ernsthaft zu interessieren. Den faulen Frieden mussten schließlich die Amerikaner schmieden, die sich ein Jahrzehnt später anderen Konfliktregionen zuwandten. Und das Dayton-Abkommen, das den Frieden in der Region gesichert hat, ist heute Ausgangspunkt neuer Spannungen, die sich unter ungünstigen Bedingungen jederzeit wieder kriegerisch entladen können.

So sehr Europa in Jugoslawien versagt hat und so wenig die ex-jugoslawischen Teilrepubliken reif scheinen für einen EU-Beitritt, bietet dieser die beste Perspektive dafür, dass auch dieses besonders unversöhnlich wirkende Kapitel der europäischen Konfliktgeschichte allmählich geschlossen werden kann. Slowenien ist bekanntlich schon seit 2004 Mitglied der EU, und dem Nachbarn Kroatien wurde am 18. Juni 2004 der Status eines offiziellen Beitrittskandidaten verliehen. Nach dem Willen des Europäischen Rates sollten die Beitrittsverhandlungen schon am 17. März 2005 beginnen, aber da seinerzeit die Zusammenarbeit der kroatischen Regierung mit dem Internationalen Strafgerichtshof für das ehemalige Jugoslawien von einigen Mitgliedsländern der Union noch als ungenügend beurteilt wurde, wurde der Verhandlungsbeginn auf unbestimmte Zeit verschoben. Die damalige Chefanklägerin des Strafgerichtshofs, Carla del Ponte, bescheinigte Kroatien im Oktober 2005 eine zufriedenstellende Zusammenarbeit, so dass die offiziellen Beitrittsverhandlungen aufgenommen werden konnten. Deutschland und Österreich, die schon 1992 an der Seite Kroatiens zu finden waren, sind die aktivsten Anwälte eines baldigen Beitritts, zumal ein wesentliches Hindernis, die Veto-Drohung Sloweniens wegen ungeklärter Grenzfragen in der Adria, überwunden scheint. Im Juni 2010 wurden die letzten drei der 33 Verhandlungskapitel eröffnet, geschlossen wurden bereits 20 Kapitel.

Am 22. Dezember 2009 hat auch Serbien die offizielle Bewerbung um eine EU-Mitgliedschaft eingereicht, nachdem dies aus Kreisen der Europäischen Union bereits 2005 dem damals noch Montenegro umfassenden Staat in Aussicht gestellt worden war und das Land vor allem mit der Auslieferung von Karadžić den lange fehlenden Kooperationswillen mit Den Haag unter Beweis ge-stellt hatte. Montenegro, das sich im Juni 2006 unabhängig erklärt hat, hat sein Gesuch offiziell im Dezember 2008 eingereicht. Man darf aber davon ausgehen, dass ein Beitritt Serbiens wie Montenegros (wenn überhaupt) sehr viel länger dauern wird. Ähnliches gilt für Bosnien-Herzegowina, das bisher noch kein Beitrittsgesuch gestellt hat, und für den Kosovo, dessen Unabhängigkeit von wichtigen EU-Ländern wie Griechenland und Spanien bislang nicht anerkannt worden ist, wobei jede Verhandlung mit diesem Land den Widerstand des Beitrittsaspiranten Serbien hervorrufen würde.

Man sieht, welche Hindernisse einer Europäisierung dieser Balkanregion im Wege stehen – heute wäre übrigens auch die Bereitschaft, Bulgarien und Rumänien (die seit 2007 EU-Mitglieder sind) aufzunehmen, sehr viel schwächer als vor zehn Jahren. «Vertiefung» geht heute wieder vor «Erweiterung», und ganz problematisch wäre es, wenn am Ende neben Slowenien lediglich noch Kroatien der EU beitreten könnte und der Rest des ehemaligen Jugoslawien nicht. Ökonomisch sprechen sicherlich viele Gründe für eine solche Asymmetrie, aber politisch-kulturell wäre sie ein fatales Signal. Westeuropa würde sich entlang konfessioneller Linien um ein katholisches Land arrondieren, was bei Orthodoxen und Muslimen entsprechende Assoziationen auslösen würde. Wenn Europa versteht, dass es mehr ist als eine Wirtschaftseinheit, dann bietet die politische Union die einzige Möglichkeit, ethnische Gegensätze aufzuheben und religiösen Absolutheitsansprüchen den Stachel zu nehmen.[160] Nicht zuletzt weil die EU den «peripheren» Jugoslawienkrieg immer noch nicht angemessen erinnert, steht auch Kerneuropa dem Wiederaufleben religiöser Spaltungen und ethnonationalistischer Konflikte zunehmend hilflos gegenüber.

Bosniaken dürfen übrigens ab 2011 ohne Visumsprozedur nach «Europa» reisen, die EU hob, wenn auch nur unter Vorbehalt, bisher bestehende Restriktionen der Reisefreiheit auf. Damit dürfen sich nicht nur kroatische und serbische Bewohner der Föderation frei in Europa bewegen, die sich schon länger bei ihren «Heimatstaaten» Papiere besorgen konnten, sondern immerhin auch die Hauptleidtragenden des Jugoslawienkrieges. So gesehen könnte das auf «Euronews» abgespielte YouTube-Video, eines der wenigen Medien europäischer Öffentlichkeit, doch noch zu einem europäischen Erinnerungsort werden.

3. Artikel 301: Anerkennung des Genozids als Beitrittskriterium?

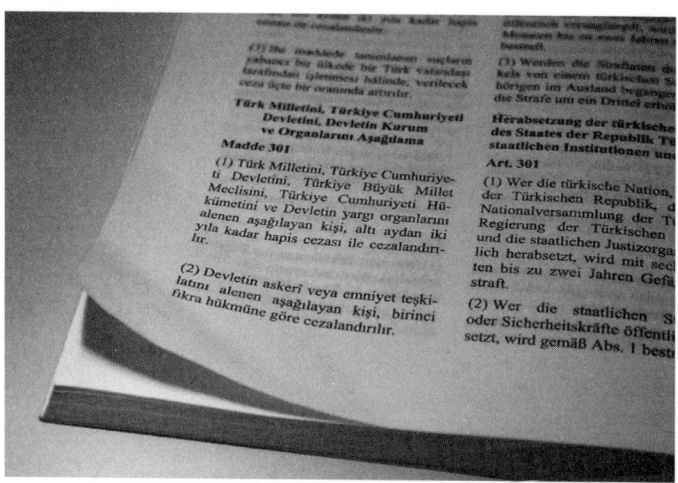

Paragraph 301 im türkischen Strafgesetzbuch.

Der Ort: Ein Gesetzbuch exklusiver Ehre

Der 2005 eingeführte und 2008 novellierte Artikel 301 des Türkischen Strafgesetzbuchs ahndet die «Herabsetzung der türkischen Nation, des Staats der Republik Türkei, der Institutionen des Staates und seiner Organe».[161] In der Neufassung heißt es:

«(1) Wer die türkische Nation, den Staat der Türkischen Republik, die Große Nationalversammlung der Türkei, die Regierung der Türkischen Republik und die staatlichen Justizorgane öffentlich herabsetzt, wird mit sechs Monaten bis zu zwei Jahren Gefängnis bestraft.

(2) Wer die staatlichen Streitkräfte oder Sicherheitskräfte öffentlich herabsetzt, wird gemäß Abs. 1 bestraft.

(3) Meinungsäußerungen, die mit der Absicht der Kritik erfolgt sind, stellen keine Straftat dar.

(4) Die strafrechtliche Verfolgung wegen dieser Tat hängt von der Ermächtigung des Justizministers ab.»

Strafvorschriften gegen die Verunglimpfung eines Staates, eines staatlichen Organs oder eines staatlichen Symbols sind weltweit üblich. Paragraph 90 a Abs. 1 des deutschen Strafgesetzbuches besagt beispielsweise

«(1) Wer öffentlich, in einer Versammlung oder durch Verbreiten von Schriften ...

1. die Bundesrepublik Deutschland oder eines ihrer Länder oder ihre verfassungsmäßige Ordnung beschimpft oder böswillig verächtlich macht oder

2. die Farben, die Flagge, das Wappen oder die Hymne der Bundesrepublik Deutschland oder eines ihrer Länder verunglimpft, wird mit Freiheitsstrafe bis zu drei Jahren oder mit Geldstrafe bestraft».

Und es droht eine Freiheitsstrafe von bis zu fünf Jahren oder eine Geldstrafe, «wenn der Täter sich durch die Tat absichtlich für Bestrebungen gegen den Bestand der Bundesrepublik Deutschland oder gegen Verfassungsgrundsätze einsetzt». Die Schweizer Bestimmung ist lapidarer, nach Art. 270 StGB werden nur Straftaten geahndet, die «gegen von einer Behörde angebrachtes schweizerisches Hoheitszeichen» begangen wurden.

Dazu bestimmt, mögliche Auswüchse der Meinungsfreiheit zu verhindern, können schwammig formulierte Verunglimpfungstatbestände eben diese in erheblichem Umfang beschneiden. Genau so geht die türkische Republik mit «Herabwürdigung» (türkisch «aşağılamak»)[162] um, Artikel 301 wurde zum Symbol und Instrument einer Überreaktion auf jede Kritik am Vorgehen des Osmanischen Reiches gegen die armenische Minderheit von 1915 bis 1917. Artikel 301 verkörpert die Lebenslüge der von Atatürk gegründeten Republik, die religiöse und ethnische Minderheiten in das Zwangskorsett einer Einheitsideologie gesteckt hat.

Bis 2008 wurden auf Grundlage dieses Artikels 1481 Prozesse eröffnet,[163] vornehmlich auf Grundlage der älteren Fassung, die nicht die Beleidigung der türkischen Nation, sondern die des «Türkentums» unter Strafe gestellt hatte.[164] Davon betroffen waren Intellektuelle wie der armenische Journalist Hrant Dink und sein Bruder Arat, der (spätere) Literatur-Nobelpreisträger Orhan Pamuk und die Schriftstellerin Elif Şafak[165] sowie die Rechtsanwältin Eren Keskin.[166] Alle hatten in Interviews, Zeitungsartikeln und auf Podien kritisiert, der Massenmord an den Armeniern werde in der Türkei systematisch verschwiegen und verdrängt. Pamuk beispielsweise hatte einem Schweizer Blatt gesagt, dass man «hier 30 000 Kurden umgebracht [hat]. Und eine Million Armenier. Und fast niemand traut sich, das zu erwähnen». Das Verfahren gegen ihn und andere wurde eingestellt, während Hrant Dink, einer der Herausgeber der armenisch-türkischen Wochenzeitschrift *Agos* und Autor mehrerer Artikel über die historische und aktuelle Unterdrückung der armenischen Identität, zweimal verurteilt wurde.

Im Januar 2007 wurde der Journalist vor dem Haus seiner Zeitung in einem belebten Istanbuler Geschäftsviertel von drei jugendlichen Tätern (der Hauptschütze war nicht volljährig) mit dem Ruf «Ich habe den Ungläubigen getötet!» niedergestreckt. Die Täter gehörten einer rechtsradikalen Gruppe an, aber zwingende Indizien deuten darauf hin, dass sie von höheren Stellen gedungen waren, auch, dass der Mordanschlag von langer Hand geplant und die Sicherheits- und Ordnungskräfte informiert waren. Dinks Hinrichtung sollte zeigen: Wer der Verunglimpfung des Türkentums bezichtigt wird, ist vogelfrei. Die türkische Öffentlichkeit hat dieses staatlich geduldete Attentat nicht losgelassen. Zigtausende versammelten sich wiederholt zu Trauer- und Gedenkmärschen, der Artikel 301 wurde – jedenfalls rhetorisch – entschärft und seither kaum noch angewandt.[167] Die Lebenslüge des Kemalismus liegt offener zutage denn je: Das

Osmanische Reich war nicht unschuldig, die christlichen Minderheiten haben keinen Verrat begangen, die türkische Republik ist kein Opfer.[168]

Ein europäischer Erinnerungsort könnte dieser Paragraph in vielerlei Hinsicht werden: Erstens wird er auf den Völkermord an den Armeniern angewandt, ein hochgradig umstrittenes und traumatisches Ereignis der europäischen Geschichte, in das viele Nationen verstrickt waren und das von Elie Wiesel als «Holocaust vor dem Holocaust» bezeichnet wird. Zweitens stellt er ein elementares nicht-ökonomisches Hindernis für den EU-Beitritt der Türkei dar und unterstreicht einen wesentlichen Konstruktionsfehler der Republik, ihr ethnonationalistisches Fundament. Und die Bewertung dieses Ereignisses stellt drittens einen aktuellen Zankapfel innerhalb der europäischen Einwanderungsgesellschaften und zwischen europäischen Staaten dar. Innenpolitisch spaltet der Konflikt Länder mit Diasporagemeinschaften aus der Türkei und Armenien, außenpolitisch die Türkei und Armenien sowie die Türkei und solche westlichen Staaten, deren Führungseliten den Massenmord offiziell oder halboffiziell als «Völkermord» charakterisieren und die Leugnung teilweise strafrechtlich sanktionieren. Das Streitthema hat transnationale Dimensionen, indem es, ähnlich wie der Mord an den europäischen Juden, grenzüberschreitend diskutiert wird, die internationale Politik beeinflusst und die türkische und armenische (indirekt auch die kurdische) Diaspora beschäftigt.

Der Fall: Massaker oder Genozid?

Die massenhaften Tötungen von Armeniern (neben anderen Volks- und Religionsgruppen) von 1915 bis 1917 sind die türkische Vergangenheit, die nicht vergeht. Handelte es sich um einen Völkermord? Die UN-Konvention von 1948 definiert als Genozid jede (staatliche) Handlung in der Absicht, nationale, ethnische, rassische oder religiöse Gruppen als solche ganz oder teilweise zu zerstören. Zwar wird neuerdings, nicht zuletzt von den genannten

Intellektuellen, in der Türkei von einem Genozid gesprochen, doch auch türkische Kritiker des Nationalismus beharren in der Regel auf dem Wesensunterschied zwischen Massakern (*katliam* oder *kırım*), deren Vorkommen im Ersten Weltkrieg man anerkennt und bedauert, und Genozid (*soykırım*), der überwiegend verneint wird.[169]

Nicht, ob die «Ereignisse» der Jahre 1915 bis 1917 als Völkermord qualifiziert werden müssen, soll hier ausführlich behandelt werden,[170] sondern die geschichtspolitische Bearbeitung dieses Themas. Ein guter Anfang wäre, wenn die türkische Öffentlichkeit, namentlich Massenmedien und Wissenschaftsbetrieb, zur Kenntnis nähmen, dass und wie fundiert sich in der weltweiten wissenschaftlichen Gemeinschaft ein überwältigender Konsens eingestellt hat, wonach die Vertreibung der Armenier als Genozid im strengen Sinne anzusehen ist. Das Osmanische Reich war ein multikonfessionelles Gemeinwesen, dessen Millet-System Juden, orthodoxe Christen und Katholiken (und weitere Religionsgruppen) tolerierte und ihnen als religiösen (nicht: ethnischen) Gemeinschaften lokale Autonomie bot. Diese Koexistenz, die der verstreuten, überwiegend in den Provinzen Erzurum, Van, Diyarbakir, Bitlis, Mamuretülaziz und Sivas lebenden armenischen Minderheit relative Freiheit gelassen hatte, war durch Zentralisierungs- und Homogenisierungsbestrebungen aus der Balance geraten; ältere und latente Konflikte zwischen sesshaften armenischen Bauern und Nomaden, zunehmend auch zwischen christlichen Armeniern und Muslimen eskalierten. Unter Christen wuchsen die Bestrebungen, sich an die vermeintlichen Schutzmächte im Westen anzulehnen, unter Muslimen eine anti-armenische Stimmung. Im Zerfallsprozess des osmanischen Multikulturalismus und mit der Entstehung der türkischen Nation wurden religiöse Gemeinschaften in ethnische Minderheiten umetikettiert; darin erkennt man wieder das aus Jugoslawien bekannte Muster, wie Dynamiken der Nationsbildung Reinigungs- und Säuberungsfantasien hervortreiben, die durch gezielte Mobilisierung, hier der jungtürkischen Nationalisten, brisant wird.

Die bis dahin lokalen Konflikte eskalierten im Ersten Weltkrieg, als das Osmanische Reich an der Seite der Mittelmächte stand und Frankreich wie England den Armeniern Selbständigkeit in Aussicht stellten. Der Völkermord kann aber nicht, wie es in der Türkei überwiegend geschieht, als «Kollateralschaden» des Krieges gedeutet werden. Er entsprang vielmehr einer klaren Entscheidung im März/April 1915 zur Vertreibung und Vernichtung der armenischen Bevölkerung, der 1 bis 1,5 Millionen Menschen zum Opfer gefallen sind. Der Genozid vollzog sich in den typischen Eskalationsstufen: Zunächst wurden die politischen, wirtschaftlichen und intellektuellen Eliten der Armenier deportiert, dann erfolgte eine systematische Enteignung, Deportation und Konzentration, und es kam zu organisierten Massakern auf dem Marsch durch dazu eingesetzte Spezialeinheiten. Begleitet wurde diese Radikalisierung durch eine Hetzkampagne in der Presse gegen innere Feinde, Verräter und Verschwörer, eine Pseudo-Legalisierung der Vertreibung und Enteignung durch nachträglich beschlossene Gesetze und die systematische Vernachlässigung und Zerstörung armenischer Kulturdenkmäler.

Die Armenier, die in der nach dem Ersten Weltkrieg unabhängig gewordenen Türkei verblieben, wurden zwangsislamisiert und türkisiert, eine Klärung der Vorgänge in Medien und Wissenschaft war untersagt. Überlebende Armenier zerstreuten sich an ein gutes Dutzend Exilorte in aller Welt, vor allem in Syrien und Libanon, in Frankreich und Nord- und Südamerika.[171] Die in Ostanatolien lebenden Armenier kamen im Jahr 1920 zur Sowjetunion und wurden auch unter Stalin teilweise verfolgt und zwangsumgesiedelt, erst achtzig Jahre später entstand der unabhängige Staat Armenien. Im Verlauf dieser Staatsbildung kam es um 1990 im zwischen Armenien und Aserbaidschan umstrittenen Gebiet Bergkarabach erneut zu schweren ethnischen Konflikten.

Wie griffen türkische und armenische Einwanderer das Streitthema in den Aufnahmeländern auf, wie diskutieren es deren nationale Parlamente, und wie behandeln europäische Institutionen den historisch-aktuellen Konflikt im Hinblick auf die Beitrittsverhandlungen mit der Türkei? Obwohl das Thema regelmäßig und auf allen Seiten Leidenschaften und Aggressionen auslöst, gilt auch in diesem Fall, dass die öffentliche Erörterung, darunter die politisch-parlamentarische «Kleinarbeitung», den fundamentalen Dissens rationalisieren und das darin liegende Gewaltpotenzial beruhigen kann.

Arena 1: Diaspora-Konflikte in Deutschland und der Welt

Eine Berliner Demonstration vom 18. März 2006 hat seinerzeit für erheblichen Wirbel in der deutschen Presse und Öffentlichkeit gesorgt. Dazu aufgerufen hatten türkische Nationalisten, deren Appell «Nimm Deine Fahne, komm nach Berlin!» vor allem im Internet kursierte und auch in anderen deutsch-türkischen Medien rege diskutiert wurde. Führender Kopf war Doğu Perinçek, der Chef der früher maoistischen, nun radikal-nationalistisch gewendeten Splitterpartei *İşçi Partisi* (Arbeiterpartei), «die sich links gibt und rechts agiert».[172] Trotz ihrer kaum nennenswerten Mitglieder- und Anhängerzahl ist die in den 1960er Jahren entstandene Gruppierung in der Türkei wie im Ausland von Bedeutung, profilierte sie sich doch als Gralshüter des Kemalismus gegen die voranschreitende Liberalisierung (und auch Reislamisierung) der türkischen Gesellschaft. Dabei befeuert sie eine Amerika- und Globalisierungskritik, die in der Türkei wie in der türkischen Diaspora an Boden gewinnt und die sich zunehmend auch gegen die Europäische Union richtet.

Diese Strömung, der Sympathien mit der «Eurasischen Bewegung» des russischen Nationalbolschewisten Aleksandr Dugin nachgesagt werden, fungiert auch als Sprachrohr antisemitischer Vorurteile. In *Aydınlık* publizierte 2003 der genau wie Perinçek ins ultranationalistische Lager übergelaufene Publizist Yalçın Küçük das Pamphlet *Gizli Yahudiler (Kryptojuden)*, das ein Komplott der Nachfahren der *Dönme*, der in osmanischer Zeit zum Islam konvertierten Juden, gegen die Türkei ausmalt.[173] Derlei Verschwörungstheorien verbinden islamistische Kreise mit kemalistischen, großtürkischen und rechtsradikalen Anti-Westlern, die sich vom Machtkartell der europafreundlichen AKP-Partei ausgeschlossen fühlen.

Der Berliner «Marsch für ein Ende der Armeniermassaker-Lügen in Europa» zielte vor allem auf in Westeuropa lebende Migrantinnen und Migranten, die dort mit der breiten Überzeugung konfrontiert sind, im Ersten Weltkrieg habe ein Genozid an den Armeniern stattgefunden, der als Vorläufer des Holocaust zu betrachten und mit diesem fast auf eine Stufe zu stellen sei.[174] Auch stoßen in der Diaspora türkische Einwanderer auf armenische und kurdische Exilanten, die diese kritische Sicht teilen. Türkische Nationalisten sehen dadurch ihren Stolz verletzt und die Ehre der Türkei befleckt. So ist es nicht verwunderlich, wenn die Berliner Demonstration anfänglich prominente Fürsprecher fand, darunter Tahsin Bayar vom Koordinationsrat der türkischen Vereine in Deutschland, Yavuz Dedegil, Bundesvorsitzender der Vereine zur Förderung des Gedankenguts Kemal Atatürks, und Tacettin Yatkın, Vorsitzender der Türkischen Gemeinde in Berlin. Unterzeichnet hatten zunächst auch das regierungsnahe Religionsamt der Türkei (DITIB) und türkische Sozialdemokraten, doch angesichts des zunehmend militanten Auftretens der Organisatoren der Demonstration und der kritischen Presse teilten Yatkin und andere mit, ihre Namen seien «unerlaubt benutzt» worden. Anlass des Rückzugs waren Drohungen der Veranstalter, europäische Hauptstädte würden wie die französischen Vorstädte 2005 «in Flammen stehen», ließe man den Vorwurf des Völkermords nicht fallen. An der Zustimmung zum Kernanliegen änderte das nichts. Der Vorsitzende der Türkischen Gemeinde in Deutschland, Kenan Kolat, wurde mit den Worten zitiert, er teile das Anliegen der Demonstration, auch wenn er nicht teilnehmen werde.

Wenig anstößig erschien auch der Name, unter dem die Mobilisierung lief: Talât Pascha. Der Führer der jungtürkischen Bewegung, die anfangs auf die parlamentarische Liberalisierung des osmanischen Imperiums aus war, sich dann aber eine ethnisch homogene Türkei auf ihre Fahnen schrieb, hatte 1915 als Innenminister des Osmanischen Reiches die Massendeportationen der Armenier angeordnet und gilt daher als Hauptverantwortlicher für den Tod Hunderttausender. Im März 1921 wurde Talât Pascha, den ein Gericht in Istanbul 1919 in Abwesenheit zum Tode verurteilt hatte, in seinem Berliner Exil vom armenischen Studenten Soghomon Tehlirian ermordet. Den Attentäter, der als Einziger seiner Familie ein Massaker im heutigen Erzincan überlebt hatte, sprach ein Schwurgericht trotz der überwiegend protürkischen Haltung der öffentlichen Meinung in Deutschland frei.

Zielpunkt der Berliner Demonstration war der Steinplatz in Berlin-Charlottenburg, wo 1921 das Attentat stattgefunden hatte und sich heute übrigens Denkmale für die Opfer des Nationalsozialismus und Stalinismus befinden. Bereits 2005 hatte dort eine kleine Abordnung von Deutschtürken einen schwarzen Kranz mit der Schleifenaufschrift «Talât Pascha wurde am 15. März 1921 von einem Armenier ERMORDET» niedergelegt. Und schon damals hatten Aktivisten lautstark behauptet, mit der Kampagne zur Erinnerung an den Völkermord wollten Europäer und Amerikaner die Türkei zur Aufgabe nationaler Souveränität zwingen. Einen Völkermord habe es im Ersten Weltkrieg nicht gegeben, vielmehr habe sich die Türkei gegen armenische Banditen verteidigt, die von europäischen und russischen Imperialisten unterstützt worden seien. Dazu passt, dass wenig später bei einer Gedenkfeier für die türkischen Gefallenen des Ersten Weltkriegs der damalige Generalkonsul Bleda Kaçar vor allem beklagte, armenische Terroristen hätten von 1973 bis 1994 34 türkische Diplomaten und deren Familienangehörige umgebracht.

Das von den Initiatoren so genannte «Großprojekt 2006 – Die Lüge über den Völkermord an Armeniern» traf also Gefühle und Geschichtsbilder zahlreicher Diasporatürken, indem die «Umsiedlung der Armenier» als Präventivaktion Talât Paschas gerechtfertigt und in den Kontext «üblicher» Vertreibungen gestellt wurde, die in Kriegszeiten von allen Seiten angeordnet worden seien. Türkische Massenblätter wie *Hürriyet* fordern regelmäßig die Korrektur der «deutschen Sicht», die Unschuldige in Schuldige verwandele, und der Druck der Straße sollte zeigen, dass für die Mehrheit der Einwanderer keine andere Perspektivierung der Geschichte akzeptabel sein würde.

Ein Stein des Anstoßes war für türkische Nationalisten insbesondere die von der CDU/CSU-Fraktion initiierte Bundestagsdebatte zum «Gedenken anlässlich des 90. Jahrestages des Auftakts zu Vertreibungen und Massakern an den Armeniern am 24. April 1915 – Deutschland muss zur Versöhnung zwischen Türken und Armeniern beitragen».[175] Die Debatte hatte am 21. April 2005 stattgefunden und wurde von türkischen Beobachtern ungeachtet des konzilianten Titels als «extremer» Standpunkt gebrandmarkt. Auf die Ziele und Umstände der Bundestagsdebatte und -entschließung kommen wir zurück, zuvor soll aber noch der Verlauf der Demonstration im Jahr darauf geschildert werden. Die deutsche Öffentlichkeit stand zu diesem Zeitpunkt bereits unter dem Eindruck einer an Schärfe zunehmenden Debatte über sich herausbildende «Parallelgesellschaften», und sie zeigte sich schockiert über die unverhohlene Begeisterung, die der türkische Blockbuster «Tal der Wölfe Irak» (*Kurtlar Vadisi Irak*) ob seines antiwestlichen Grundtones beim meist jungen deutsch-türkischem Kino-Publikum hervorrief. Im Mittelpunkt der agitpropartigen TV-Serie *Kurtlar Vadisi* steht der Geheimagent Polat Alemdar, der allerhand mafiose Machenschaften in der und gegen die Türkei bekämpft. Hintergrund des Irak-Teils der Serie war der Krieg im islamischen Nachbarland, bei dem die Türkei den US-Truppen die gewohnte logistische Unterstützung verweigerte. Besonders drastisch war eine Szene, in der Muslimen Organe entnommen werden, die nach Tel Aviv, London und New York gehen sollten.[176]

Da armenische, kurdische und yezidische Organisationen gegen die Berliner Demonstration mobilisierten und den Talât-Pascha-Anhängern Geschichtsfälschung vorwarfen, wurde eine Eskalation des Konflikts befürchtet, zumal Aktionsgruppen «gegen rechts» ebenso wie die Berliner NPD zur Gegendemonstration aufriefen, letztere unter der Parole «Wir wollen keine französischen Zustände in Berlin, denn Berlin ist eine deutsche Stadt».

Aufschlussreich war vor allem die ungefilterte Diskussion in diversen Internetforen. Sie zeigt, dass hier kein «importierter Konflikt» ausgetragen wurde, der Deutschland zum «Schauplatz eines Bürgerkriegs zwischen Türken, Kurden und Armeniern» werden ließ, sondern sich ein regionaler Konflikt über die Einwanderung transnationalisiert hatte.

Der Berliner Polizeipräsident verbot zwei angekündigte Demonstrationen, neben Sicherheitsbedenken zunächst auch mit der Begründung, die «Ereignisse von 1915» könnten geleugnet oder gerechtfertigt werden. Einem Eilantrag des Atatürk-Vereins folgend, hob ein Gericht dieses Verbot wieder auf; wer der Tötung von Armeniern das Prädikat Völkermord abspreche, missachte damit «noch nicht die Würde der Opfer in strafbarer Weise».[177] Polizei und Gericht rekurrierten auf die besondere Strafbarkeit der «Auschwitzlüge», gaben in diesem Fall aber der im Grundgesetz geschützten Meinungs- und Versammlungsfreiheit Vorrang. Das Oberverwaltungsgericht Berlin bestätigte dies, gestattete die Demonstration aber nur mit der Auflage, es dürfe «weder auf Transparenten noch in Reden oder anderen Wort- oder Schriftbeiträgen ein Genozid an den Armeniern als Lüge bezeichnet werden». Wer den Genozid an der armenischen Bevölkerung im Jahre 1915 als «Lüge» bezeichne, erfülle den Tatbestand des § 189 StGB (Verunglimpfung des Andenkens Verstorbener).[178]

Im Effekt läuft diese Wertung auf eine Übertragung der (auch dort keineswegs unproblematischen) Einschränkung der Meinungs- und Versammlungsfreiheit in Sachen Holocaust auf den Völkermord an den Armeniern hinaus, was in der Schweiz bereits zu einer Strafanzeige gegen Doğu Perinçek geführt hat.[179] Es ist eine Ironie der Geschichte, wie sich hier ein Bogen spannt von der Beleidigung des Türkentums im türkischen Strafgesetzbuch zur spiegelverkehrten Inkriminierung einer Genozid-Leugnung. Sicher handelt es sich hier um «Verunglimpfungen» ganz unterschiedlicher Qualität, doch belegen beide Fälle die Problematik einer «Aufarbeitung der Geschichte», die sich strafrechtlich bewehrt.

An der «Großdemonstration» vom 18. März 2006, für welche die Organisatoren großspurig vier bis fünf Millionen Türken angekündigt und Reisebusse in ganz Europa (und sogar in der aserbaidschanischen Hauptstadt Baku!) gechartert hatten, beteiligten sich am Ende übrigens nur rund 2000 Menschen. Slogans wie «Soykırım yapmadık, vatan savunduk» (Wir haben nicht Völkermord begangen, sondern das Vaterland verteidigt) verstießen gegen die Auflage des Gerichts; durchgängig war jedenfalls die apologetische und relativierende «Einordnung» der Deportationen in das Kriegsgeschehen – und einhellig die ultimative Forderung an den Bundestag, die Verurteilung der Massenmorde zurückzunehmen.

Arena 2: das Hohe Haus

Der erwähnte Antrag der Unions-Fraktion des Deutschen Bundestages zum «90. Jahrestag des Auftakts zu Vertreibungen und Massakern an den Armeniern am 24. April 1915» vermied bewusst das Reizwort «Völkermord» zur Qualifizierung der breit dargelegten historischen Fakten, die der bislang wenig informierten Öffentlichkeit die Mitverantwortung des Deutschen Reiches als Verbündetem des Osmanischen Reiches im Ersten Weltkrieg deutlich machten. Die Antragsteller argumentierten, die Leugnung oder Relativierung der schweren Verbrechen stehe klar «im Widerspruch zu der Idee der Versöhnung, die die Wertegemeinschaft der Europäischen Union leitet, deren Mitgliedschaft die Türkei anstrebt»; die Türkei solle sich «mit ihrer Rolle gegenüber dem armenischen Volk in Geschichte und Gegenwart vorbehaltlos auseinander[setzen]».[180] Anzunehmen ist, dass eine solche Initiative auch als Störfeuer gegen die von der rot-grünen Bundesregierung betriebene enge Kooperation mit der Türkei gemeint war, deren Beitrittsansinnen vom damaligen Bundeskanzler Gerhard Schröder (1998 bis 2005) und von Außenminister Joschka Fischer (1998 bis 2005) energisch unterstützt wurde. Aber alle Fraktionen drückten durch Beifall ihre Zustimmung zu Christoph Bergners (CDU) Konklusion aus:

«Es geht uns ausdrücklich nicht darum, die türkische Republik oder gar ihre Bevölkerung auf die Anklagebank zu setzen. Unser Antrag ist vielmehr der Versuch, die Rechtsnachfolger des Osmanischen Reiches in das einzubeziehen, was man mit Blick auf die Konflikte, Verwüstungen und Verbrechen des 20. Jahrhunderts in Europa ‹europäische Erinnerungskultur› nennen könnte, eine Erinnerungskultur, die wir in diesen Wochen um den 60. Jahrestag des Endes des Zweiten Weltkriegs in besonderer Weise erleben. Diese Erinnerungskultur wurde Grundlage einer Aussöhnung, die die Gemeinschaft europäischer Staaten erst möglich gemacht hat. [...] Nur so konnten frühere Kriegsgegner, ja Erbfeinde in der EU vereint werden. Auf dieser Grundlage konnten Staaten zusammengeführt werden, die sich in den Zeiten des Kalten Krieges und der Blockkonfrontation jahrzehntelang angriffsbereit gegenüberstanden. So ist die Europäische Union in ihrem Kern ein Aussöhnungsprojekt, das auf gemeinsamer Geschichtsbewältigung beruht. Unser Antrag soll eine Einladung an unsere türkischen Partner und Freunde sein, sich diesem Prozess zu stellen. Dies ist im Interesse der Türkei selber.»[181]

Doch genau diese Einordnung in eine europäische Erinnerungskultur, die vom Holocaust beherrscht und von deutscher Geschichtspolitik geprägt war und ist, wollte die türkische Seite vermeiden. Verhandlungsführer und Sprecher der rot-grünen Regierungskoalition hatten deshalb Sorge, ein solcher Vorstoß (dem weit resolutere Beschlüsse anderer nationaler Volksvertreter und im Europäischen Parlament vorausgegangen waren) könne den Beginn der Beitrittsverhandlungen mit der Türkei verhindern und das damals gute Verhältnis zwischen Berlin und Ankara trüben. Einmal war die Debatte im Hinblick auf einen Türkei-Besuch des damaligen Bundeskanzlers schon verschoben worden, in ihrem Verlauf wurde gemahnt, dass sie «die zarten Pflanzen einer Erinnerungskultur» in der Türkei (Fritz Kuhn) nicht zertreten dürfe. Im parlamentarischen Prozess wurde ein von allen Fraktionen getragener Antrag erarbeitet, der die positiven Anzeichen würdigte, «dass sich die Türkei im Sinne der erwähnten europäischen Kultur der Erinnerung zunehmend mit der Thematik beschäftigt»,[182] und die deutsche Mitverantwortung noch deutlicher herausstrich. Heraus kam eine im Ton moderate wie in der Sache zurückhaltende Aufforderung an die Bundesregierung,

– «dabei mitzuhelfen, dass zwischen Türken und Armeniern ein Ausgleich durch Aufarbeitung, Versöhnen und Verzeihen historischer Schuld erreicht wird,

– dafür einzutreten, dass sich Parlament, Regierung und Gesellschaft der Türkei mit ihrer Rolle gegenüber dem armenischen Volk in Geschichte und Gegenwart vorbehaltlos auseinandersetzen,

– sich für die Bildung einer Historikerkommission einzusetzen, an der außer türkischen und armenischen Wissenschaftlern auch internationale Experten beteiligt sind,

– sich dafür einzusetzen, dass nicht nur die Akten des Osmanischen Reiches zu dieser Frage allgemein öffentlich zugänglich gemacht werden, sondern auch die von Deutschland der Türkei übergebenen Kopien aus dem Archiv des Auswärtigen Amts,

– sich für die tatsächliche Durchführung der in Istanbul geplanten, aber auf staatlichen Druck hin verschobenen Konferenz einzusetzen,[183]

– sich für die Gewährung der Meinungsfreiheit in der Türkei, insbesondere auch bezüglich des Schicksals der Armenier, einzusetzen,

– dabei zu helfen, dass die Türkei und Armenien ihre zwischenstaatlichen Beziehungen normalisieren.»[184]

Dabei wollten es allerdings viele nicht belassen. In den Medien, bei der damaligen PDS sowie von armenischer Seite hieß es, man müsse einen Völkermord auch Völkermord nennen dürfen und dessen Leugnung müsse analog zum Holocaust unter Strafe stehen. Ein Beispiel ist der Beitrag des Fernsehmagazins *Kontraste* unter dem reißerischen Titel «Falsche Rücksichtnahme auf die Türkei – Warum deutsche Politiker den armenischen Völkermord leugnen».[185]

Anderen hingegen war der Deutsche Bundestag schon viel zu weit gegangen. Die Türkische Gemeinde sah in dem Antrag die «Lesart, aus den Türken Barbaren und aus den Armeniern unschuldige Opfer zu machen»; der Bundestag habe den untauglichen Versuch unternommen, «dem einmaligen Verbrechen der Weltgeschichte [gemeint ist der Holocaust; Anmerkung der Autoren] andere beizugesellen», und er sei der «mit viel Geld und Terror geführten einseitigen Hasspropaganda mancher armenischer Kreise erlegen».[186] Eine elektronische Petition der Gruppe *Next Generation of Turks* an den Bundestag fasst die unter türkischen Einwanderern wohl vorherrschende Position prägnant zusammen:

«Der Beschluss des Bundestages ist nicht hilfreich und trägt nicht zur Geschichtsbewältigung bei. Im Gegenteil, er reißt neue Gräben zwischen Deutschland, Armenien und der Türkei auf, denn er bestärkt die Armenier in ihrem Glauben, dass sie nur ‹Opfer›, und die Türken nur die ‹Täter› seien. Eine kritische Durchleuchtung ihrer Geschichte ist aber von den Armeniern genauso zu fordern, wie von den Türken, damit es zu einer Versöhnung und Normalisierung kommt. Eine einseitige Anerkennung der Schuld, eine Anerkennung des sog. ‹Genozids› und somit die Gleichsetzung mit den Nazis und Übernahme der Verantwortung wie beim Holocaust werden die Türkei und die Türken niemals akzeptieren. Um Schaden in den Beziehungen zwischen Deutschland und der Türkei bzw. zwischen Deutschen und Türken vorzubeugen ist eine vollständige Überarbeitung des Beschlusses vom 16. Juni 2005 erforderlich. Sonst ist zu erwarten, dass durch den vorliegenden Beschluss türkischstämmige Bürger in Deutschland und Türken insgesamt sich ziemlich vor dem Kopf gestoßen fühlen und entsprechend reagieren werden.»[187]

In anderen europäischen Staaten hat es ähnliche, die Diasporagruppen noch stärker involvierende Debatten gegeben und oft auch schärfere Ahndungen der Leugnung des Armenier-Genozids.[188] Die Gründe dafür sind unterschiedlich: Es soll damit in der Regel nicht die historische Wahrheit statuiert, sondern generalpräventiv die Wiederholung genozidaler Akte verhindert werden, den Opfern Gerechtigkeit widerfahren und Meinungsfreiheit in der Türkei gestützt werden. Das führt weiter zu scharfen Reaktionen der türkischen Regierung. Die Armenien-Resolution der Assemblée Nationale wurde 2006 mit jeder Verweigerung von Überflugsrechten für französische Flugzeuge beantwortet, und Ministerpräsident Recep Tayyip Erdoğan sagte im März 2010 einen Schweden-Besuch ab, als der Reichstag in Stockholm die Verfolgung und Ermordung von Armeniern und Mitgliedern anderer ethnischer Gruppen im Osmanischen Reich als Völkermord eingestuft hatte.[189] Vorangegangen war dem ein geharnischter Protest der türkischen Regierung gegen einen bereits seit 2007 diskutierten und damals im Auswärtigen Ausschuss angenommenen Resolutionsentwurf im US-amerikanischen Repräsentantenhaus; alle amtierenden Präsidenten von Bill Clinton über George W. Bush bis zu Barack Obama haben eine abschließende Plenarabstimmung verhindert, weil sie den NATO-Verbündeten düpieren würde. Vor allem die USA müssen in Rechnung stellen, dass ein großer Teil der Logistik des Irak-Krieges und des gesamten Engagements der Vereinigten Staaten im Nahen und Mittleren Osten über Stützpunkte in der Türkei läuft.

Arena 3: das erweiterte Europa

Faruk Şen, bis 2008 Leiter des Essener Zentrums für Türkeistudien, hat aus Anlass der Berliner Demonstration den Standpunkt vieler moderater türkischer Einwanderer bekräftigt, wonach das Massaker eine Schande für die türkische Geschichte, der Terminus Völkermord aber unangemessen sei.[190] In der Entschließung des Deutschen Bundestages wurde dieser Begriff bewusst vermieden, während andere nationale und supranationale Parlamente die Ereignisse in der Zeit von 1915 bis 1917 klar als einen Genozid qualifiziert haben. Die französische Nationalversammlung be-

schloss dies einstimmig im Jahr 1998. Ähnlichen Tenor hatten –
angestimmt vom Parlament Uruguays 1965 und fortgesetzt in
mehreren Resolutionen des *House of Representatives* in Washington – in den 1970er und 1980er Jahren Parlamentsbeschlüsse von
Zypern bis Litauen. Man darf sagen, dass die Leugnungs- und
Drohstrategie der türkischen Diplomatie weltweit gescheitert ist.

Diese Internationalisierung der armenischen Frage, noch beflügelt durch die Unabhängigkeit der ehemaligen Sowjetrepublik
Armenien 1991 und den Beginn des türkischen EU-Beitrittspro-
zesses, erreichte die supranationalen Gremien der EU. Das Europäische Parlament debattierte die Armenien-Frage wiederholt und
verabschiedete Entschließungen: Am 18. Juni 1987 wurden die
«tragischen Ereignisse, die sich 1915 bis 1917 im Gebiet des Osmanischen Reiches abgespielt haben» als Genozid im Sinne der UN-
Konvention von 1948 definiert, ohne dass daraus jedoch rechtliche
oder materielle Forderungen an die Türkei abgeleitet würden. Die
armenische Frage wurde zum Kernbestandteil der Beziehungen
zwischen der Europäischen Gemeinschaft und der Türkei erklärt;
diese wurde aufgefordert, den Völkermord anzuerkennen, die
Lage der armenischen Minderheit in der multiethnischen und
multireligiösen Türkei und auch die Beziehungen zur Nachbarre-
publik Armenien zu verbessern, insbesondere die Blockade aufzuheben. Die beiden letzten Punkte wurden 2000 und 2002
bekräftigt, und 2005 erhob Straßburg die Anerkennung des Genozids ausdrücklich zur «Voraussetzung für den Beitritt zur Europäischen Union».[191]

Diese verschärfte Konditionierung ist zwar nicht die Politik der
EU-Kommission und des Ministerrats, sie kann aber als informelles und dabei nicht nur atmosphärisches Beitrittskriterium
betrachtet werden. Dagegen wies die *European Assembly of Turkish Academics Baden-Württemberg* in einem Schreiben an die
damalige Oppositionsführerin Angela Merkel (CDU) jeden
Zusammenhang zwischen Geschichtsbewältigung und EU-Beitritt zurück; schließlich sei Zypern, Polen oder der Tschechischen
Republik dergleichen nicht abverlangt worden, und niemand

werde den Beitritt von Rumänien und Bulgarien daran scheitern lassen, dass «diese Länder in und nach den zwei Balkankriegen 1912/13 die türkische Zivilbevölkerung vertrieben und unterdrückt haben und für den millionenfachen Tod von Türken verantwortlich sind».[192] Auch der deutsch-türkische Historiker Cem Özgönül, der sich kritisch mit den Dokumenten auseinandergesetzt hat, die dem Antrag des Bundestags 2005 zugrunde lagen,[193] wies die vom Abgeordneten Bergner und anderen beschworene «europäische Erinnerungskultur» zurück: So werde der «absolute Sonderfall Deutschland im Umgang mit seiner NS-Vergangenheit zum Maßstab einer imaginären Tugend, was den europäischen Umgang mit Geschichte anbelangt. [...] Die krankhafte Fixierung und Reduktion eines Volkes auf ein besonders dunkles Kapitel seiner Geschichte ist nicht vorbildlich, sondern mitleiderregend.»[194]

So kann man die jüngste Entwicklung zusammenfassen:

- Die nationalistische Mobilisierung innerhalb der Türkei reagiert aggressiv auf die zunehmende Transnationalisierung der armenischen Frage im Rahmen der EU-Erweiterung, die eine rein nationale Sicht auf historische Vorgänge des 19. und 20. Jahrhunderts erschwert. Unter dem Leitgedanken der verletzten Ehre der türkischen Nation mobilisiert die Opposition gegen den Europakurs der seit 2002 amtierenden AKP-Regierung Erdoğan, die in ihrer Rechts- und Sicherheitspolitik bereits zahlreiche Konzessionen an das nationale Lager gemacht hat.[195]

- Von strategischer Bedeutung sind dabei die Auswanderer, die als Auslandstürken adressiert werden und den Beweis ihrer ungebrochenen Loyalität zur türkischen Republik antreten sollen. Türkische, kurdische und armenische Auswanderer werden gegeneinander ausgespielt, während die Emigration und die transnationale Lebensweise einen objektiven Standpunkt und Distanz ermöglichen können.

- Inkonsistenzen und Verzögerungen im EU-Beitrittsprozess, genau wie Benachteiligungs- und Diskriminierungsgefühle unter den Auswanderern, befördern nationalistische Sichtweisen, die in dem Maße, wie die Europäische Union die Anerkennung ihrer Sicht des Genozids und in der Folge die Entkrampfung des Verhältnisses zwischen der Türkei und Armenien zum harten Kriterium des EU-Beitritts macht, zum Risiko für die Türkei werden. Sie bergen aber auch für die Europäische Union, die in den Demokratisierungsprozess der Türkei investiert hat, die Gefahr, dass im Fall eines Rückschlags die bisher verfolgten geopolitischen Ambitionen im Nahen und Mittleren Osten aufs Spiel gesetzt würden.

- Nicht die Nomenklatur (Völkermord oder nicht) ist entscheidend, sondern das Prinzip, auch historische Verfehlungen des eigenen Volkes vorbehaltlos aufzuarbeiten. Die «mittlere Linie» des Deutschen Bundestages scheint sich zunächst nicht ausgezahlt zu haben; generell gibt es nicht nur in der Türkei Widerstand, wenn sich Deutsche zu Anwälten und Promotoren einer «Aufarbeitung der Geschichte» im Ausland machen. Nicht überall wird bekanntlich eine postnational ausgerichtete Geschichtsschreibung gewürdigt.

- Gleichwohl sind historische Katastrophen mit der Universalisierung des Holocausts und der Europäisierung der nationalen Kollektive nicht mehr als «interne Angelegenheit» zu behandeln. Demokratisierung setzt ihrer Substanz nach eine kritische Selbstreflexion problematischer Vergangenheiten voraus, ohne die wiederum eine kulturell pluralistische Gesellschaft Minderheiten keine Rechte garantieren kann.

- Man wird diese Selbstreflexion aber nicht erreichen, wenn ein auf wissenschaftlicher Analyse basierender Standpunkt Personen oder Gruppen falschen oder abweichenden Meinungen oktroyiert und, eventuell mit Hilfe des internationalen Strafrechts, einem Dialog vorausgesetzt wird. Staatliche Geschichtspolitik kann ein gemeinsames Verständnis von Geschichte nicht präjudizieren, sie gibt ihr bestenfalls einen politisch-institutionellen Rahmen, in dem sich konträre Standpunkte annähern können. Die Türkei hat dem Nachbarstaat Armenien 2005 die

Einrichtung einer gemeinsamen Historikerkommission vorgeschlagen. Wissenschaftliche Konferenzen, Geschichtsforen und
Schulbuch-Revisionen unter Beteiligung von Europäern, Türken und Armeniern sind bescheidene, aber wichtige Schritte der
Annäherung.[196] Europa bietet als «dritte Ebene» die Chance
dazu, die man weder durch realpolitisches Einlenken noch
durch schrille Rhetorik vertun sollte.

Fazit: Zivilisierung durch Europäisierung?

Und damit noch einmal zurück zur Debatte um den Artikel 301
des Türkischen Strafgesetzbuchs, den wir als symbolisches Boll-
werk gegen eine offene Diskussion des Armenier-Genozids innerhalb wie außerhalb der Türkei identifiziert haben. «Türkentum»
war (und ist) für viele Türken der Eckpfeiler der türkischen
Nation, ein Sammelbegriff für die Gesamtheit ihrer menschlichen,
moralischen, religiösen und nationalen Werte, ihrer Überzeu-
gungen, der Nationalsprache, der Geschichte, Gefühle und Traditionen. Die Matrix dieses ethnonationalen, in der Tendenz stets
exklusiven Konzepts ist wiederum die Familienehre, deren Schutz
allen Familienmitgliedern aufgegeben ist und deren Verletzung es
ihnen auferlegt, Sanktionen vorzunehmen, auch und gerade gegen
Mitglieder der Familie selbst, wenn sie sich ein Fehlverhalten
zuschulden kommen lassen. Familienehre zählt am Ende mehr als
das Leben und die persönliche Integrität eines Individuums, das
dem Familienverband untergeordnet ist.[197]

Verwestlichung, Urbanisierung und Individualisierung bringen
ein solches Konzept in Gefahr, und genau diese Gefährdung ruft
extreme, auch gewalttätige Reaktionen hervor, wenn sich fami-
lien- und klanbezogene Solidaritätsverhältnisse im Zuge von Bin-
nenmigration und Auswanderung aufzulösen drohen. Die Einordnung in das familiäre, durch väterliche Autorität und
mütterliche Hausgewalt geordnete Familienkollektiv hat weniger
religiöse Wurzeln (etwa im Koran) als solche in der Statik agra-
rischer Gesellschaften, in welchen Familienmitglieder für die bio-

soziale wie materielle Reproduktion unverzichtbar und von daher um einen hohen Preis gegen verlustreiche Eingriffe zu schützen sind. Es ist kein Zufall, dass im häuslichen Patriarchat vor allem (junge) Frauen unter diesem engen Ehrverständnis zu leiden haben.[198]

Ebenso klar ist, dass die Übertragung des Konzepts *Familienehre* auf komplexe Gesellschaftsgefüge und ganze Nationen einer Realitätsverweigerung gleichkommt. Wer den Genozid an den Armeniern, die Vertreibung der Griechen kritisiert und sich für die Rechte der kurdischen Minderheit einsetzt, vergeht sich nicht an den Ahnen (ecdadlarımız), allen voran an Talât Pascha und Mustafa Kemal, die als väterliche Schutzpatrone verehrt werden und in den Instanzen Militär und Justiz inkarniert sind. Hrant Drink hat sich nicht zuletzt dadurch unbeliebt gemacht, dass er an Sabiha Gökcen erinnert hat, ein Mädchen armenischer Herkunft, das Kemal Atatürk adoptiert hat. Dieses Narrativ der Annahme an Kindes statt ist raffiniert: Es kann besagen, dass man auch nicht-leibliche Kinder haben kann, oder dass man Fremde in die Familie inkorporieren muss.[199]

An dem Nestbeschmutzer und Verräter Dink ist coram publico ein ähnliches Exempel statuiert worden wie an Frauen, die im intimen Familienbereich ehrlos geworden sind und dafür – ebenfalls als abschreckendes Beispiel für andere – büßen sollen. Derart patriarchale Traditionen stützen das türkische Militär, mit knapp 400000 (zum großen Teil Wehrdienst leistende) Soldaten die fünftgrößte Armee der Welt und immer noch ein Rückgrat der türkischen Politik. Die Politik der AKP und die jüngste Verfassungsreform, auch Aufarbeitungen der brutalen Militärdiktatur, haben die Macht der Generäle beschnitten, aber militärische Werte und militarisierte Verhaltensweisen sind immer noch weit verbreitet und anerkannt. «Man ergibt sich» wird der Eintritt in die Armee genannt, und diese Ergebenheit prägt für die türkische Soziologin Pinar Selek die männliche Sozialisation von der Beschneidung über den Wehrdienst und Arbeitsverhältnisse bis zur Familiengründung, auch und vielleicht gerade in der Migration.[200]

Man erkennt, dass die Problematik des türkischen Beitritts zur Europäischen Union tiefer liegt als in ökonomischen, demografischen oder religionspolitischen Umständen, die in der Regel als mögliche Hindernisse angeführt werden. Will man in der Familienanalogie bleiben, handelt es sich beim Artikel 301 genau wie bei seinen zahlreichen Vorläufern um eine defensive Aktion, die in einen langen Verwestlichungs- und Europäisierungsprozess eingreifen soll. Nicht zuletzt unter der Ägide der gegenwärtigen AKP-Regierung hat diese Entwicklung an Fahrt gewonnen, stößt nun aber – auch dank des Vorliegens anderer außenpolitischer Optionen – in vielen Tiefenschichten der türkischen Gesellschaft auf eine geradezu körperliche Ablehnung. Sicherlich ist die Fortsetzung des Beitrittsprozesses nicht allein von der «Zivilisierung» eines Strafrechtsartikels abhängig, dem mittlerweile eher symbolische als faktische Bedeutung zukommt. Aber ohne eine umfassende Strafrechtsreform wird der Beitritt auch nicht mehr gelingen, der schon aus anderen Gründen in immer weitere Ferne zu rücken scheint.

Der Fall zeigt erneut, wohin eine verordnete Amnesie führt und dass ohne eine selbstkritische Aufarbeitung der dunklen Seiten der nationalen Vergangenheit weder Demokratie noch internationale Kooperation möglich sind. Was die Anerkennung des Armenier-Genozids in der türkischen Wissenschaft, Zivilgesellschaft und sogar Politik betrifft, sind eigentlich alle Voraussetzungen für einen mutigen und entschiedenen Schritt nach vorn gegeben: Wissenschaftler befassen sich zunehmend offener mit der Aufarbeitung des in- und ausländischen Quellenmaterials und Wissensstandes, in den Medien werden auch ungestraft kritische Positionen laut, und im April 2010 fand unter dem Motto «Dies ist unser aller Schmerz» eine erste Großkundgebung in der Innenstadt von Istanbul statt. Im Aufruf hieß es zu den 1915 verfolgten armenischen Intellektuellen: «Wir haben sie verloren. Sie sind nicht mehr hier.»[201] Seit 2008 zirkulieren entsprechende Aufrufe im Internet, es gab eine beachtliche Unterschriftenaktion zur Entschuldigung bei den Armeniern. Es wurden armenische Kirchen restauriert und Gottesdienste abgehalten, armenische Radiostationen und Webseiten bleiben unzensiert, Ausstellungen, Filme und Bücher erinnern an armenisches Leben im Osmanischen Reich, sogar armenische Fakultäten sind in Planung.

Die armenische Frage ist genauso wenig zu tabuisieren wie die Gleichstellung der Kurden im öffentlichen Leben, auch wenn es immer wieder herbe Rückschläge gibt, z. B. als Ministerpräsident Erdogăn, dessen Protektion und Partei die Öffnung weitgehend zu verdanken ist, auf Druck von außen mit der schrillen Drohung reagierte, 100 000 Armenier ausweisen zu wollen. Auch im Verhältnis zwischen der türkischen und der armenischen Republik, deren Grenzen vorerst verriegelt bleiben, sind in den vergangenen Monaten seit 2009 erhebliche Fortschritte erzielt worden. Staatspräsident Abdullah Gül machte Fußball-Diplomatie und flog während des Ramadan zur Eröffnung eines WM-Qualifikationsspiels mit seinem Amtskollegen Sersch Sargsjan nach Jerewan; über die Aufnahme diplomatischer Beziehungen und die Öffnung der Grenze wird ernsthaft verhandelt.

Der wesentliche Stolperstein im türkisch-armenischen Verhältnis ist immer wieder die Opposition Massaker versus Genozid. Scharfmacher beider Seiten betreiben diese terminologische Zuspitzung; sie sind nicht an einem nüchternen Austausch historiografisch gestützter Argumente interessiert, sondern an der Formulierung von Maximalzielen, mit denen sie die verständigungsbereiten Teile der Regierungen unter Druck setzen und zu Zugeständnissen bringen wollen. Armenische Radikale, vor allem aus der Diaspora, fordern Reparationen und Revisionen des Grenzverlaufs von der Türkei, womit man in der Kaukasus-Region die Büchse der Pandora öffnet; das kemalistische Establishment will, indem es die AKP-Regierung als Verräter an der Nation Kemal Atatürks vorführt, innenpolitisch auf die Beine kommen. So ist die im Oktober 2009 verabredete Roadmap bislang in beiden Staaten nicht ratifiziert und umgesetzt worden.

Auch der Artikel 301 ist weiterhin gültig. Allerdings hat eine andere europäische Instanz, der Europäische Gerichtshof für

Menschenrechte, unterdessen die Mitschuld des türkischen Staates am Mord an Hrant Dink konstatiert. Staatspräsident Abdullah Gül, Justizminister Sadullah Ergin und Außenminister Ahmet Davutoğlu haben diesen Urteilsspruch akzeptiert, nachdem die türkische Regierung Hrant Dink zunächst als Volksverhetzer denunziert und ihn auf eine Stufe mit dem deutschen Neonazi Michael Kühnen gestellt hatte, dessen Verurteilung wegen Volksverhetzung und Verbreitung neofaschistischer Propaganda durch ein deutsches Gericht der Straßburger Menschengerichtshof seinerzeit für zulässig erklärt hatte. Was weiterhin aussteht, ist die Aufklärung über die Verstrickung des türkischen Staates und nationalistischer Cliquen in diesen Mord und die Verurteilung der Hintermänner in den Sicherheitsorganen und Gemeindiensten. Und die ersatzlose Streichung von Artikel 301 ist keine innertürkische Angelegenheit mehr.

4. Holodomor: die Ukraine ohne Platz im europäischen Gedächtnis?[202]

Ukrainische Gedenkstätte für den Holodomor in Kiew.

Das Lew Kopelew Forum in Köln, das sich seit seiner Gründung im Jahr 1998 ganz im Sinne seines Namensgebers für gute deutsch-russische Beziehungen und die Wahrung der Menschenrechte stark macht, zeigte im Oktober 2008 eine Woche lang eine kleine Ausstellung mit dem Titel «Die Hungeropfer – Der unbekannte Völkermord an den Ukrainern». Anlässlich des 75. Jahrestages erinnerte sie an die Hungerkatastrophe, die durch die Politik Stalins in den 1930er Jahren in der Ukraine ausgelöst wurde. «Auch nach 75 Jahren ist eine der größten humanitären Katastrophen des 20. Jahrhunderts weitgehend unbekannt geblieben», schrieb das Forum in der Ausstellungsankündigung auf seiner eigenen Webseite[203] und das, obwohl im Zuge der mit dem Namen Holodomor[204] bezeichneten Hungerkatastrophe in den Jahren 1932/33 Schätzungen zufolge insgesamt 6 bis 7 Millionen Menschen ihr Leben verloren.[205]

Der Holodomor sei ein entsetzlicher Völkermord gewesen, der absichtlich von Stalins Regime herbeigeführt wurde, um das ukrainische Volk auszurotten und den Widerstand der ukrainischen Bauern gegen die Zwangskollektivierung zu brechen. Das Ziel müsse daher die Anerkennung der Hungersnot als Genozid und die Verurteilung der Verbrecher sein, erklärte Jaroslaw Baran, Leiter der Außenstelle der ukrainischen Botschaft in Bonn, anlässlich der Eröffnung der Ausstellung in Köln. Die Botschaft der Ausstellung ist also eindeutig: Bei der Hungerkatastrophe handelt es sich um einen Völkermord, der durch die Kollektivierungspolitik der Zentralregierung in Moskau ausgelöst wurde. Dabei ist es kein Zufall, dass Katerina Juschtschenko, die Frau des damaligen ukrainischen Präsidenten, den Vorsitz der Stiftung «Ukraine 3000» und die Schirmherrschaft der Ausstellung übernommen hat; erst im November 2006 hatte ihr Mann Wiktor Juschtschenko den Holodomor dezidiert zum Genozid am ukrainischen Volk erklärt, wobei der Begriff Genozid für die Bezeichnung der Hungerkatastrophe nicht nur in Russland, sondern auch in der Wissenschaft angezweifelt und kontrovers diskutiert wird. Von einigen Wissenschaftlern wird der Ausdruck Soziozid bevorzugt, da sich die staatlich initiierte Hungerkatastrophe vor allem gegen das unabhängige Bauerntum und nicht gegen die ukrainische Nation an sich gerichtet habe: Von der Hungersnot waren neben der Ukraine auch andere Regionen der Sowjetunion betroffen.[206]

Unstrittig ist in jedem Fall, dass die Hungerkatastrophe Folge der zwangsweisen Kollektivierung der Landwirtschaft durch Stalin, der Zerstörung der landwirtschaftlichen Produktion, einer überhöhten Getreiderequirierung und des systematischen Entzugs von Nahrungsmitteln, vor allem in den Dörfern, war – und nicht etwa, wie es die sowjetische Propaganda und Geschichtsklitterung behaupteten, Folge einer Missernte oder Naturkatastrophe. Die überhöhten Ablieferungsquoten für Getreide führten zur Schlachtung des hungernden Viehs und zu einem Massensterben kaum gekannten Ausmaßes. Am stärksten von der Hungersnot waren die Menschen in der Ukraine und im Nordkaukasus betroffen. Denjenigen, die versuchten, sich im Januar 1933 nach Norden aufzumachen, um sich Nahrung zu beschaffen, wurde der Übergang verweigert – durch die Abriegelung ganzer Provinzen versuchte man, Fluchtbewegungen zu verhindern. Erst im September 1933 war der Höhepunkt der Hungerkatastrophe überwunden.[207] Wie auch immer man die Vorgänge in den 1930er Jahren bezeichnet: Tatsache ist, dass sie eine humanitäre Katastrophe und ein historisches Großverbrechen waren, die – abgesehen von kleinen Fachkreisen – in Westeuropa bislang weitgehend unbekannt sind.

Auch von der Kölner Wanderausstellung nahm die deutsche Öffentlichkeit kaum Notiz. Ihr Ziel war, dem Holodomor in allen Facetten einen Platz im gesamteuropäischen und transnationalen Gedächtnis zu geben, sie war auch im nordrhein-westfälischen Landtag in Düsseldorf zu sehen. Weitere Ausstellungen zur Hungerkatastrophe wurden weltweit gezeigt, von New York über Warschau und London bis Jerusalem. Anlässlich des 75. Jahrestages der Hungerkatastrophe wurden Briefmarken mit der Aufschrift «Holodomor Famine Genocide in Ukraine» verkauft, um die Tragödie in aller Welt als Völkermord bekannt zu machen. In der Ausstellung «Die Hungeropfer – Der unbekannte Völkermord an den Ukrainern», wie sie im Lew Kopelew Forum gezeigt wurde, schreckten die Ausstellungsmacher vor heiklen Bezügen auf den Holocaust nicht zurück. «Fragt man die Augenzeugen des Holodomor, auch jene, die die Vernichtungslager der Nazis überlebten, was schrecklicher war, die Hungersnot oder der Krieg, so antworten sie einhellig: ‹In Auschwitz gab man uns ein wenig Spinat und einen Bissen Brot [...]. Krieg ist schrecklich, aber eine Hungersnot ist noch schlimmer›», war auf einer der Ausstellungswände zu lesen.

Der Fall: Genozid oder Soziozid?

Die Bezeichnung «Genozid» für den Holodomor ist unter dem ehemaligen Präsidenten Wiktor Juschtschenko (2005 bis 2010) in der Ukraine zu einem Gemeinplatz geworden. Bei seiner Suche nach einem identitätsstiftenden und nationsbildenden Geschichtsnarrativ für die postsowjetische Ukraine bezog sich Juschtschenko stärker noch als sein Vorgänger Leonid Kutschma (1994–2005) auf die Hungerkatastrophe. Schon bei der Stockholmer UN-Konferenz zum Holocaust im Jahr 2000 als damaliger Premier der Ukraine stellte er explizit Holocaust und Holodomor auf eine Stufe, indem er eine analoge Konferenz über die Hungerkatastrophe forderte. Diese Analogiebildung stand dem Anliegen der Konferenzveranstalter sowie vieler (vorwiegend westeuropäischer) Teilnehmer diametral entgegen. Ihnen war gerade nicht daran gelegen, dass im Zuge der Konferenz historische Ereignisse bemüht wurden, die die Wahrnehmung des Holocausts als singuläres Ereignis schwächen könnten.[208] Insbesondere auf Seiten der jüdischen Organisationen rief und ruft die Einstufung des Holodomor als Genozid Proteste hervor, weil diese (ähnlich wie im oben geschilderten «Fall Kalniete») den Holocaust relativiere und die Singularität der Judenvernichtung in Abrede stelle.

Da die Ukraine – als ein Hauptschauplatz des Zweiten Weltkriegs – nicht nur die höchste Anzahl an jüdischen Opfern inner halb der Sowjetunion zu beklagen hatte, sondern auch von der Hungerkatastrophe 1932/33 in einem besonders hohen Maß betroffen war, bildete der Holodomor in der Amtszeit Juschtschenkos, neben der Erinnerung an den «nationalen Befreiungskampf» im Zweiten Weltkrieg, ein zentrales Element kollektiver Erinnerung im ukrainischen Nationsbildungsprozess. Es ging ihm nicht zuletzt um eine bewusste Abgrenzung vom östlichen Nachbarn Russland und dessen Umgang mit dem stalinistischen und sowjetischen Erbe: Die kommunistische Führung hatte lange versucht, die Wahrheit über das Ausmaß der Hungerkatastrophe zu verheimlichen, zu leugnen und die Nennung der genauen Opferzahlen zu verhindern, obwohl sie über die Ereignisse bestens informiert war. Wer auf die Hungerkatastrophe hinweisen oder den Betroffenen helfen wollte, wurde streng bestraft. Sterbebücher der Jahre 1932/33, die Auskünfte über die Todesursache der Verstorbenen gaben, wurden zu erheblichen Teilen vernichtet. Die sowjetische Regierung betrieb 1932/33 die restriktive Informationspolitik nicht nur gegenüber der eigenen Bevölkerung, sondern machte auch Journalisten aus dem Ausland zu Instrumenten der sowjetischen Propaganda, indem man diese durch Potemkinsche Dörfer führte oder ihnen während der Hungerkatastrophe die Einreise in die Ukraine und den Kaukasus verweigerte.[209] Auch wenn die Hungersnot und das mit ihr verbundene Elend zuvor schon verschiedentlich erwähnt worden waren, konnte sie erst durch Gorbatschows Politik der Glasnost in den 1980er Jahren und die damit verbundene Öffnung der Archive in den öffentlichen Diskurs und ins breite ukrainische Bewusstsein dringen.[210]

Die Volksbewegung Ruch, die aus Literaten und Dissidenten hervorgegangen war, berief sich 1989 zur Delegitimierung der UdSSR und Legitimierung einer unabhängigen Ukraine auf die Hungerkatastrophe, so dass die im August 1990 proklamierte Souveränität der Ukraine nicht zuletzt mit dem Verweis auf den Holodomor begründet wurde. In den darauf folgenden Jahren der ukrainischen Unabhängigkeit ergingen zahlreiche staatliche Beschlüsse zur Erinnerung an die Opfer der Hungerkatastrophe; so entschied sich die ukrainische Regierung 1992 dazu, ein Monument zu finanzieren. 1998 legte Präsident Leonid Kutschma per Erlass den vierten Samstag im November als Tag des Gedenkens an die Opfer fest. Noch im gleichen Jahr verordnete die Regierung anlässlich des 65. Jahrestages zahlreiche Maßnahmen, darunter Kranzniederlegungen an Holodomor-Stätten, die Abhaltung von Trauergottesdiensten sowie die Einrichtung von Ausstellungen, Reportagen und die Durchführung von Konferenzen zu diesem Thema. Zum 70. Jahrestag 2003 folgten die Errichtung von Denkmälern, materielle Entschädigungen für die Opfer und spezielle Unterrichtseinheiten in den Schulen.[211]

Zentral an der Neubewertung des historischen Ereignisses war die Deutung des Holodomor als Genozid am ukrainischen Volk: In einem Beschluss aus dem Jahr 2002 beschuldigte das ukrainische Parlament die totalitäre sowjetische Führung des Genozids an den ukrainischen Bürgerinnen und Bürgern und votierte für die Schaffung eines nationalen Zentrums zur Erforschung der Ursachen und Folgen des Holodomor.[212] Ein Jahr später veröffentlichte das Parlament nach einer Reihe von Anhörungen eine umfassende Stellungnahme, wonach die Hungersnot in der Ukraine von der kommunistischen Elite der UdSSR zu verantworten, von dieser aber jahrzehntelang geleugnet worden und das Ereignis als Genozid zu bezeichnen sei. In einer Sondersitzung des Parlaments, ebenfalls im Jahr 2003, betonten die Parlamentarier, dass auf die Konfiszierung der Getreideernte sowie aller anderen Lebensmittel im Jahr 1932 die Zerstörung heiliger ukrainischer Stätten und Kirchen sowie Massenrepressionen gegen die ukrainische Intelligenz und die Geistlichen gefolgt seien, um die wirtschaftliche Unabhängigkeit des ukrainischen Bauerntums zu zerstören, das Nationalbewusstsein der Ukrainer zu vernichten und die ukrainische Elite auszurotten.[213] Daher solle der Holodomor sowohl in der ukrainischen Gesellschaft als auch in der internationalen Staatengemeinschaft als Genozid beurteilt werden.

Mit seinem Amtsantritt als Präsident im Jahr 2005 verstärkte Juschtschenko die öffentliche Erinnerung an den Holodomor.

Noch im gleichen Jahr verordnete er eine Reihe von «erweiterten Maßnahmen» zum Gedenken an die Opfer der politischen Repressionen und Hungersnöte in der Ukraine, so etwa die Einrichtung des Ukrainischen Instituts des nationalen Gedächtnisses, die Öffnung der Archive und die Errichtung weiterer Denkmäler. Mit dem Näherrücken des 75. Jahrestages nahmen die Aktionen zum Gedenken dann ein bis dato ungekanntes Ausmaß an: 2006 beschloss die Regierung in Kiew, James Mace, dem amerikanischen Historiker und frühen Verfechter der Genozidthese, ein Denkmal zu errichten.[214] Ein Jahr später ordnete der Präsident die Verleihung staatlicher Auszeichnungen an Personen an, die zur Erforschung des Holodomor beitrugen, und befahl die Demontage der Denkmäler von Personen, die am Zustandekommen der Hungersnot beteiligt waren.[215]

Als besonders wichtig stellte sich indes das vom Präsidenten initiierte Gesetz «Über den Holodomor in den Jahren 1932 bis 1933 in der Ukraine» aus dem Jahr 2006 heraus. Es stellt ausdrücklich fest, dass der Holodomor – gemäß der UN-Konvention vom 9. Dezember 1948 – einen Genozid am ukrainischen Volk darstellt. Das Gesetz verbot zudem öffentlichen Widerspruch gegen diese Feststellung, da hierdurch Millionen von Opfern verhöhnt und das ukrainische Volk gedemütigt würden. Mit demselben Gesetz wurden die staatlichen Organe verpflichtet, an der offiziellen Politik zur Wiedergeburt des nationalen Gedächtnisses mitzuwirken und zur Konsolidierung und Entwicklung der ukrainischen Nation, ihres historischen Bewusstseins und ihrer Kultur beizutragen.[216] Von den im Jahr 2006 im Parlament vertretenen politischen Parteien stimmten nur die Kommunisten gegen das Gesetz. Wiktor Janukowitschs «Partei der Regionen» enthielt sich der Stimme; sie führte das Argument an, die Hungersnot habe nicht nur in der Ukraine, sondern auch in anderen Gebieten der UdSSR stattgefunden und sei daher nicht als Genozid zu werten.[217] Zustimmung erlangte das Gesetz durch die Stimmen der pro-präsidentischen Partei «Unsere Ukraine», des «Blocks Julia Timoschenko» und der Sozialistischen Partei. Die gesamte Abstimmung fand jedoch unter der Bedingung statt, dass jene Klausel, die zivil- beziehungsweise strafrechtliche Folgen für die Leugnung des Holodomors vorsah, gestrichen wurde.

Dass die staatlich gesponserte Geschichtspolitik in der Amtszeit Juschtschenkos ihre Wirkung nicht verfehlte, zeigt die starke Präsenz des historischen Ereignisses im ukrainischen Gedächtnis, bestätigt durch Umfragen des Kiewer Internationalen Instituts für Soziologie aus dem Jahr 2006: 94,4% der Befragten hatten über den Holodomor gelesen oder von ihm gehört, und 65,1% waren der Meinung, dass die Hungersnot durch absichtliche Aktionen der damaligen Regierung in Moskau verursacht wurde. Gleichzeitig äußerten allerdings lediglich 14,3% der Befragten die Ansicht, die Veranlassung der Hungersnot sei explizit gegen Ukrainer gerichtet gewesen. In einer anderen Umfrage aus dem Jahr 2006 forderten jedoch 56% der Befragten, dass das ukrainische Parlament den Holodomor sofort als Genozid bewerten solle.[218] Die Diskrepanz zwischen diesen beiden Werten lässt auf eine mangelnde Kenntnis der Genoziddefinition bei den Befragten schließen: Wenn die Hungersnot nicht nur Ukrainer getroffen hat, sondern auch Kasachen, Weißrussen und andere Völker der ehemaligen Sowjetunion, sind die Kriterien der UN-Konvention zur Definition eines Genozids nicht erfüllt. Dieser Befund deutet auf die starke Politisierung des Völkermord-Begriffs hin. In einer Umfrage des Gorschenin-Instituts vom 25. und 26. November 2009 bewerteten 32,2% der Befragten die Hungersnot als gegen das ukrainische Volk gerichteten Genozid, während 66,3% die Ukraine als «eines der hungernden Territorien der UdSSR» bezeichneten.[219]

Die Geschichtspolitik Juschtschenkos instrumentalisierte den Holodomor vor allem zur Konsolidierung der ukrainischen Nation. Am Vorabend der Unabhängigkeit, so der ukrainische Publizist Taras Wosnjak, habe es noch keine Einheit gegeben, die man als ukrainische politische Nation hätte bezeichnen können. Die Bevölkerung sei «lediglich durch das gemeinsame Territorium verbunden, während ansonsten unterschiedliche Mentalitäten sowie Zugehörigkeiten zu verschiedenen politischen Konstrukten und kulturellen Welten erhalten»[220] geblieben seien. Auch während der Orangenen Revolution 2004 bestanden die innenpolitischen Präferenzen der ukrainischen Bevölkerung größtenteils unverändert weiter: In der Westukraine wurde (eher) ein proeuropäischer Kurs bevorzugt, in der Südostukraine (eher) ein prorussischer. Daher sollte nach dem Willen Juschtschenkos die Erinnerung an den Holodomor geographisch das ganze Territorium des Staates umfassen – obwohl nur die östlichen Landesteile der Ukraine die Hungerkatastrophe erlebt hatten (der Westen der heutigen Ukraine gehörte seinerzeit zu Polen). Der Holodomor wurde durch Wiktor Juschtschenko also als identitätsstiftendes Element, als das einzige gesamtukrainische Erinnerungsnarrativ, im Nationsbildungsprozess befördert beziehungsweise instrumentalisiert – bei gleichzeitiger Abkehr von den Geschichtsdeutungen und der totalitären Erinnerungskultur aus Zeiten der Sowjetunion.

Wiktor Janukowitsch, der am 25. Februar 2010 das Amt des ukrainischen Präsidenten übernahm, wandte sich von den geschichtspolitischen Leitlinien seines Vorgängers ab. «Dessen [Juschtschenkos] ‹verordneter› Nationalismus sowie dessen Geschichts- und Identitätspolitik haben weder die internen, innenpolitischen Differenzen um die nationale Identität der Ukrainer beilegen noch das Land durch einen tatsächlich proeuropäischen politischen Kurs nachhaltig an die Europäische Union heranführen können. ‹Verordnet› war dieser Nationalismus insofern, als durch einen staatlich gelenkten, maßgeblich vom Präsidenten gestalteten Kurs die Vereinheitlichung einer gesamtukrainisch relevanten, einheitlichen nationalen Identität begünstigt werden sollte. Wiktor Juschtschenko zeigte sich allerdings zunehmend von einem unnahbaren Messianismus und nationalen Dogmatismus geleitet, womit er sich allmählich von der Alltagswirklichkeit des Landes und der Suche nach einem Konsens entfernte».[221]

Von derselben Art ist nun die Politik seines Nachfolgers Wiktor Janukowitsch: Anfang Mai 2010 wurde erstmals seit der ukrainischen Unabhängigkeit 1991 ein Denkmal zu Ehren Stalins eingeweiht – angeblich auf Grund der Bitten von Kriegsveteranen.[222] Protestveranstaltungen, die sich gegen die Denkmalerrichtung in der Stadt Saporoschje (Südukraine) richteten, wurden seitens der Behörden verboten.[223] Die Annäherung an Russland wurde auch in Bezug auf den Holodomor vollzogen. Hatte Janukowitschs Partei der Regionen sich schon bei der Abstimmung 2006 über das von Juschtschenko initiierte Gesetz zur Bezeichnung des Holodomors als Genozid enthalten, wandte sich Janukowitsch Ende April 2010 auch auf internationaler Bühne bewusst gegen die Genozidthese. In der parlamentarischen Versammlung des Europarates (PACE) bezeichnete er das historische Ereignis als eine «gemeinsame Tragödie der Staaten [...], die zur UdSSR gehörten».[224] Mit Betonung der gemeinsamen Leidensgeschichte der Ukraine, Russlands, Kasachstans und Weißrusslands sprach er sich gegen eine Deutung des Holodomors als Völkermord an der ukrainischen Nation aus, die Versammlung teilte diese Interpretation. Der russische Außenminister Sergej Lavrov äußerte daraufhin den Wunsch, dass es ab sofort «keine weiteren Versuche einer Politisierung dieser Hungersnot» mehr geben solle[225] und brachte damit gleichzeitig seine Unterstützung für den ukrainischen Kurswechsel in der Geschichtspolitik zum Ausdruck.

Dies stößt in der Bevölkerung auf ein geteiltes Echo. Aktuelle Umfragen belegen, dass sich die Spaltung zwischen pro-russischen und pro-europäischen Bevölkerungsgruppen in ihren Erinnerungspraktiken niederschlägt. In einer Umfrage der Research & Branding Group im Zeitraum vom 13. bis zum 22. April 2010 äußerten immerhin 27% der Befragten eine unterstützende Haltung gegenüber der Errichtung eines Denkmals für Stalin (58% lehnten dies ab). Ein differenziertes Bild ermöglicht eine Umfrage über die Einstellungen zum «Tag des Sieges» (9. Mai 1945) des Razumkov-Zentrums vom 17. April 2010. Im Westen der Ukraine stimmten nur 30,4% der Aussage «Für mich ist es wirklich ein großer Feiertag» zu, während im Süden des Landes mit 76,7%, im Osten mit 76,5% und im Zentrum mit 69,3% die Zustimmung weit höher war. Auch die Haltung gegenüber dem 1959 von KGB-Agenten ermordeten Führer der Organisation Ukrainischer Nationalisten Stepan Bandera unterscheidet sich stark nach West und Ost.[226]

Globale Arena: Die Kontroverse um den Holodomor

Neben den innenpolitischen Implikationen und den Auswirkungen auf die ukrainisch-russischen Beziehungen ist die Thematisierung des Holodomor auch auf internationaler Ebene von großer Bedeutung. Schon in einem Erlass des Präsidenten Leonid Krawtschuk (1991 bis 1994) aus dem Jahr 1993 wurde dem ukrainischen Außenministerium aufgetragen, der UNESCO den Eintrag des Holodomor in den Kalender der wichtigsten historischen Ereignisse vorzuschlagen. Im Jahr 2002 verfügte der damalige ukrainische Präsident Kutschma per Erlass, die Begehung von Gedenktagen in den diplomatischen Vertretungen im Ausland unter Beteiligung der ukrainischen Diaspora in das Veranstaltungsprogramm aufzunehmen. Der bereits erwähnte Beschluss des Parlaments aus dem Jahr 2002 verordnete unter anderem die Produktion eines Filmes über die Hungersnot in verschiedenen Sprachen und trat für die Errichtung eines Museums unter der Ägide der Vereinten Nationen ein; außerdem wurde angeregt, dass vor einer Sitzung der UN-Generalversammlung eine Schweigeminute zum Gedenken an die Opfer abgehalten werden solle. Unter der Präsidentschaft Juschtschenkos wurden neben den innerukrainischen auch die internationalen Erinnerungsrituale intensiviert. Die Hungerkatastrophe diente nicht nur der Konsolidierung des ukrainischen Nationalgefühls innerhalb des ukrainischen Staates, sondern auch in der ukrainischen Diaspora. Letztere drängte den ukrainischen Staat seit dessen Unabhängigkeit zur Anerkennung des Holodomor als Genozid. Zu diesem Zweck begann am 1. April 2008 in Australien die Aktion «Unlöschbare Kerze», die vom Weltukrainischen Kongress initiiert und vom Präsidenten der Ukraine und dem Ukrainischen Weltkoordinationsrat unterstützt wurde. Mit dem Ziel, sowohl die ukrainische Diaspora als auch die internationale Gemeinschaft an die Tragödie in der Ukraine zu erinnern, wurde bei dieser Aktion eine symbolische Kerze mit der Aufschrift «Die Ukraine erinnert sich – die Welt erkennt» in 33 Staaten von ukrainischem Botschafter zu ukrainischem Botschafter übergeben. Zudem forderten präsidentielle Erlasse ein fortgesetztes Engagement der Diaspora-Ukrainer sowie der internationalen Gemeinschaft beim Gedenken.

Als das ukrainische Parlament 2002 den Beschluss fasste, Maßnahmen zur internationalen Anerkennung des Holodomor als Genozid zu ergreifen, wurden die ukrainischen Erinnerungspraktiken schließlich zum Objekt internationaler Kontroversen. Anlässlich des 70. Jahrestags der Hungersnot unterzeichnete eine Reihe von Staaten im Jahr 2003 einen gemeinsamen Entwurf einer UN-Resolution.[227] Darin gedachten sie zugleich der Opfer in nicht-ukrainischen Gebieten an der Wolga, im Nordkaukasus und in Kasachstan, der Opfer des russischen Bürgerkrieges, der Kollektivierung sowie der Tragödie des ukrainischen Volkes. In der Resolution wurde jedoch der Begriff Genozid als Bezeichnung des Holodomors ausdrücklich vermieden. Der ehemalige ukrainische Botschafter in den USA und Kanada Jurij Schtscherbak vermutete dahinter die Sorge von Ländern wie den USA, Russland und Großbritannien, die Opfer der früher von diesen Staaten kolonisierten Völker könnten Anspruch auf ähnliche Resolutionen und damit möglicherweise auf Restitution erheben.[228]

Die in offiziellen ukrainischen Dokumenten verankerte Genozidthese provozierte heftige Kritik natürlich vor allem auf russischer Seite. Der seinerzeitige russische Botschafter in der Ukraine, Wiktor Tschernomyrdin, betonte, dass Russland nicht bereit sei, sich bei der Ukraine zu entschuldigen. Da die Ukraine zu jener Zeit außenpolitisch zwischen einer rhetorischen Annäherung an die EU und einer praktischen Annährung an Russland schwankte, wurden die diplomatischen Beziehungen zu Russland nicht mit einer weiteren Thematisierung der Genozidfrage aufs Spiel gesetzt. Mit der Präsidentschaft Juschtschenkos wurde die Erinnerung an den Holodomor dann zum ständigen Diskussionsgegenstand in den ukrainisch-russischen Beziehungen und dadurch auch zu einem Thema in der internationalen Öffentlichkeit. Auf Basis des Gesetzes über die Hungerkatastrophe aus dem Jahr 2006 wandte sich Juschtschenko an die internationale Gemeinschaft mit der Bitte, den Holodomor explizit als Genozid am ukrainischen Volk anzuerkennen, für diese Tat jedoch kein Volk und keinen Staat zu beschuldigen. Das russische Parlament verurteilte diesen Vorstoß als «politische Spekulation» – mit dem bekannten Argument, die Hungersnot 1932/33 sei auch in anderen Gebieten der UdSSR aufgetreten und nicht explizit gegen Ukrainer gerichtet gewesen.[229] Dass selbst russische Antikommunisten wie der Vorsitzende der Menschenrechtsorganisation «Memorial», Arsenij Roginskij, die Hungersnot eher als «Verbrechen gegen die Menschlichkeit» denn als Genozid werten,[230] zeigt, dass der Begriff Völkermord in Russland fast durchweg abgelehnt wird. Auch der 2008 verstorbene russische Nobelpreisträger Alexander Solschenizyn sprach sich in seinem Artikel «Die verwandten Völker zum Streit bringen?» gegen den Genozid-Begriff aus: «Dieser provokatorische Aufschrei über einen ‹Genozid› entwickelte sich schon vor Jahrzehnten, zuerst geheim in verdorbenen, chauvinistischen Köpfen, die gegen ‹Moskali› gerichtet waren, und jetzt hat er sich erhoben in die höchsten offiziellen Kreise der heutigen Ukraine, die nun wahrscheinlich sogar die Propaganda der Bolschewiken übertreffen.»[231] Im Ukrainischen Kulturzentrum in Moskau demolierten Aktivisten der russisch-nationalistischen Eurasischen Jugendunion sogar eine Ausstellung über die ukrainische Hungerkatastrophe, und Vertreter Russlands brachten Einwände gegen eine österreichisch-ukrainische Ausstellung «Die Hungersnot in der Ukraine 1932/1933» bei der österreichischen Regierung vor, weil sie antirussische Tendenzen vermuteten.[232]

Auch als die ukrainische Aktion «Unlöschbare Kerze» im Oktober 2008 Russland durchquerte, versuchte Moskau, die Aktion entgegen früheren Verabredungen zu verhindern. Der US-amerikanische Kongress und mehrere europäische Parlamente folgten zwar der ukrainischen Deutung des Holodomors als Völkermord,[233] in der Resolution zur Anerkennung des Holodomors als Völkermord der UNESCO-Generalkonferenz 2007 tauchte das Wort «Genozid» aber nicht auf.[234] Am 25. November 2008, dem ukrainischen Gedenktag anlässlich des 75. Jahrestages des Holodomors, lehnte Russlands Präsident Dmitrij Medvedev die Einladung zur Erinnerung an die Opfer mit der Begründung ab, die Hungersnot in der Sowjetunion sei nicht auf die Vernichtung eines Volkes ausgerichtet gewesen. Moskau warf Kiew eine politische Instrumentalisierung der Historie vor, um Russland vor der Weltöffentlichkeit zu diskreditieren und einen Keil zwischen beide Länder zu treiben.

Die Auseinandersetzungen zwischen der Ukraine und Russland resultierten in erster Linie aus den unterschiedlichen erinnerungskulturellen Praktiken hinsichtlich des sowjetischen Erbes. Auf der einen Seite bemühte sich die Ukraine um Abgrenzung von der jahrhundertelangen Dominanz des östlichen Nachbarn. Hier wähnte man sich seit der Unabhängigkeit durch die Erinnerung an den Holodomor und an die Protagonisten im nationalen Befreiungskampf zumeist in einer Opfer- beziehungsweise Heldenrolle – teilweise unter Ausblendung heikler Themen der eigenen Geschichte wie der Kollaboration mit den Nationalsozialisten und des Antisemitismus im eigenen Land.[235] Auf der anderen Seite griff und greift das offizielle Russland häufig auf sowjetische Rhetorik zurück. Als Zeichen der Größe bleibt der Sieg im «Großen Vaterländischen Krieg» auch nach dem Zusammenbruch der Sowjetunion wichtiger Bestandteil der kollektiven russischen Identität und dient als zentraler, positiver Fixpunkt einer ruhmreichen Vergangenheit für die postsowjetische Gesellschaft. Dadurch gilt auch die Schreckensherrschaft Stalins nicht als in dem Maße belastet wie in der Ukraine oder in anderen mittelosteuropäischen Staaten wie etwa im Baltikum. Dass der «Rote Terror» das öffentliche Bewusstsein in Russland nur marginal erreicht hat und die Akzeptanz Stalins sogar wächst, zeigen die erwähnten Umfragen aus den letzten Jahren.[236]

Der Holodomor in seiner Bedeutung für Europa

Die Interpretation des Holodomors als Genozid war während der Amtszeit Wiktor Juschtschenkos – unter Einbeziehung der internationalen Gemeinschaft – zu einem «Schlachtfeld» zwischen der Ukraine und Russland geworden. Diese Deutung hatte Auswirkungen auf die bilateralen Beziehungen beider Länder, da sie den unterschiedlichen Umgang mit dem gemeinsamen Erbe des stalinistischen und sowjetischen Regimes aufdeckten. Die Regierung Juschtschenko versuchte mit ihrer Identitäts- und Geschichtspolitik nicht nur die Spaltungen im eigenen Land zu überwinden. Mit der konsequenten Abkehr von sowjetischen beziehungsweise russischen Geschichtsnarrativen setzte Juschtschenko auf die Annäherung an Europa und versuchte in den (west-)europäischen Staaten die Sensibilität für den Roten Terror zu erhöhen. Durch die Genozidthese und der damit einhergehenden Distanz zu Russland wollte er das ukrainische «Billet d'entrée» in die Europäische Union lösen. Spätestens hier wurde der Konflikt auch für Europa bedeutsam.

Janukowitschs geschichtspolitische Schritte weisen in die genau entgegengesetzte Richtung. Obwohl sich seine Partei nationalbewusster und weniger pro-russisch gibt als noch vor einigen Jahren, betreibt der seit 2010 amtierende Präsident auf dem Feld der Erinnerungskultur eine unübersehbare Annäherung an Russland, die weitere Schritte in Richtung sowjetnostalgischer Geschichtspolitik erwarten lässt. Nicht nur im Bereich der Geschichtspolitik, auch in anderen Politikfeldern nähert sich Janukowitsch dem östlichen Nachbarn an: Er erkennt beispielsweise die Unabhängigkeit Abchasiens und Südossetiens von Georgien an, und seine *Partei der Regionen* verfügt seit 2005 über ein Kooperationsabkommen mit der russischen Regierungspartei *Einheitliches Russland*.

Die Ukraine steht im Bereich der Erinnerungskultur vor einer fatalen Richtungsentscheidung zwischen einer Orientierung nach Westen (EU) oder nach Osten (Russland). Auf der einen Seite ließe sich die Abkehr von der Genozidthese vermutlich besser in die westeuropäischen Geschichtsnarrative einfügen als das Beharren auf der Kategorisierung des Holodomors als Völkermord. Auf der anderen Seite sind Kontroversen, insbesondere mit den baltischen Staaten vorprogrammiert, wenn Janukowitsch seinen Kurs, der die Sowjetzeit und Stalin glorifiziert, fortsetzt oder gar verschärft.

Weder die Fixierung auf die Genozidthese noch eine fragwürdige Stalinapologie zeugen von einer kritischen Lesart der nationalen Geschichte und einer Demokratisierung der Erinnerung. Obwohl die Bezeichnung «Genozid» die Wahrnehmung der – außerhalb der Ukraine noch immer weitgehend unbekannten – humanitären Katastrophe wahrscheinlich erhöht, wird sie nicht nur in Russland, sondern auch in der internationalen Forschungsgemeinschaft als fragwürdig angesehen.

Dazu sind, gerade am ukrainischen Fall, einige Erläuterungen notwendig.[237] Geschichtswissenschaft und Völkerrecht berufen sich gerne auf den Urheber des Genozid-Begriffs, den polnisch-jüdischen Juristen Raphael Lemkin, der 1933 den Völkerbund im Blick auf die Massaker an den Armeniern aufforderte, Massenmorde an «rassischen, religiösen und sozialen Gemeinschaften» zu einem internationalen Verbrechen zu erklären, 1943 prägte Lemkin dafür den Terminus «genocide». Dieser Vorstoß ging in die Verhandlungen des Nürnberger Tribunals und die UN-Konvention von 1948 ein, aber ohne die von Lemkin durchaus beabsichtigte Inklusion des Massenmords an sozialen, wirtschaftlichen und politischen Gruppen. Sie fehlen in der UN-Konvention (s. S. 22) exakt auf Druck sowjetischer Diplomaten, die ihr Land gegen eine eventuelle Anklage schützen wollten, soziale Gruppen (wie z. B. die russische Aristokratie), wirtschaftliche Gruppen (die «Kulaken») und politische Gruppen (die Trotzkisten) massenhaft verfolgt zu haben.

Das bedeutet: Wer Genozide heute eng definiert (und eventuell Soziozide davon unterscheidet), rekurriert auf eine Definition von Völkermord, die sowjetische Staatsverbrechen vor allem deswegen anders einstuft und behandelt, weil sie auf sowjetischen Druck hin aus der Kodifizierung von Genoziden und der Implementierung in internationalen Konventionen ausgeschlossen wurden. Wer ferner die Instrumentalisierung und Politisierung des Genozid-Begriffs durch baltische oder ukrainische Politiker kritisiert, wie auch wir es getan haben, sollte nicht vergessen, dass die heute gebräuchliche Fassung des Terminus von jeher politisiert und in Rituale politischer Korrektheit und Rücksichtnahme (bei den Alliierten der Sowjetunion, bei westlichen fellow travellers der kommunistischen Parteien, in der Politik der friedlichen Koexistenz etc.) eingebunden war.

Das spricht nicht für die inflationäre Verwendung des Begriffs, die keinen Gewinn für die Erinnerung an die Opfer und – im Fall der Ukraine – nicht den erhofften Schub für die Westorientierung und Europäisierung des Landes bringt. Analytische Unterscheidungen zwischen den Verfolgungen ethnischer, religiöser und sozialer Gruppen können erinnerungspolitisch sehr sinnvoll sein, aber sie waren auch ein Vorwand, solange Westeuropa sich nicht mit den sowjetischen Verbrechen und speziell dem Stalinschen Terror auseinandersetzen wollte. Aus dem wiederum «peripheren Blickwinkel» war es kaum zu vermeiden, dass postsowjetische Staaten wie im Baltikum und die Ukraine versucht haben, mit Forderungen nach einer Gleichbehandlung von Holocaust und Kommunismus Aufmerksamkeit auf die historischen Katastrophen in ihren jeweiligen Ländern zu ziehen – und andere, wie die Ukraine seit Beginn der Präsidentschaft Janukowitschs, in der versuchten Löschung dieser geschichtspolitischen Initiative wieder die Annäherung an Russland suchen.

5. Tervuren: das schwache Kolonialgedächtnis Europas

Das «Königliche Museum für Zentralafrika» in Tervuren, einem Vorort von Brüssel.

Der Ort: «Het Koninklijk Museum voor Midden-Afrika»
(KMMA)/«Le Musée royal de l'Afrique centrale» (MRAC)[238]
In Tervuren, einem Vorort Brüssels, beherbergt ein neoklassizistischer Palast inmitten wunderschöner französischer Gärten das «Königliche Museum für Zentralafrika» (KMZA). Es ist weltweit eines der größten Museen für Kultur-, Natur- und Kolonialgeschichte Zentralafrikas und preist sich als ein «Weltzentrum für die Untersuchung und das Verbreiten von Kenntnissen über die Vergangenheit und die Gegenwart der Gesellschaft und des natürlichen Umfeldes in Afrika, insbesondere Zentralafrika»;[239] in Wahrheit ist es wohl das «einzige Museum, das die Kolonialgeschichte noch so zeigt, wie sie sich selbst sah …»[240] Von König Leopold II. (1865 bis 1909) Ende des 19. Jahrhunderts initiiert und finanziert, ist in diesem Museum die Schönfärberei über den (belgischen) Kolonialismus noch heute allgegenwärtig: Es dominiert das Narrativ des guten Belgiers, der Zivilisation, Wohlstand und Fortschritt nach Zentralafrika gebracht hat, was weit entfernt ist von den historischen Tatsachen und dem Stand der Forschung.[241]

Nachdem die Briten den von Henry Morton Stanley unterbreiteten Vorschlag für eine Angliederung des Kongos an das britische Kolonialreich abgelehnt hatten, machte sich Leopold II. Ende des 19. Jahrhunderts den Kongo buchstäblich zu eigen: Der Kongo-Freistaat ging 1885 in den «Privatbesitz» des Königs über, der sich als Philanthrop gerierte und sein Unterfangen als «größtes humanitäres Projekt unserer Zeit» ausgab. Dabei kam es zwischen 1888 und 1908 zu systematischen Ausplünderungen und furchtbaren Repressionen, die mit dem Begriff «Kongogräuel» bezeichnet wurden und auch in späteren Phasen der belgischen Kolonialzeit trotz internationaler Kritik nicht ausblieben. Bis heute hat sich keine belgische Regierung für diese Verbrechen entschuldigt. Da Brüssel eine Art europäische Hauptstadt ist, färbt dieses Manko auch auf die gesamteuropäische Behandlung der kolonialen Ära ab.[242]

Den bezeichnenden Akzent für das Afrikabild der Kolonisatoren und die bis heute mangelhafte Auseinandersetzung Belgiens mit den im Kongo verübten Kolonialverbrechen setzt gleich der groteske Eingangsbereich des Museums: Der Besucher tritt in eine prachtvolle Rotunde, deren Boden und Wände mit feinen Marmorarbeiten und deren Kuppel mit einer aufwändigen Glaskonstruktion und Stuck versehen sind. In der Bodenmitte sind ein Stern und die königliche Krone, das Wappen für den Freistaat Kongo eingelassen, Initialen Leopolds II. zieren die Decke. Bezeichnend für die damalige Glorifizierung des Kolonialismus sind vor allem die allegorischen Figuren in den eingelassenen Nischen und die darunter befindlichen Gipsfiguren innerhalb der Rotunde. In der Zeit von 1910 bis 1922 hatte das belgische Kolonialministerium verschiedene Künstler mit der Anfertigung von Skulpturen für die Nischen beauftragt, die ein positives Bild der belgischen Kolonialpolitik zeichnen sollten.[243]

Die vom belgischen Bildhauer Arsène Matton (1873 bis 1953) gefertigten und in den vier zentralen Nischen der Rotunde aufgestellten vergoldeten Bronzefiguren reflektieren die Allmachtsphantasien Belgiens gegenüber der afrikanischen Bevölkerung.

Die Ausarbeitung des Materials, Komposition und Haltung machen deutliche Anleihen bei der christlichen Ikonographie; die Platzierung in Nischen, ihre erhabene Position und goldene Bemalung lassen die Skulpturen wie Heiligenfiguren erscheinen. Die Skulptur «Belgien bringt Zivilisation über den Kongo» versinnbildlicht, wie sich die Kolonialmacht als Überbringerin der Zivilisation sah: Ein weißer Priester in liturgischem Gewand schaut erhaben und edelmütig auf den halbnackten Eingeborenen hinab, während er ein kaum bekleidetes eingeborenes Kleinkind schützend auf dem Arm hält; Bezüge zur Jesus-Figur sind unverkennbar. Ehrfürchtig und schutzsuchend blicken beide dem Geistlichen entgegen. Die Figur verschränkt zwei Mythen: Kolonisation als christliche Mission heidnischer Naturvölker und Kolonisation als Quelle der Zivilisierung des Wilden.

Auch die restlichen drei Figuren sollen die philanthropischen und altruistischen Motive des Regimes von Leopold II. herausstellen: «Belgien bringt Sicherheit in den Kongo» und «Belgien bringt Wohlstand in den Kongo» vergegenständlichen die körperliche wie moralische Überlegenheit der Kolonisatoren und stilisieren die Kolonisierten als schutz- und zivilisationsbedürftige primitive Eingeborene, die durchweg devot und spärlich bekleidet zu stolzen und gütigen Kolonisatoren aufschauen. Mit der Skulptur «Sklaverei» inszenieren sich die Kolonialisten als menschenfreundliche Abolitionisten, die auf die brutalen Exzesse der Sklaverei aufmerksam machen: Ein (arabischer) Sklavenhändler erniedrigt gewaltsam und brutal eine Frau, deren Kind leblos auf dem Boden liegt. Doch eben diese Selbstbeschreibung als Gegner der Sklaverei entsprach nicht der Wirklichkeit: «Vielerorts duldeten die Kolonialherren die Fortdauer der Sklaverei, die zu bekämpfen sie eigentlich angetreten waren. Dahinter stand die Furcht, die Befreiung von Sklaven würde zu einem massiven Rückgang wirtschaftlicher Produktivität und zu rasch wachsender Gesetzlosigkeit führen.» Hinzu kam, dass Kolonialregime in Afrika regelmäßig auf Zwangsarbeit zurückgriffen: «Ein besonders harsches Ausbeutungssystem etablierte der belgische König

Leopold in seinem Freistaat Kongo. In den kautschukreichen Wäldern der riesigen Kolonie errichteten die neuen Kolonialherren Ende des 19. Jahrhunderts eine Terrorherrschaft. Die Bevölkerung wurde zum Gummizapfen in die Wälder getrieben. Gegen Säumige und Widerspenstige ging die Soldateska des neuen Kolonialstaates mit brutalster Gewalt vor. Dörfer und Ernten wurden niedergebrannt, Frauen und Kinder in Geiselhaft genommen, unzähligen Menschen wurden zudem die Hände abgehackt», beschreibt Andreas Eckert die Wirklichkeit im Kongo zur damaligen Zeit.[244]

Der paternalistische und rassistische Duktus erlangt durch die räumliche Anordnung aller Figuren seine volle Wirkung. Unterhalb der Nischen sind vier weitere Figuren angeordnet, die Vorstellungen von Hierarchie und Unterordnung belegen. Das für diese Figuren verwendete Material und ihre Position bilden einen Farb-, Form- und Bedeutungskontrast zu den goldenen Skulpturen. Die hierarchische Anordnung spiegelt sich auch in der Körperhaltung wider (aufrecht versus gebückt); nicht allein die Haltung, auch die Nacktheit und das dunkle, grobe Material symbolisieren einen niedrigeren Status.

Die Figur des Bildhauers Herbert Ward (1863 bis 1919) «Der Künstler» aus dem Jahre 1910 zeigt einen halbnackten Mann, offenkundig einen Afrikaner, der sitzend die Gestalt eines Fisches in den Boden malt. Der «edle Wilde» erinnert sowohl in seiner Körper- und Sitzhaltung wie durch seine körperlichen Merkmale an einen Urmenschen. Bezeichnenderweise ist diese Figur wiederum *unterhalb* der Skulptur «Belgien bringt Zivilisation über den Kongo» platziert. Auch die anderen drei Plastiken Herbert Wards, die unterhalb der Nischen aufgestellt wurden, bestätigen die stereotype Perspektive auf die afrikanische Lebenswelt als eine primitive und von außen zu entwickelnde Kultur.

Die Zivilisationsmission, die sich in der Rotunde derart ungebrochen ausbreitet, kann als Ausdruck des europäischen Sozialdarwinismus interpretiert werden, den die Geschichtsforschung heute als ein Hauptmotiv kolonialer Expansion analysiert: «[...] je mehr sich im 19. Jahrhundert ein sozialdarwinistisches Denken durchsetzte, desto mehr wurden Kolonialkriege als Kriege zur Verbreitung der ‹Zivilisation› gegen Widersacher betrachtet, denen man zivilisierte Regeln des Umgangs nicht zugestehen mochte.»[245]

Die Rotunde mit ihren architektonischen und künstlerischen Elementen ist ein beeindruckendes Zeugnis und Spiegel der kolonialen Apologetik ihrer Zeit. An keinem anderen Ort im Museum wird die Glorifizierung des belgischen Kolonialismus derart prägnant auf den Punkt gebracht. Gerade deshalb wünscht man sich hier eine Auflösung des kolonialen Blicks, die Erkenntnisse der postkolonialen Forschung zur Geltung bringen würde. Aber man findet keine erklärenden Tafeln, welche die Deutungsmuster der Rotunde kritisch dekonstruieren. Nur der Audio-Guide, der für zwei Euro am Eingang zu erhalten ist, spricht von dem «am stärksten beeindruckenden Teil des Museums», für welches die «Skulpturen als Teil der Propaganda des Kolonialministeriums» im Rahmen der Neueröffnung im Jahr 1910 geschaffen worden seien.

Auch der Museumsführer, im Museumsshop für fünf Euro erhältlich, wirft ein kritischeres Licht auf die Gesamtinszenierung, wobei zu untersuchen bleibt, wie viele Museumsbesucher ihn tatsächlich erwerben. Die Mehrzahl der Besucher dürfte nur kurz in der Rotunde verweilen und sich dann, aufgrund des Mangels an weiteren Informationen, mit einem Vor-Bild im Kopf auf den Weg in die Ausstellung machen. Ausgehend von der Rotunde kann sich der Besucher nun über je einen Treppenaufgang auf der linken und rechten Seite des Rundbaus auf den Parcours durch das Museum begeben, das von nun an vor allem die Naturgeschichte Zentralafrikas (Geologie, Mineralogie, Zoologie), die ländliche Ökonomie und die Ethnographie der Region mit bunten Abenteuergeschichten in verstaubten Schaukästen und ausgetrockneten Präparaten behandelt. Die Exponate, von ausgestopften exotischen Tieren bis zur Skulptur des Leopardenmenschen, erlauben eine kleine Safari durchs exotische Zentralafrika, bis der Besucher eine eher beschauliche historische Ausstellung erreicht. Auch an dieser Stelle haben die Kuratoren einige kritische Töne zur Gewaltförmigkeit des Kolonialismus mit vermeintlich positiven Errungenschaften abzugleichen versucht. So erklärt der Audio-Guide zu Fotos von Schulklassen aus dem beginnenden 20. Jahrhundert, dass unter der autoritären belgischen Kolonialverwaltung Repressionen, rassistische Diskriminierung und Ausbeutung stattfanden, aber: «Es gab auch einige positive Entwicklungen, besonders in der Landwirtschaft, in der Gesundheitsvorsorge und Bildung. […] Der Schwerpunkt lag auf den Grundschulen, um so vielen Kindern wie möglich eine Ausbildung zu garantieren.» Das wahre Ausmaß der Kongogräuel, die Frage von Schuld und Verantwortung, die Opferzahlen und der Genozidvorwurf werden nur selektiv angesprochen.

Einen nicht unbeträchtlichen Teil der historischen Ausstellung nimmt Henry Morton Stanley (1841 bis 1904) ein, der als Journalist und Forschungsreisender auf Afrikaexpedition gegangen und fünf Jahre lang offizieller Vertreter Leopolds II. im Kongo gewesen ist, um Kaufverträge abzuschließen. Auch hier erzählt ein Film, er sei eine «zwiespältige» Figur gewesen und sein Verhalten gegenüber der afrikanischen Bevölkerung sei zu kritisieren, doch die Kolonialfrage habe er als moralische Frage gewertet und letztlich geglaubt, die Zivilisation über Afrika bringen zu können. Der Film schließt mit den ominösen Worten: «Wie jeder weiß, kam es anders.»

Die Liste euphemistischer Wendungen lässt sich beliebig fortsetzen: «Die Geschichte, die wir hier ausstellen, wurde von Belgiern und Kongolesen unterschiedlich erfahren, aber von ihnen gleichermaßen geteilt.» Die Grenzziehungen nahmen auf historische Gegebenheiten keine Rücksicht und waren Auslöser für ethnische Konflikte bis heute. Auf einer weiteren Tafel «The Belgian Congo» heißt es dann: «Die traditionellen Welten wurden in der sozialen Transformation, welche die Kolonisation mit sich brachte, aufrechterhalten», während die Forschung gezeigt hat, dass die Kolonialherren im Widerspruch zu ihren aufklärerischen Idealen und Zielen Traditionen ganz selektiv zur Stabilisierung ihrer Herrschaft nutzbar machten. Tafeln und Audio-Guide verfahren nach der immergleichen Dramaturgie, die grausamen Elemente des Kolonialismus so zu thematisieren, dass sie neben positiven Errungenschaften lediglich als marginale und zu vernachlässigende Begleiterscheinungen wirken.

Tervuren ist bisher ein rein belgischer Erinnerungsort, wobei man durchaus fragen kann, was ein solcher ist, da Belgien selbst durch einen virulenten Sprachenkonflikt zwischen Flamen und Wallonen zerrissen ist, der die 1830 auf dem Reißbrett der europäischen Mächte entworfene nationalstaatliche Integrität Belgiens immer akuter in Frage stellt. Während das Gros der Europäer und Brüssel-Besucher das KMZA kaum kennt, ist es für Belgier in Gestalt von regelmäßig und in großer Zahl erscheinenden Schulklassen, Touristen und Veteranen durchaus eine Attraktion. Die Nicht-Thematisierung einer wesentlichen Facette europäischer Geschichte im Zentrum der Europäischen Union und ihre Provinzialisierung zu einer belgischen Idiosynkrasie bleibt umso mehr eine Provokation.

Es war ein gutes Zeichen, dass das Haus 2005 die Verantwortung Belgiens für das ungeheuerliche System von Ausbeutung und Unterdrückung im 19. und 20. Jahrhundert anerkannt und ansatzweise aufgearbeitet hat und sich mit der Ausstellung «La mémoire du Congo. Le temps colonial» auch selbst zur Diskussion gestellt hat.[246] Hunderte von Objekten und Dokumenten, Filmausschnitten und Musikaufnahmen wurden im 175. Jubiläumsjahr der Staatsgründung Belgiens für eine heikle Geschichtsbefragung zusammengetragen.[247]

Auch diese eher homöopathische Revision geschah gegen nicht unbeträchtliche Widerstände in der belgischen Gesellschaft, die sich nach zwei Weltkriegen immer noch vor allem als Opfer deutscher Überfälle betrachtet. Es ist nicht sicher, ob die Besucher der affirmativen Präsentation der Dauerausstellung folgen, sondern wohl zu vermuten, dass vor allem jüngere Besucher ein Ausstellungserlebnis haben, das dieser architektonischen Suggestion zuwiderläuft. Das weniger plakative und mystifizierende Bild in belgischen Ausstellungen und Erinnerungsorten zum Ersten und Zweiten Weltkrieg erweckt die Hoffnung, dass eine selbstkritische Revision des Opferbildes im kollektiven Geschichtsbewusstsein Belgiens auch die koloniale Täterschaft klarer hervortreten ließe.

Der Fall: Die europäischen Kolonialverbrechen[248]

Wie wir gesehen haben, ist das anachronistische und apologetische Gesamtbild im Zentralafrika-Museum wissenschaftlich wie museumspädagogisch nicht auf der Höhe der Zeit; in Tervuren muss der Besucher jedenfalls nicht von der überkommenen Vorstellung ablassen, der belgische König habe letztlich das Beste für den Kongo gewollt und viel Gutes erreicht. Dem entgegen steht die schon von Zeitgenossen kritisierte systematische Ausplünderung des 1885 gebildeten Kongo-Freistaats durch belgische Handelsfirmen, vor allem die *Société générale de Belgique*, die auf der Grundlage einer mörderischen Ausbeutung Kautschuk und andere Rohstoffe gewannen. Zeitgenössischen Berichten und der späteren Geschichtsschreibung zufolge sind mehr als fünf, vielleicht sogar zehn Millionen Kongolesen zu Tode gebracht und die damalige Bevölkerung des Landes um die Hälfte dezimiert worden, durch unmittelbare Gewaltanwendung der Kolonialadministration, durch Zwangsarbeit, durch Hunger und grassierende Krankheiten.[249] Die rücksichtslose Ausbeutung menschlicher Arbeitskraft in der «Privatkolonie» Leopold II. ist eines der großen, aber unbekanntesten Menschheitsverbrechen der jüngeren Geschichte, das der *Zeit*-Korrespondent Bartholomäus Grill mit einigem Recht als «GULag im Dschungel» bezeichnet hat.

Das macht auch eine gesamteuropäische Dimension sichtbar. Denn nie war das brutale Regime im Kongo eine rein belgische Angelegenheit, vielmehr war die Berliner Kongokonferenz von 1884/85 insofern ein genuin europäisches Projekt, als auf ihr unter Vorsitz des deutschen Reichskanzlers Otto von Bismarck Vertreter von dreizehn europäischen Staaten, der USA und des Osmanischen Reiches die noch nicht besetzten Binnenregionen Afrikas

bis auf Äthiopien und Liberia in europäische Einflusssphären auf-
teilten und auch dem Deutschen Reich den ersehnten «Platz an der
Sonne» sichern sollten.[250] Nur eine unscheinbare Gedenktafel am
Konferenzort, dem ehemaligen Reichskanzlerpalais in der Berli-
ner Wilhelmstraße, erinnert an diese Konferenz, die ethnische und
kulturelle Gemeinsamkeiten durchschnitt und zu eben jenen
Stammes- und Grenzkonflikten führte, die unter anderen den
Kongo bis heute so belasten, vor allem in seinen östlichen Kivu-
Provinzen.

Tervuren symbolisiert in seiner Halbherzigkeit und Provinzia-
lität die Verweigerung einer gesamteuropäischen Selbstkritik des
Kolonialismus, und nur darin könnte, ex negativo, die Europäizität eines belgischen Provinzmuseums liegen – nämlich dass es
lange Jahre so affirmativ und apologetisch gestaltet bleiben konnte,
während die Aufarbeitung des Nationalsozialismus und Kommunismus in Europa längst weiter gediehen ist. Zu den Ansätzen der
Aufarbeitung der Kolonialgeschichte gehört, wie oben angedeutet, die schon von Hannah Arendt skizzierte und Paul Gilroy auf-
gegriffene These vom engen Zusammenhang zwischen Kolonialgeschichte und dem Mord an den europäischen Juden.[251] Der
kritische, nicht-affirmative Vergleich zwischen der Shoah als
einem abgegrenzten historischen Phänomen und kolonialen
Genoziden ist nicht länger tabu – im Kongo sind Millionen Menschen bestialisch ermordet worden, und die Nachwirkungen der
kolonialen Gewalt in Zentralafrika reichen bis in die Gegenwart,
wie man unter anderem am Völkermord in Ruanda 1994 belegen
kann. Auch dort ist das «Unvorstellbare» Wirklichkeit geworden,
und hätte man die europäische Welt nicht länger als um so viele
Grade höher entwickelt eingestuft, wären die historischen (nicht
kausalen) Bezüge und Analogien schon früher aufgefallen.

Gegen dieses Verdikt wird in der aktuellen geschichtspolitischen Debatte betont, der Kolonialismus habe daneben nicht
nur Gutes gewollt, sondern wenigstens hier und da auch bewirkt.
Dass, wie es in dem zentralen Artikel 6 der Kongoakte von 1885
heißt, die Europäer sich verpflichteten, «die Erhaltung der einge-

borenen Bevölkerung und die Verbesserung ihrer sittlichen und materiellen Lebenslage zu überwachen», dass sie im Übrigen, «die Eingeborenen zu unterrichten und ihnen die Vortheile der Civilisation verständlich und werth zu machen» versprachen, war tatsächlich ein konstitutiver Teil des europäischen Selbstbildes.

Belastender für das heutige europäische Engagement in Afrika, auf das wir gleich zu sprechen kommen, ist also fast noch, wie die Kolonialmission stets mit zivilisatorischen Tönen unterlegt wurde. Jürgen Osterhammel zufolge war die «Sprache von Zivilisation und Zivilisierung [...] das dominierende Idiom des 19. Jahrhunderts», in dem sich in zahlreichen Varianten mit den Mitteln des Rechts, des Marktes, der Technik (und stets der «erzieherischen» Gewalt) der damals noch ungebrochene Fortschrittsoptimismus der Aufklärung und die eurozentrische Machtarroganz der imperialen Mächte gegenüber den «Wilden» zum Weltmaßstab erhoben, was auch bei den Eliten der Peripherie auf Resonanz stieß. «Der rodende Siedler, der Großwildjäger und der Flussregulierer waren emblematische Figuren einer solchen allumfassenden Zivilisierung des Planeten. Ihre großen Widersacher, die es zu besiegen galt, waren Natur und Chaos, Traditionen und die Geister und Gespenster des ‹Aberglaubens› jeglicher Art».[252] Es hat unter den Kolonisatoren durchaus solche gegeben, deren subjektiver Antrieb Sorge und Fürsorge für die Kolonisierten war, denen sie paternalistisch, aber in ihrem Selbstverständnis auch dienend gegenübertraten. Doch insgesamt war diese Mission zum Scheitern verurteilt, wie jede pädagogische Selbstüberhebung, die den «Zögling» nicht zu Selbstbewusstsein kommen lässt.

Verschwunden ist die apologetische Sicht der Kolonialzeit, wie sie in Tervuren und an vielen anderen Orten[253] Stein und Ausstellung geworden ist, keineswegs, vielmehr erlebt sie eine regelrechte Renaissance. Im Jahr 2005 wurde in Frankreich ein «Erinnerungsgesetz»[254] auf den Weg gebracht und nach langer kontroverser Debatte in Kraft gesetzt, das man als Pendant zum Artikel 301 des Türkischen Strafgesetzbuchs ansehen muss, indem es die «guten Seiten» des Kolonialismus herausstreicht.[255] Im ersten Artikel heißt es, bezogen auf die Hauptadressaten, die Soldaten und Hilfstruppen, die im 19. und 20. Jahrhundert an der Seite Frankreichs gestanden und ins französische Exil gegangen waren:

«Die Nation drückt jenen Frauen und Männern ihre Anerkennung aus, die an dem Werk teilgenommen haben, das Frankreich in den vormaligen französischen Départements Algerien, Marokko und Tunesien sowie in Indochina und in den Territorien vollbracht hat, die früher unter französischer Herrschaft standen. Sie erkennt die Leiden und Opfer an, die die Heimkehrer, die früheren Angehörigen der Hilfs- und Bündnistruppen, die Verschwundenen und die zivilen und militärischen Opfer der Ereignisse erlitten und gebracht haben, die mit dem Prozess der Unabhängigkeit der früheren Départements verbunden waren, und hält sie und ihre Familien hoch und heilig in Erinnerung»

Artikel 4 lautet in der heute gültigen Version: «Les programmes de recherche universitaire accordent à l'histoire de la présence française outre-mer, notamment en Afrique du Nord, la place qu'elle mérite,» was in der ursprünglichen Gesetzesinitiative unverblümt auf den Punkt gebracht wurde:

«Die Unterrichtsprogramme erkennen die positive Rolle der französischen Präsenz in Übersee, besonders in Nordafrika, und weisen der Geschichte und den Opfern der Kombattanten der französischen Armee aus diesen Gebieten den herausragenden Platz, den sie mit Recht beanspruchen können.»

Dieser Absatz über die «positive Rolle» des französischen Kolonialismus wurde auf Grund geharnischter Proteste seitens der parlamentarischen Opposition, führender Historiker und Sozialwissenschaftler und vieler Nichtregierungs- und Entwicklungsorganisationen gestrichen.[256] Erhalten blieb aber Artikel 5, der in Analogie zur Ahndung der Holocaustleugnung in Frankreich durch das Gayssot-Gesetz von 1990 und der Leugnung des Armenier-Genozids 2001 untersagt:

> «(...) jede Beleidigung oder Diffamierung gegenüber einer Person
> oder Gruppe von Personen, die ihre tatsächliche oder angenom
> mene Eigenschaft des Harki, 257 der ehemaligen Mitglieder der
> Hilfs- oder Bündnistruppen; jede Entschuldigung von Verbrechen,
> die gegen die Harki und die Mitglieder der Hilfstruppen gemäß den
> Abkommen von Evian verübt worden sind. Der Staat versichert
> den Respekt dieses Prinzips im Rahmen der gültigen Gesetze.»

Solche Initiativen sind für das europäische Geschichtsbewusstsein
weit fataler als ein Museum in Tervuren, das durch seine Anlage
und Architektur immerhin zu Widerspruch und Ideologiekritik
einlädt. Gegen diese und jede andere Form von staatlich verordneter Offizialgeschichte, die bestimmte Auffassungen und Einschätzungen positiv oder negativ sanktioniert, richtete sich der
von zunächst 19, später mehreren hundert Historikern veröffentlichte Aufruf «Liberté pour l'histoire!».[258] Dieser wandte sich ausdrücklich auch gegen die beiden genannten Gesetze, die die Leugnung des Holocausts und des Armenier-Genozids unter Strafe
stellten, genau wie gegen das «Taubira-Gesetz» (benannt nach der
aus Guyana stammenden Parlamentarierin Christiane Taubira).
Dieses Gesetz deklarierte aus sicherlich ehrenwerten Motiven
heraus den europäischen Sklavenhandel als Verbrechen gegen die
Menschlichkeit und führte einen eigenen Gedenktag an die Opfer
ein, erlaubt dabei aber auch Beschränkungen der Meinungsfreiheit
und macht die Behandlung des Themas in den Schulen obligatorisch.[259]

Arena: eine neue europäische Mission im Kongo?

Wie auch immer die zivilisatorischen Seiten des Kolonialismus
konstruiert und rekonstruiert werden: Demokratie stand in der
Kolonialzeit nie auf der westlichen Agenda für die kolonialisierten Länder. Sofern man die kolonialen Subjekte überhaupt als

vollwertige Menschen sah, bezog sich die Fürsorge in der Regel auf die Bildung einer schmalen Elite, auf Exportförderung im Rahmen einer von Europa diktierten Arbeitsteilung und auf die Zivilisierung der Sitten und Gebräuche nach eurozentrischem Muster. Wer die «guten Seiten» der Kolonialzeit ins Auge fasst, kann sich – das lag in der Natur des Kolonialismus – kaum einmal auf Volkssouveränität beziehen, die westliche Staaten heute als Exportgut in den Süden der Weltgesellschaft an die erste Stelle gesetzt haben.

Eine in diesem Sinne selbstreflexive und transparente demokratische Konditionierung von Entwicklungszusammenarbeit ist keine per se neokoloniale Haltung.[260] In vielen Regionen Afrikas gab es bisher ein trauriges Missverhältnis zwischen UN-Einsätzen und effektivem Schutz der Menschen- und Bürgerrechte. Die Serie der Genozide, Massaker und Massenvertreibungen von Ruanda bis Darfur demonstriert, dass der kategorische Imperativ des «Nie Wieder!» gerade auf diesem Kontinent dramatisch außer Kraft gesetzt worden ist.[261] Die Ursachen dafür liegen historisch in der kolonialen Unterdrückung und Ethnisierung, dann in der Kontinuität neokolonialer Abhängigkeiten und heute vor allem in der Brutalität und Gier afrikanischer Staatsklassen, im Zusammenbruch von Staatlichkeit und im Versagen panafrikanischer Solidarität. Gerade der Kongo ist ein trauriges Beispiel dafür, wie kläglich das mit viel Hoffnung und Potenzial gestartete Dekolonisierungsprojekt gescheitert ist – «Kin la belle» (Kinshasa die Schöne) wurde zu «Kin la poubelle» (Kinshasa die Müllhalde).

Die Vereinten Nationen haben in Reaktion darauf das völkerrechtliche Prinzip «Responsibility to protect» statuiert.[262] Wäre es von der internationalen Staatengemeinschaft früher beherzigt worden, hätte möglicherweise schon der Genozid in Ruanda 1994 (mit rund einer Million Toten) verhindert werden können, der wiederum durch seine regionalen Auswirkungen rund fünf Millionen weitere Opfer im Nachbarland Kongo nach sich gezogen hat. Krisenmanagement und Entwicklungszusammenarbeit in Afrika bleiben weit hinter ihren Möglichkeiten zurück. Stattdessen ist ein Wettlauf um afrikanische Rohstoffe und Märkte zwischen der Volksrepublik China, den USA, europäischen Nationen und Schwellenländern des Südens im Gang, dessen ökonomische Dimensionen die Kongokonferenz in den Schatten stellen.[263]

Dass die Europäische Union 2006 auf Anfrage der Vereinten Nationen in Gestalt der EUFOR-Mission demokratische Wahlen im Kongo mit Soldaten sichern wollte, wäre also eine breitere Debatte wert gewesen, beginnend damit, ob diese Intervention angesichts einer kolonialen Vergangenheit legitim war, die kaum irgendwo brutaler ausfiel als in Zentralafrika. Eine ernsthafte Aussprache gab es im Deutschen Bundestag oder anderen nationalen Parlamenten aber ebenso wenig wie in den europäischen Medien. In Berlin sorgte man sich um den Impfschutz der Truppe und mögliche psychische Schäden nach einer eventuellen Konfrontation mit Kindersoldaten. Den Bedenken der Parlamentarier und dem Widerwillen der öffentlichen Meinung wurden meist eigennützige Argumente entgegengehalten: Der Kongo habe reichlich Rohstoffe, und jede Instabilität dort erhöhe den Migrationsdruck auf Europa.[264]

Soll die Einrichtung und Festigung demokratischer Verhältnisse im Kongo, in einem von Diktatur und Staatszerfall, von Bürgerkrieg und Warlords malträtierten Land, also kein Ziel an sich sein? Die seinerzeit die Bundesrepublik regierende Große Koalition bekundete das im Jahr 2006, aber auch ihr ging es vor allem um die Demonstration von Handlungsfähigkeit der im Aufbau befindlichen EU-Eingreiftruppe. Die oppositionelle FDP hatte grundsätzliche Bedenken gegen die Aushöhlung des Parlamentsvorbehalts bei Auslandseinsätzen und erinnerte daran, dass die Bundesrepublik Deutschland kein Regierungsheer habe. Bündnis 90/Die Grünen schwankte zwischen moralischen Argumenten für eine Intervention auf der Linie von Ex-Außenminister Joschka Fischer und der Suche nach einer grundsätzlich friedlichen Alternative zu jedem Militäreinsatz. Und die Partei Die Linke mahnte erwartungsgemäß Sozialstaatsverteidigung an, die in der kongolesischen Hauptstadt Kinshasa ebenso wenig möglich sei wie am Hindukusch, und unterstellte der EU-Mission neokoloniale Absichten.

In der Tat gab und gibt es in Afrika einen in der Öffentlichkeit wenig bekannten Filz zwischen westlicher Außenpolitik und Bergbauunternehmen, die Ruhe im Kongo wünschen, um dort ungestört Geschäfte machen zu können. Die Liste der Bodenschätze in dem Land, die bei internationalen Konzernen (wie bei den Nachbarn des Kongo) begehrt sind, ist lang: Gold, Silber, Diamanten, Erdöl, Mangan, Zink, Zinn, Cadmium, Germanium und Beryllium. Besonders gefragt sind Cobalt, für das die Demokratische Republik Kongo Weltmarktführer ist, und Coltanerz, dessen Bestandteile für die Produktion von Videokameras, Mobiltelefonen, Computerchips und sonstigen elektronischen Geräten sowie für die Flugzeug- und Weltraumindustrie eine strategische Bedeutung besitzen.

Sicher sind die heutigen Ausbeutungsmethoden weit entfernt von den Dimensionen der kolonialen Ausbeutung in der Vergangenheit, aber deren finstere Geschichte muss jeder in Rechnung stellen, der Zentralafrika eine nachhaltige Entwicklung und Demokratie bescheren will. Dabei muss vor allem berücksichtigt werden, dass die Gewinne aus der Rohstoffextraktion der breiten kongolesischen Bevölkerung kaum zugute kommen.

Das spricht andererseits nicht für ein pauschales «Finger weg vom Kongo!» und für ein «Afrika den Afrikanern!», zumal häufig dieselbe öffentliche Meinung, die im Zweifel auf außenpolitischen Isolationismus setzt, angesichts schrecklicher TV-Bilder aus Darfur im Sudan (und rückblickend aus Ruanda) Einmischung verlangt. Aus afrikanischen Staaten gebildete Eingreiftruppen haben den Afrikanern bisher eben nicht geholfen, und gerade der Fall des in den vergangenen Jahren leidlich zur Ruhe gekommenen und nun wieder von brutalen Auseinandersetzungen erschütterten Kongo zeigt, wie sehr heutzutage afrikanische Warlords für die Ausbeutung und Unterdrückung der Bevölkerung verantwortlich sind.

Es war also aus moralischen wie pragmatischen Gründen vertretbar, die Übergangsperiode seit dem Ende der Diktatur Mobutus 1997 und den von innen heraus gestarteten Prozess der Liberalisierung und Demokratisierung nach 2001 von Europa aus tatkräftig zu unterstützen. Berechtigt bleibt aber auch die weiterführende Frage, ob sich Demokratisierung in der Abhaltung (halbwegs) freier und fairer Wahlen erfüllt oder gar erschöpft, oder ob nicht zunächst Vorkehrungen für den inneren Frieden, den Wiederaufbau der Verwaltung und die Garantie der Bürgerrechte im Kongo getroffen werden müssten, bevor man dem hehren Ziel einer parlamentarischen Demokratie näher tritt. Weltweit stehen sich hier zwei Denkschulen gegenüber: Die eine warnt vor illiberalen und defekten Demokratien, in denen Wahlen nur pro forma durchgeführt werden, um auf dieser Legitimationsgrundlage ethnische oder religiöse Gegensätze eskalieren zu lassen.[265] Die andere Schule stuft die aktive Beteiligung der Bevölkerung an einer Demokratisierung von unten zwar auch als riskant ein, erblickt darin aber den Startpunkt einer gewünschten Dynamik. In dieser Sicht sind Wahlen in Afrika südlich der Sahara nicht bloß Indikatoren des demokratischen Übergangs, sondern allein ihre Abhaltung zeitigt – selbst unter mangelhaften Bedingungen – unterm Strich eher positive Effekte.[266]

Davon kann im Fall des Kongo leider noch keine Rede sein. Wurden die UN- und EUFOR-Einsätze zunächst als Erfolg angesehen, wird das europäische Engagement heute allgemein skeptischer betrachtet. Landeskenner sahen den Demokratisierungsprozess schon ein Jahr nach den Wahlen im «Leerlauf» verharren und durch die Anwesenheit ausländischer Truppen (angolanischer Streitkräfte und ruandischer Milizen) auf kongolesischem Territorium die staatliche Souveränität des Kongo in Frage gestellt, die Organisation für Pressefreiheit «Reporter ohne Grenzen» machte auf die «besorgniserregende Menschenrechtslage» aufmerksam.[267] In einem Bericht der Konrad-Adenauer-Stiftung von 2010 wird vor allem die Abwesenheit von Presse-, Informations- und Verbreitungsfreiheit kritisiert: «Auf der Strecke bleibt der faire, unabhängige Journalismus, der zwar gesetzlich garantiert ist, jedoch – wie so vieles in der DR Kongo – bis auf weiteres eine Illusion bleiben wird.»[268] Trauriger Höhepunkt war die Ermordung des prominenten Menschenrechtlers Floribert Chebeya im Juni 2010. Dass Präsident Kabila mit Blick auf die 2011 angesetzten Wahlen die internationalen Truppen aus dem Land haben will, gibt Anlass zur Sorge, dass sich im Kongo auf Dauer keine demokratischen Verhältnisse etablieren werden. Bilanziert wird also die mangelnde Nachhaltigkeit des europäischen Verantwortungsgefühls gegenüber dem Friedensprozess im Kongo[269] und befürchtet, die EU werde im Falle eines undemokratischen Ablaufs der Wahlen in 2011 als «Totengräber ihres Experiments des Demokratieaufbaus unter hellblauer Flagge» in Erinnerung bleiben.[270]

Wie belastet das Verhältnis Belgiens zu seiner ehemaligen Kolonie Kongo immer noch ist, belegte zuletzt der diplomatische Eiertanz um die belgische Präsenz bei den Feierlichkeiten des 50. Jahrestages der kongolesischen Unabhängigkeit in der Hauptstadt Kinshasa im Juni 2010. Die flämische Tageszeitung *De Standaard* brachte es auf den Punkt: «Der Kolonialismus führte zur Zerstörung indigener Strukturen. Belgien hatte die Kongolesen nicht auf eine schnelle Unabhängigkeit vorbereitet und dann alles daran gesetzt, seine Ex-Kolonie wirtschaftlich in der Hand zu behalten. […] Doch heute ist die Kolonialzeit vorbei, genauso wie der Kalte Krieg. […] Zu denken, dass fünfzig Jahre später der Kolonialismus eine Renaissance des Kongo verhindere, ist selbst eine kolonialistische Sichtweise. Diese Renaissance ist möglich, doch hängt sie in erster Linie von der politischen Elite des Kongo und vom kongolesischen Volk selbst ab.»[271]

Fazit: Europäisches Kolonialgedenken und Außenpolitik

Es kann keine europäische *Außen*politik geben, die den systematischen Bezug zur Geschichte der von Europa kolonisierten Gebiete und ihrem postkolonialen Schicksal vermissen lässt, und auch kein europäisches Memorialregime, das die Opfer der Kolonisierung weiter ignoriert oder unterbewertet. Gewisse Zeichen der Hoffnung sind nicht zu übersehen. In Ruanda wird, nicht nur auf Grund des Internationalen Strafgerichtshofs für Ruanda (ICTR) in Kigali, auf erstaunlich aufrichtige und umfassende Weise des Völkermords gedacht, und mittlerweile werden auch Täter verfolgt.[272] Der Preis dafür ist wiederum, dass westliche Nationen das Regime von Präsident Paul Kagame, nicht zuletzt auf Grund seines nicht minder erstaunlichen Wirtschaftserfolgs, gewähren lassen, obwohl es im Osten des Kongo weiter als Besatzungsmacht und Faktor der Instabilität wirkt.[273]

Der globalisierte Rahmen der europäischen Afrikapolitik führt im Übrigen dazu, dass das koloniale Erbe auch jene «unschuldigen» ostmitteleuropäischen Länder betrifft, die sich im 19. Jahrhundert kein Stück vom «großen afrikanischen Kuchen» holten und damals selbst noch unter imperialer Knute standen. Auch sie sind nämlich Teil eines postkolonialen europäischen Unternehmens, das sich nicht länger der Verantwortung und Wiedergutmachung für koloniale Verbrechen entziehen kann, wie dies in Tervuren geschieht. Und das sich auch zur Masseneinwanderung aus Schwarzafrika verantwortlich und humanitär verhalten muss.

6. Deutz tief: Europa als Einwanderungskontinent

Das Moped der Marke Zündapp Modell «Sport Combinette», das am 10. September 1964 dem millionsten Gastarbeiter als Willkommenspräsent überreicht wurde.

Der Ort: Eine Zündapp im Museum

Wie Migration als (Rand-)Thema in einem zentralen Geschichtsmuseum der Bundesrepublik Deutschland vorkommt, belegt die wohl prominenteste Ikone der Einwanderung – ein Moped, Modell *Zündapp Sport Combinette*, das am 10. September 1964 im Bahnhof Köln-Deutz/tief als Präsent dem «millionsten Gastarbeiter» übergeben wurde. Das von der *Bundesvereinigung der Deutschen Arbeitgeberverbände* (BDA) besorgte Geschenk ging an den Bauernsohn, gelernten Zimmermann und Fabrikarbeiter Armando Rodrigues de Sá aus dem nordportugiesischen Dorf Vale de Madeiros, der in seinem Heimatland Portugal angeworben worden war. Entsprechende Abkommen waren zuvor schon mit Spanien, Griechenland, der Türkei und Marokko abgeschlossen worden, später folgten Tunesien und Jugoslawien, um den Bedarf an unqualifizierter Arbeitskraft auf dem westdeutschen Arbeitsmarkt zu decken. Der Zustrom von DDR-Flüchtlingen war mit dem Mauerbau 1961 versiegt, nun sah man sich an der europäischen Peripherie nach jungen, vor allem männlichen Ungelernten um, von denen man annahm, sie würden als «Gastarbeiter» nach einiger Zeit wieder heimkehren. Dasselbe dachten Armando Rodrigues de Sá und die meisten seiner 999 999 Vorgänger.

Dauerhafte Emigration wurde seinerzeit und bis in die 1990er Jahre weder von den deutschen Stellen noch von den meisten Betroffenen selbst erwartet und gewünscht. Bei seiner Ankunft am 10. September 1964 sah sich der von der langen Bahnreise erschöpfte Rodrigues völlig unvorbereitet einem Blitzlichtgewitter der zur Geschenkübergabe einbestellten Fotografen gegenüber. Zur Ikone aufgestiegen ist das millionenfach reproduzierte Foto des dpa-Fotografen Horst Ossinger, das den verblüfften und nicht sehr erfreut, eher apathisch wirkenden Portugiesen mit Hut zeigt. Man findet das Foto heute auch in einer Schauvitrine im «Haus der Geschichte der Bundesrepublik Deutschland» in Bonn, neben dem vom Museum angekauften Moped.

Das am Rande der Dauerausstellung platzierte Exponat ist eines der raren Ausstellungsstücke zum Thema Arbeitsmigration der frühen Bundesrepublik. Logischerweise war es kein Mittelklassewagen, mit dem seinerzeit die deutschen Mittelschichten ihren sozialen Aufstieg demonstrierten und spätere Gastarbeiter zum Urlaub in die «Heimat» fuhren, aber immerhin ein motorisiertes Gefährt, das auch der ausländischen Unterschicht etwas kleiner dimensionierte Freiheitsgefühle ermöglichte. Es wird ausdrücklich als «Symbol für das rasante Wirtschaftswachstum in der Bundesrepublik Deutschland» inszeniert, mit dem erklärenden Zusatz «[...] und den Anteil ausländischer Arbeitnehmer an dieser Erfolgsgeschichte». War es eine? Wir kommen gleich darauf zurück. Nur fallen dem Betrachter heute andere Bilder von der Migration ein, welche die spätere Entwicklung von den jungen, männlichen Gastarbeitern aus der Mittelmeerregion zu den jungen weiblichen Kopftuchträgerinnen von heute illustrieren und damit die Zentralperspektive von der Sozialstruktur – «ausländische Arbeitnehmer» – in Richtung Herkunft, Kultur und Religion – türkische und andere Muslime – verschieben. Stereotype Kopftuchmädchen zieren bald jede zweite Illustration von «Integration» und ihren Problemen. Und darunter steht selten: eine Erfolgsgeschichte; noch weniger geschieht das bei männlichen «Problemjugendlichen» der zweiten bis vierten Generation, die als Schulversager, Störenfriede und Gewalttäter, wenn seit dem 11. September 2001 nicht gar als potenzielle Selbstmordattentäter durch die Massenmedien geistern.

Es gibt auch andere Bilder. Denn zugleich wird Deutschland heute als «Aufsteigerrepublik» tituliert, womit der frühere nordrhein-westfälische Integrationsminister Armin Laschet (CDU) – der von 2005 bis 2010 als erster Minister dieses Ressorts in der Geschichte der Bundesrepublik amtierte – den ebenso unbestreitbaren sozialen Aufstieg, wirtschaftlichen Erfolg und die kulturelle Selbstbehauptung von Einwanderern apostrophiert hat.[274] Dies ist die neue alte Erfolgsgeschichte, die sich das «Land aus Gold»[275] nun retrospektiv selbst erzählt, da es händeringend nach qualifizierten Einwanderern sucht, um den eigenen Erfolgsweg fortsetzen zu können.

Der Streitfall: Europa als Einwanderungskontinent?

Einwanderung, das sieht man an diesen plakativen Bildern und Befunden, ist keine eindeutige Angelegenheit. Daher wird sie immer wieder politisch instrumentalisiert.[276] Auch in klassischen Einwanderungsländern wie den USA, Kanada und Australien wird derzeit hitzig Pro und Contra diskutiert. Zunehmenden Tendenzen radikalen Ausschlusses von Einwanderung steht die Beschwörung der alten weltoffenen Tradition Nordamerikas und Australiens gegenüber, sogar die für die Gründung der Vereinigten Staaten konstitutive freie Religionsausübung und religiöse

Toleranz ist nach den Terroranschlägen von 2001 in Misskredit geraten.

In Europa stehen sich Immigrationsgegner und -befürworter ebenfalls schroff gegenüber. Dabei gibt es unter dem Oberbegriff «Migration» zahlreiche Abstufungen und Schattierungen. Von den EU-Bürgerinnen und -Bürgern am meisten abgelehnt wird, aus Sicherheits- wie aus kulturellen Gründen, ein selbstbewusster und kämpferischer Islam[277] und, aus Sicherheitsbedenken, der nicht dokumentierte und nicht registrierte Zustrom von «Illegalen» nach Europa.[278] Generell befürwortet wird am ehesten, aus demografischen wie sozialpolitischen Kompensationsgründen, die Ansiedlung qualifizierter Einwanderer, vornehmlich solchen aus anderen OECD-Ländern; weit weniger erwünscht ist die Aufnahme von Flüchtlingen und Asylbewerbern aus Armuts- und Katastrophenregionen «des Südens». Bei erzwungener Migration werden überdies ethnisch verwandte Flüchtlinge eher akzeptiert oder auch gezielt angeworben (wie im Fall der deutschen Spätaussiedler); dagegen rangieren in ganz Europa die Roma und Sinti in der Beliebtheitsskala durchweg weit unten, auch Juden, Araber und Farbige erfahren starke rassistische Vorurteile und Diskriminierung. So zeigten sich im August 2010 vier von fünf Franzosen mit dem Vorgehen von Frankreichs Präsident Nicolas Sarkozy, Lager der Roma in Frankreich zu räumen, einverstanden.[279]

Bestehen von der «Angebotsseite» her klare Präferenzen, hat sich auch Europas Nachfrage historisch sehr unterschiedlich entwickelt. Weite Teile Zentral-, Ost- und Südeuropas sind über Jahrzehnte hinweg durch intensive Auswanderung unter anderem nach Übersee geprägt, während Frankreich sehr früh Immigranten aus der Mittelmeerregion und Nord- beziehungsweise Westafrika und Großbritannien Menschen aus ehemaligen asiatischen und afrikanischen Kolonien nachgefragt hat. Hier herrschten über den Markt vermittelte, dort staatlich regulierte Migrationsregime vor. Im kommunistischen Block waren Arbeitskräfte aus dem «sozialistischen Ausland» einer rigiden Kontrolle unterworfen, während das seinerzeit liberale Asylrecht in der Bundesrepublik bis zu seiner restriktiven Reform 1992 eine große Zahl von Flüchtlingen anzog, die überwiegend nicht als Asylbewerber anerkannt, aber geduldet wurden.

Unterdessen sind Arbeitsmigration und Asyl, bisher als Domänen der Rechts- und Innenpolitik geschützt, supranationale Angelegenheiten geworden. Zum einen ist das Asylrecht europäisiert und die Kontrolle des Zustroms von Menschen an die Außengrenzen der EU verlagert worden, zum anderen ziehen auch klassische Auswanderungsgesellschaften wie Polen oder Spanien (zum Teil bei zugleich anhaltender Auswanderung) Arbeitskräfte und Flüchtlinge aus dem Süden der Welt und im polnischen Fall aus den östlichen Nachbarländern an, wo abgestufte Regelungen und Zeitpläne der Arbeitnehmerfreizügigkeit wirken. Europa empfindet sich, trotz eines krisen- und abwehrbedingten Rückgangs im Jahr 2010, unter anhaltendem «Migrationsdruck» durch Flüchtlinge zu Wasser, zu Lande und aus der Luft, während die demografische Entwicklung gleichzeitig den Ruf nach dauerhafter Einwanderung von Fachkräften und Hilfsarbeitern verstärkt.

Immigration, die oft pauschal behandelt und als «Einwanderung in die Sozialsysteme» denunziert wird, ist sozialstrukturell stark ausdifferenziert: Das Leben einer hochqualifizierten Akademikerin oder eines erfolgreichen Green-Card-Besitzers hat wenig gemein mit «boat people» aus Westafrika und einer «illegalen» Flüchtlingsfamilie, die oft um ihr nacktes Leben bangen müssen. Außenseiterexistenzen und Erfahrungen katastrophalen Scheiterns stehen individuelle Aufsteigergeschichten und beachtliche Geldtransfers in die Heimatländer gegenüber. Besonders zu beachten ist die Generationendynamik; Teile der dritten oder vierten Generation scheinen sich in der neuen Heimat oft weniger heimisch zu fühlen als Eltern und Großeltern. Transitorische Existenzen, die zwischen Europa und ihrem Herkunftsland pendeln, nehmen zu, wobei die Entfernung zwischen Herkunfts- und Ankunftsort durch transnationalen Verkehr und globale Kommunikation geschrumpft ist.

Nicht minder vielfältig sind soziokulturelle Faktoren wie ethnische Herkunft und das Niveau der sprachlichen Assimilation an die Mehrheitsgesellschaft, wobei «zwischenkulturelle» Lebenslagen auch Handlungsspielräume eröffnen können. Seit Ende der 1970er Jahre prägen religiöse Vielfalt und die in Europa überwunden geglaubte Spaltungslinie zwischen Säkularisierung und Resakralisierung die europäische Einwanderungsgesellschaft. Von besonderer Bedeutung sind religiöse und ethnische Differenzen unter Diasporagruppen, die in Europa vor allem zwischen Türken und Kurden, unter Ex-Jugoslawen sowie zwischen Arabern und Juden bestanden haben oder weiter bestehen. Interventionen von außen können das verstärken, wie zum Beispiel Auftritte des türkischen Premiers Erdoğan in Deutschland, bei denen er Assimilation als «Verbrechen gegen die Menschlichkeit» charakterisiert und sich für türkischsprachige Schulen in Europa ausgesprochen hat.[280]

Migration im Museum?[281]

Würden Einheimische und Einwanderer, mittlerweile im Alltagsleben oft bis zur Unkenntlichkeit vermengt – in Deutschland hat nämlich bald jeder Vierte einen «Migrationshintergrund» – gemeinsam ein zentrales Migrationsmuseum in Deutschland errichten, müsste es neben der Prägnanz von Primärbildern aus der Gastarbeiter-Ära vor allem sekundäre Stereotypen aufarbeiten, also nicht nur die vielfältigen Spuren der Einwanderung dokumentieren, sondern auch unsere Diskurse von der Einwanderung aufarbeiten und dekonstruieren. Migration käme in einem speziell ihr gewidmeten Haus prominenter zur Geltung, gleichzeitig drohte damit aber die Gefahr einer rückwärtsgewandten Selbstgettoisierung. «Die fundamentalistische Argumentation der Identitätspolitik tendiert zu der Annahme, dass zuerst eine Identität da sein muss, damit die politischen Interessen ausgearbeitet werden können und dann das politische Handeln einsetzen kann. Unsere These ist dagegen, dass es keinen ‹Täter hinter der Tat gibt›, sondern dass der Täter in unbeständiger, veränderlicher Form erst in und durch die Tat hervorgebracht wird.»[282] Deshalb spricht viel für eine nicht länger episodische und germanozentrische Thematisierung der Aus- und Einwanderungsgeschichte im Rahmen der deutschen und vor allem europäischen Gesellschaftsgeschichte. Diesen Akzent auf Migration als Querschnittsthema sollten möglichst viele Heimat- und Regionalmuseen sowie zentrale Geschichtsmuseen setzen, genau wie «Interkultur» in Literaturhäusern, Theatern und Kunstmuseen keine Nische mehr füllen, sondern selbstverständlicher vorkommen sollte. [283]

Reflexionsgegenstand ist dann nicht nur die lange verleugnete Einwanderung, sondern die für moderne Gesellschaften typische und unhintergehbare Interkulturalität im Allgemeinen, die sich nicht allein und nicht einmal vordringlich auf ethnische oder religiöse Verschiedenheiten bezieht. «Der Fremde», hat Alfred Schütz gesagt, werde als «ein Mensch ohne Geschichte» angesehen.[284] Wahr ist das nur, wenn seine faktische Zugehörigkeit beharrlich negiert wird; denn Europa ist nie etwas anderes gewesen als eine Geschichte von Wanderungen.

Wie soll man daran erinnern? Welche Rolle spielen «Migranten» im kollektiven Gedächtnis Europas? Tragen sie zu einem gesamteuropäischen Bewusstsein bei? In klassischen Einwanderungsländern wie Australien, Kanada, Argentinien oder den Vereinigten Staaten wird die Geschichte der Einwanderung in großen, repräsentativen Häusern dargestellt, in Geschichtsbüchern abgehandelt, in Monumenten symbolisiert. Weltbekannt ist Ellis Island im Hafengebiet von New York, schräg gegenüber der Statue of Liberty, wo eine für viele vorbildliche Dauerausstellung Platz gefunden hat, die Millionen Besucher aus dem In- und Ausland anzieht. Nach innen, an die Amerikaner gerichtet, lautet die Botschaft: Wir sind (fast) alle Einwanderer und haben aus ganz unterschiedlichen Herkünften eine «Transnation»[285] geschmiedet, die nicht auf einer vorgegebenen nationalen Identität beruht, sondern «e pluribis unum» eine heterogene Nation schuf, in der nicht Abstammung (allein), sondern (vor allem) Zustimmung zählt und deren Patriotismus auf eine politische Verfassung rekurriert und nicht auf Blutsverwandtschaft. Ellis Island lehrt, wie man ein Amerikaner oder eine Amerikanerin wird, nicht wie man in den USA lebt, deren Alltagswirklichkeit sicherlich meilenweit vom Selbstbild der Nation mit offenen (Flug-)Häfen und Grenzen entfernt ist und die speziell seit den Terrorattacken von 2001 auf Abschottung umgestellt haben.[286]

In Kanada werden Migranten anhand pragmatischer, volkswirtschaftlich begründeter Kriterien ausgewählt. Ein Punktesystem zieht die persönliche Qualifikation und Eignung von jeweils individuell betrachteten Einwanderern dem Herkunftscheck vor. Einwanderer gelten deswegen als Beiträger zur nationalen Wohlfahrt. Ergänzt wird diese Strategie durch eine umfassende Integrationspolitik, die sozioökonomische Präferenzen an Gesichtspunkten der Chancengleichheit ausrichtet und Multikulturalismus ausdrücklich zum Programm erhoben hat, also kulturelle Differenz anerkennt und rechtlich absichert. Multikulturalität gilt insofern heute als Standortvorteil und wurde gewissermaßen zur Staatsideologie.[287]

In der Alten Welt, die über Jahrhunderte hinweg mehr *Aus*wanderung als *Ein*wanderung kannte, liegt der Fall komplizierter. Migrationsmuseen gibt es mittlerweile dort auch, doch einen repräsentativen Platz nimmt ein solches nur am Rande der französischen Hauptstadt Paris ein. Die dortige *Cité de l'immigration* hat an der Porte Dorée, dem durchaus ambivalenten Ort der Kolonialausstellung Frankreichs von 1930, ihr Domizil gefunden,[288] während sich die meisten Ansätze andernorts in einem konzeptionell wie finanziell ebenso unsicheren Stadium befinden wie in Deutschland. In Europa ist das Faktum der Einwanderung sehr unterschiedlich ausgeprägt und generell umstritten. Im Vordergrund der medialen Aufmerksamkeit stehen Integrationsprobleme von Migranten bis in die dritte und vierte Generation hinein, die Ressentiments der Mehrheitsgesellschaft und einen «Herr-im-Hause»-Standpunkt nähren. So gibt es kaum Narrative der Einwanderung vom 19. bis zum 21. Jahrhundert in all ihren

Facetten, die anzeigen sollen: «Ihr seid anders, aber ihr gehört zu Europa.» Gespiegelt werden solche Distanzen und Antipathien in migrantischen «Parallelgesellschaften»,[289] deren Bewohner in Europa teilweise nicht heimisch werden wollen.

Und natürlich fehlt bei den meisten Immigranten der selbstverständliche Bezug zur vorgefundenen Kulturgeschichte des christlichen Abendlandes – man stelle sich den üblichen Besuch einer Realschulklasse, die großenteils aus Kindern und Enkeln von Migranten besteht, in einem Dom, einem Kloster oder Luthers Geburtshaus vor. Und man versetze dieselbe Klasse ins Jüdische Museum nach Berlin oder in die Gedenkstätten von Buchenwald oder Hohenschönhausen, wo sie sich zur europäischen Verbrechens- und Katastrophengeschichte von Holocaust und GULag verhalten sollen, die sie familienhistorisch nicht direkt und existenziell höchstens indirekt betrifft. Allerdings zeigen Studien und Umfragen, dass informierte Angehörige der zweiten und dritten Generation den Holocaust durchaus reflektieren und in seinem Licht die «eigene», ihnen selbst fremd gewordene Geschichte des Herkunftslandes ihrer Vorfahren bewerten, ohne damit die Singularität der Shoah und das Sonderverhältnis zu Israel anzunehmen. Der besondere Reiz von Immigration liegt darin, dass «deutsche» Erinnerungsorte zunehmend mit fremden Augen gesehen werden, und es ist zu hoffen, dass aus eben dieser tangentialen Sicht ein supranationales Geschichtsbewusstsein erwächst.

Das erwähnte Pariser Projekt, das als inszenierter Erinnerungsort in der öffentlichen, wissenschaftlichen und politischen Debatte seit den 1990er Jahren unter sozialistischen wie bürgerlichen Regierungen erwartungsgemäß umstritten war, weist kaum eine europäische Perspektive auf. Die *Cité de l'immigration*, die museums- und ausstellungspädagogisch auf hohem multimedialem Niveau steht, präsentiert eine frankozentrische Version der Einwanderungsgeschichte und assimiliert die jeweiligen Beiträge diverser ethnischer Gemeinschaften zur «république une et indivisible», die eine Sprache spricht, Herkunft und Religion zur Privatsache macht, Alltagsdiskriminierung nicht vorsieht und kulturelle Vielfalt in einer farbenblinden Staatsidentität glatt bügelt. Betrachtet man die hochwertigen Sammlungen und hört den (meist farbigen) Führern genau zu, dann erscheint Frankreichs Migrationswirklichkeit erheblich multikultureller und konfliktbehafteter. Dazu trägt das dichte Rahmenprogramm mit Musik, Filmabenden, Performance- und Tanzveranstaltungen sowie Lesungen bei, wie auch das hohe wissenschaftliche Niveau. Neben der im Jahr 2007 eröffneten Dauerausstellung präsentiert das Haus, das seine koloniale Vergangenheit selbstreflexiv angenommen hat, Wechselausstellungen etwa zur Migrationsgeschichte des französischen Sports oder zu einzelnen Gemeinschaften wie den Armeniern, Polen und anderen. Anspruchsvoll sind die Herausforderungen, die sich die *Cité* weiterhin stellt – die Immigration zu einem ebenso zentralen Thema kultureller Entwicklung zu erheben und dafür neue museologische Maßstäbe zu setzen.[290]

Wer das Pariser Museum besucht hat, fragt sich spontan, warum es ein analoges Migrationsmuseum in Berlin, Frankfurt am Main oder Köln nicht gibt. Auch in Deutschland begann die Debatte über den Sinn und die Notwendigkeit eines Migrationsmuseums in den 1980er Jahren, als sich die Masseneinwanderung zu einem stabilen Phänomen entwickelt hatte, das durch Politik und Öffentlichkeit kaum anerkannt wurde, und als latente Ablehnung in wachsende Gewaltbereitschaft gegen «Ausländer» umzuschlagen drohte.[291] In der Geschichtsschreibung und im Mainstream der Museumspädagogik war Migration höchstens ein Randthema. «Multikulti» blieb in der öffentlichen Debatte auf Kulinarisches und Folkloristisches beschränkt. In den 1990er Jahren, als die deutsche Vereinigung die politische Identität der Deutschen erneut erschütterte und die kombinierte Zuwanderung von Asylbewerbern, Aussiedlern und Arbeitsmigranten in relativen und sogar absoluten Zahlen US-amerikanisches Niveau erreichte, wurden diverse lokale und überregionale Initiativen aktiv. Exemplarisch sollen hier die Ausstellung «Fremde Heimat» im Ruhrlandmuseum Essen und die Museums-Initiative von DOMiT, dem 1990 von türkischen Einwanderern ins Leben gerufenen «Dokumentationszentrum und Museum über die Migration aus der Türkei e. V.» genannt werden. Unterstützt durch eine Rede des damaligen Bundespräsidenten Johannes Rau (1999 bis 2004) auf dem Historikertag 2002 schien die Errichtung eines nationalen Migrationsmuseums nur noch eine Frage der Zeit zu sein. Kritischer betrachtet wurden seinerzeit Darstellungen der Migration in Geschichtsbüchern, Namensgebungen von Straßen und Plätzen und die Rolle von Migranten in Spiel- und Dokumentarfilmen. Damit gewann das Thema nicht nur Aufmerksamkeit in der Öffentlichkeit, sondern auch Resonanz in der politischen Debatte, die in der Ära Kohl durch das Axiom «Deutschland ist kein Einwanderungsland und soll auch keines werden!» geprägt gewesen war. Und im Kulturleben haben Repräsentanten des regen, bis dahin aber kaum wahrgenommenen Vereinslebens diverser ethnischer und religiöser Gemeinschaften kulturelles Kapital gewonnen.

Ernst gemacht mit der Museumsidee hat vor allem die mit Einzelausstellungen und einer stattlichen Sammlung von Fotos, Dokumenten und sonstigen Überresten und Artefakten hervorgetretene Kölner Initiative DOMiT, die sich auf Grund ihrer Entscheidung für die zukünftige Berücksichtigung auch der nicht-türkischen Migration im Jahr 2005 in DOMiD (Dokumentationszentrum und Museum über die Migration in Deutschland) umbenannte und sich seit langem als Nukleus einer zentralen Ausstellung empfiehlt. In Rheinland-Pfalz ist neuerdings ein virtuelles Museum entstanden, auch haben zahlreiche lokale Dauer- und Sonderausstellungen in Metropolen wie im Hinterland das museologische Potenzial des Themas unter Beweis gestellt. Zur festen Einrichtung wurde 2005 aber interessanterweise erst einmal das *Auswanderer*haus in Bremerhaven, das die deutsche Übersee-Emigration zum Thema hat und Aspekte aktueller (Aus-)Wanderung nur am Rande behandelt. Für das Gegenstück – ein Einwanderungsmuseum mit guter Ausstattung in einem repräsentativen

Haus – waren bisher weder die finanzielle Ausstattung noch die Unterstützung der Kulturpolitik zu bekommen.

Dass aus den Initiativen der 1990er Jahre nicht mehr geworden ist, liegt nach Ansicht des DOMiD-Vorsitzenden Aytaç Eryılmaz vor allem an finanziellen Beschränkungen und fehlendem politischen Willen. «DOMiD hat ausreichend Materialien (Dokumente, Fotos, Filme, Objekte etc.) um ein Museum zu bestücken. Leider fehlen die Räumlichkeiten und eine politische Lobby. In der Politik auf Bundes- und Landesebene gab es wenig Zustimmung für unser Vorhaben, obwohl Herr Minister Laschet und der Integrationsbeauftragte Herr Kufen[292] sich immer für ein Museum ausgesprochen und diese Idee unterstützt haben. Auch in den Bereichen Wissenschaft, Gewerkschaften und bei den Wohlfahrtsverbänden haben wir etliche Fürsprecher, die wir für unsere Idee gewonnen haben.»[293] Eryılmaz kritisiert an den nationalen historischen Museen in Berlin und Bonn, dort werde nur die «mehrheitsgesellschaftliche Sicht (staatliche Geschichtsschreibung)» dargestellt: «Dieser Teil deutscher Geschichte sollte aus dem Blickwinkel von Deutschen und Migranten zusammen reflektiert und dargestellt werden (wie in den Richtlinien der ICOM [International Council of Museums; die Autoren] gefordert wurde).»

DOMiD unterstützt diverse Stadtmuseen, die migrationsgeschichtliche Themen und Exponate in ihre Dauerausstellungen aufnehmen wollen, besteht aber darauf, «in Zukunft ein ‹eigenständiges und zentrales› Migrationsmuseum zu realisieren». Solange die Stadt Köln 1000 qm große Räumlichkeiten mietfrei zur Verfügung stellt und die Landesregierung Nordrhein-Westfalens vier feste Mitarbeiter finanziert, bleibt eine solche Chance bestehen und eine Weiterentwicklung möglich. Findbücher sollen online recherchierbar werden, und der gesamte Archivbestand von DOMiD soll ins Netz gestellt werden, so dass ein Migrationsmuseum in Köln auf jeden Fall virtuell entstehen kann.

Man kann einer solchen Initiative sicher Erfolg wünschen, sollte aber auch alternative Optionen erwägen. Warum überhaupt (noch) ein Zentralmuseum analog zu Ellis Island und Porte Dorée, in dem

Einwanderung kein Thema unter anderen ist, sondern das Zentral-
objekt selbst? Weitere Fragen stellen sich: Sollte man sich auf eine
bestimmte Spielart der Einwanderung konzentrieren wie die
Arbeitsmigration, oder allen ihren Formen von der gewaltsamen
Vertreibung über die Zwangsarbeit bis zur freiwilligen Mobilität
transnationaler Eliten widmen? Gestalten Einwanderer diese Prä-
sentationen selbst oder Museumsfachleute mit und ohne Migrationshintergrund, welche Synergien sind denkbar? Muss überhaupt
entschieden werden, ein «Museum für, von oder über Migranten»
errichten zu wollen, wie der Ethnologe Gottfried Korff nahelegt,[294]
oder kann man zugleich allen drei Aspekten gerecht werden?

Zwanzig Jahre nach den ersten Initiativen wird die «Überdeter-
mination» eines jeden denkbaren Migrationsmuseums erkennbar,
das ganz verschiedene und bisweilen schwer vereinbare Bedürf-
nisse vereinen soll.[295] Auswanderer der ersten Generation wünschen in der Regel eine Art Heimatmuseum «von, für und über
Migranten», das ein anschauliches Narrativ vom Herkunftsland
über den Transit bis in die kalte Heimat vorlegt. Es soll exempla-
rische Schicksale würdigen und deutlich machen, warum man
fortgehen musste, wie instabil die Ansiedlung letztlich war, und
eine (eventuell schmerzhafte) Bilanz ziehen. Das Symbol dieser
Erinnerungen ist und bleibt der (gepackte) Koffer.

Kinder von Migranten, in Deutschland geboren und groß
geworden, verfolgen oft ganz andere Erinnerungsinteressen. In
Fotoalben, auf Speichern und in Kellern entdecken sie die heim-
liche, weil oft verheimlichte oder verdrängte, Vorgeschichte ihrer
Existenz, erkennen sie Lebensleistung und Lebenslügen ihrer
Eltern. Vielleicht sind sie wütend oder traurig über deren fehlende
Anerkennung, kulturelle Unterordnung und politische Randstän-
digkeit. Auch die eigene Lebensform «zwischen den Stühlen» und
die nicht enden wollende, sie eher stigmatisierende Debatte um
Integration kommt hier ins Spiel.

Für Enkel und Urenkel schließlich ist die Welt der Gastarbeiter
eine ferne, unbequeme oder exotische Vor- und Frühgeschichte,
mit der sie gleichwohl als «Russen» oder «Türken» oder «Kopf-

tuchträgerinnen» identifiziert und konfrontiert bleiben, auf der Gratwanderung zwischen Aufstieg, Subkultur und Absturz. So deutet sich ein latenter Generationenkonflikt oder Familienstreit an, der in einem speziellen Migrationsmuseum thematisiert werden müsste: Würden sich die Älteren endlich als Besondere repräsentiert und anerkannt fühlen, bekämen die Jungen die ererbte Besonderheit womöglich als Makel oder Odium vorgeführt.

Migrationsmuseen haben viel mit Emotionen, Ehre und inszenierter Ethnizität zu tun. Auch für einheimische Besucher (von denen viele eine Vertriebenenbiografie haben) ist Einwanderung eine verdrängte Gegenwart, die nicht vergehen will und in multikulturellen «Freilichtmuseen» (damit meint Korff den multikulturellen Alltag in Ballungsgebieten mit hohem Migrantenanteil) präsenter ist als in Ausstellungen. Auch bei diesen Besuchern besteht die Gefahr fehlender Distanz. So müssen die Kontexte der Konfliktgeschichten um «Asylanten» oder «Islamisten» deutlich gemacht und für das Publikum Reflexionsschleifen eingebaut werden, die stereotype Bilder der Immigration dekonstruieren. Die Kunst einer musealen Aufbereitung besteht nämlich darin, einerseits die Besonderheit der ethnischen Herkünfte, geografischen Wegstrecken und Glaubensbekenntnisse angemessen herauszustellen, wie dies in ausdrücklich multikulturellen Gesellschaften geschieht, andererseits Migration nicht zum monokulturellen Quotenmerkmal zu stilisieren und Vielfalt zum Selbstzweck zu erheben. Kultursoziologisch sind Migration und Fremdheit nur Facetten einer generellen Interkulturalität moderner Gesellschaften.[296] Davon müsste man in einem Haus der Nationalgeschichte und erst recht in einem Haus der europäischen Geschichte ebenso viel mitbekommen wie in einem Haus der Immigration.

Europa als Kampfzone irregulärer Einwanderung

Über ein Migrationsmuseum wird in der breiteren deutschen Öffentlichkeit derzeit[297] nur noch sporadisch diskutiert, dabei könnte eine an den dargelegten Konfliktlinien entlang geführte Kontroverse die Richtung vorgeben, in welcher europäische Geschichte künftig geschrieben und europäische Identität gebildet werden kann – nicht mehr als Beitrag zur Nationsbildung, die Migranten stets zu Fremden ohne Geschichte degradiert, sondern als eine Geschichte mannigfacher Grenzüberschreitungen, in der erzwungene wie freiwillige Bevölkerungsbewegungen eine herausragende Rolle spielen. Und erst in dieser europäischen Gesamtschau können sich ethnische und religiöse Gegensätze relativieren, die Migration und Multikulturalität stets mit sich gebracht haben.

Der politische Charakter jeder musealen Präsentation nach Europa gerichteter Migration liegt dabei auf der Hand. Die wenigsten europäischen Gesellschaften haben die Chancen genutzt, die Migration mit sich bringt, die wenigsten haben Angehörige der zweiten und dritten Generation gefördert und angemessen in das Bildungswesen und in den Arbeitsmarkt eingegliedert. Europa ist heute konsequenterweise nur noch eine zweite oder dritte Adresse am globalisierten Marktplatz qualifizierter Arbeitskraft. Dabei ist die europäische Gesellschaft mit drastischen Folgen des demografischen Wandels, sprich mit relativer Überalterung, und hier und da sogar mit Nettoabwanderung konfrontiert – fast flehentlich versucht man nun, qualifizierte ausländische Arbeitskraft in die Alte Welt zu locken. Man setzt dabei auf ökonomische Anreize – eine *Zündapp Sport Combinette* reicht da nicht mehr aus – statt auf die viel wichtigeren «weichen Faktoren» – das sind ein generell einwanderungsfreundliches Klima, Zugänge zu ethnischen und religiösen Herkunftsgemeinschaften und Vorkehrungen gegen Diskriminierung im Alltag und Berufsleben.[298] In weiten Teilen Europas beherrschen die öffentliche Wahrnehmung aber politische Unternehmer und populistische Strömungen, die vor kultureller Überfremdung warnen, in Parallelgesellschaften Brutstätten des islamistischen Terrors erblicken und für eine verschärfte Abwehr nicht dokumentierter Einwanderung eintreten.

An diesem letzten Punkt schließt sich auch der Kreis zur europäischen Kolonialgeschichte. Denn ein guter Teil der «Illegalen» bzw. nicht-registrierten Einwanderer entstammt Afrika südlich der Sahara und anderen Regionen des Südens; sie entfliehen unter oftmals katastrophalen Begleitumständen ökonomischem Elend, Bürgerkriegswirren, politischer Tyrannei und einer grassierenden Umwelt- und Klimakrise. Embleme dieser Flucht, die oft über Tausende von Kilometern zu Fuß, auf überladenen Lkws, in unbelüfteten Containern und auf untauglichen Booten an die europäischen Enklaven in Afrika und die Strände Europas führt, sind weder «Gastarbeiter» noch «Kopftuchmädchen», es sind die Gestrandeten, die von den Küstenwachen aufgebracht, in Internierungslager verbracht und in die Heimatländer zurückexpediert werden. «Integriertes Grenzmanagement» heißt die Strategie, die Europas Grenzen an Niger und Kongo vorgeschoben hat und die Europäische Union – wie Deutschland nach seiner Vereinigung – mit «sicheren Drittstaaten» umgibt. Der Deal heißt: legale Einwanderungskontingente gegen die Bekämpfung der Illegalen in den Herkunfts- und Transitländern, europäische Entwicklungshilfe und Entschuldung für Migrationsprävention im Süden selbst. Afrika nördlich der Sahara soll zum Cordon sanitaire der EU werden.

Europa versucht sich zur Festung auszubauen, aber gerade solche Metaphern und Bilder befestigen die populistische Rede von der Immigrantenflut, die eine humanitäre Katastrophe kaschieren soll.[299] Der Löwenanteil der globalen Flüchtlings- und Migrationsbewegungen geht an Europa vorbei, die meisten Flüchtlinge verbleiben in den ärmsten Regionen des Südens. Nach seriösen Schätzungen[300] sind maximal 1,5 Prozent der europäischen Bevölkerung «Illegale», die meisten davon haben nicht die Odyssee der «Boat People» hinter sich, sondern es mit Hilfe von Schleppern und gefälschten Papieren als Touristen nach Europa geschafft, wo sie – abgesehen von verschärften Krisenzeiten – als Arbeitskräfte hochwillkommen sind und schamlos ausgebeutet werden.

Auch eine museale Aufbereitung von Migration muss diese aktuellen Entwicklungen und ihre historischen Vorläufer und Vorgeschichten in den Blick nehmen. Sie muss die menschenverachtende Dimension der europäischen Abschottung und der Komplizenschaft südlicher Länder thematisieren, wie in dem exemplarischen Reisebericht des aus Kamerun stammenden Georges N.,[301] ohne in eine Mystifizierung und Idealisierung der Migranten zu verfallen. Dagegen wendet sich exemplarisch die senegalesische Nichtregierungsorganisation *Women's Association Against Illegal Migration*, die junge Männer von der Odyssee nach Europa abzubringen versucht.[302] Charlotte Wiedemann hat die Mythen der Migration auf den Punkt gebracht, deswegen sei ihre Bewertung ausführlich zitiert:

«So nährt eine verhängnisvolle Allianz die Sucht, bloß wegzukommen: ruchlose Schlepper, geldgierige Marabouts, larmoyante Oberklassen und eitle, kurzsichtige Dorfchefs, die endlich auch eine so große, prächtige Moschee aus Migrantengeld haben wollen, wie sie bereits im Nachbardorf steht. Gewiss, Migration bewirkt viel Positives. Die Überweisungen der Migranten, mit weltweit 337 Milliarden US-Dollar viel höher als die offizielle Entwicklungshilfe, ernähren Millionen Familien, lindern Armut, versorgen viele Dörfer mit dem Nötigsten. Aber es ist eine Hilfe ohne politisches Mandat, sie lindert, schafft keine kollektive, nachhaltige Perspektive für die nächste Generation. Und dass mehr staatliche Entwicklungshilfe Migration überflüssig machen würde, ist wiederum ein Mythos – gut gemeint, aber wissenschaftlich nicht haltbar. […] Europa hat der Migration den Krieg erklärt. Manche junge Migranten sehen sich reziprok als Kämpfer, als Soldaten in diesem Krieg. Ihre verunglückten Kameraden nennen sie ‹Gefallene›. Doch aus der Parole ‹Europa oder der Tod!› spricht eine entsetzliche Resignation; sie ist eine Bankrotterklärung Afrikas. Die Schlacht müsste anderswo geschlagen werden. Wenn die jungen Leute mit der Kraft, dem Wagemut und der Hartnäckigkeit, die sie durch die Sahara und über die Meere treibt, ihren Regierungen entgegenträten, um ein Leben zu fordern, das es wert ist, nicht auf See weggeworfen zu werden.»[303]

In diesem Licht wird die Migration von einem scheinbar peripheren zu einem ganz zentralen Gebiet im europäischen Erinnerungsraum. Die reichen Länder gieren aus ökonomischen Gründen nach (hoch)qualifizierter Arbeitskraft aus dem globalen Süden, zugleich schotten sie sich aus sicherheitspolitischen Erwägungen und aus kultureller Überfremdungsangst ab. Die Arbeitsmigration nach Europa changierte stets zwischen Zwang und Freiwilligkeit, zwischen Chance und Sachzwang. In Deutschland wie in der Sowjetunion hat der Einsatz von «Fremdarbeitern» eine fatale und in der Aufarbeitung der Vergangenheit am längsten aufgeschobene Geschichte; beide totalitären Regime haben massenhaft Zwangsarbeit eingesetzt und hier wiederum – neben «Abweichlern» und «Asozialen» aus der eigenen Volks- und Klassengemeinschaft – auf die Arbeitskraft in den Bloodlands zurückgegriffen. Während die arischen «Herrenmenschen» sich durch Arbeit angeblich adeln konnten und die Avantgarden der Diktatur des Proletariats einen Mythos produktiver Arbeit sponnen, wurden Millionen durch Arbeit erniedrigt, gequält, vernichtet.

Der Grund für die Verdrängung des Themas in Deutschland dürfte sein, dass Zwangsarbeit ein öffentliches Verbrechen war, das der Staat organisierte und die Volksgemeinschaft bereitwillig unterstützte, weil vermeintlich Arbeitsscheue zur Besserung gebracht wurden. Das sowjetkommunistische Unterdrückungssystem beruhte bereits in Friedenszeiten auf Zwangsarbeit in den Lagern des «Archipel GULag», in die Millionen sogenannte Klassenfeinde, Kriegsgegangene und Besiegte sowie Angehörige missliebiger Minderheiten deportiert wurden. Zwangsarbeit war ein Eckstein der forcierten Industrialisierung; im und nach dem Zweiten Weltkrieg wurden Hunderttausende deutscher Kriegsgefangene und Zivilisten aus den von der Sowjetunion besetzten Gebieten nach Sibirien verschleppt. Auch in der Sowjetunion kam ein großer Teil durch Mangelernährung, Seuchen, Überanstrengung, Kälte und fehlende Hygiene in den Lagern und auf Transporten ums Leben. Die Existenz der «Besserungsarbeitslager», die auf Vorläufer im zaristischen Russland zurückgehen, wurde offiziell verheimlicht, war aber den Bewohnern der Sowjetunion als Damoklesschwert bekannt, das bei leichtesten Verfehlungen und bei Denunziation über ihnen schwebte. Eine zunächst internationale Debatte wurde durch oppositionelle Schriftsteller in der poststalinschen Tauwetterperiode und vor allem mit dem literarischen Werk Alexander Solschenizyns ausgelöst. Dokumentation, Ahndung und Aufarbeitung des Lagersystems sind bis heute unvollständig, der schon erwähnte Opfermythos lässt selbst Betroffene der stalinistischen Repression an dieser Tabuisierung teilhaben. Dabei landeten russische Zwangsarbeiter, die die Nazi-Lager überlebt hatten, regelmäßig in «Filtrationslagern», wurden als Verräter verhöhnt und diskriminiert und endeten oft im GULag.

Dass die Entschädigung der überlebenden Zwangsarbeiter in Deutschland im großen Stil erst um 2000 begann (als das Gros der Betroffenen schon tot oder sehr alt war) und dass in Russland ihnen in der großen Öffentlichkeit nicht einmal rhetorisch Gerechtigkeit zuteil geworden ist, dürfte nicht nur an der unheilvollen Tradition der «Strafe durch Arbeit» und an der Radikalisierung dieses Prinzips zwischen 1930 und 1960 gelegen haben, sondern auch daran, dass es eine Tiefenschicht der europäischen Arbeitsgesellschaft aufruft, die mit Disziplin und Kontrolle zu tun hat und durch die Solidaritätsziele der Arbeiterbewegung niemals wirklich aufgebrochen worden ist. Dies zu erinnern, ist gerade dann angebracht, wenn sich der Diskurs über Migration wieder auf Gesichtspunkte der Nützlichkeit (und eben der «unnützen» Kehrseite) zu verengen droht.

Nachzutragen bleibt, was aus Rodrigues de Sá geworden ist. Er soll zuletzt in einer Zementfabrik in Blaubeuren gearbeitet haben, wo er magenkrank wurde und sich seine Krankheit durch einen Betriebsunfall verschlimmerte. Bei einem Heimaturlaub in Portugal wurde ein Tumor festgestellt, für dessen Behandlung die Familie alles ersparte Geld ausgab, da sie nicht wusste, dass ein Gastarbeiter krankenversichert ist. 1979 verstarb Rodrigues de Sá im Alter von nur 53 Jahren. Dazu erschien kein Nachruf in einer deutschen Zeitung. Erst die Ausstellung des Mopeds bescherte ihm einen gewissen Nachruhm.

Ausblick: Ein Haus der Geschichte
Wie Europa politische Identität gewinnen kann

Am 15. Dezember 2008 beschloss das Präsidium des Europäischen Parlaments auf Initiative seines damaligen Präsidenten Hans-Gert Pöttering (EVP/CDU) die Errichtung eines *Hauses der Europäischen Geschichte* in Brüssel. Dort, wo Kommission, Ministerrat und Parlament der EU am häufigsten tagen und im öffentlichen Bewusstsein am ehesten Europas Mitte zu finden ist, soll – ganz im Sinne Pierre Noras, nur eben auf supranationaler Ebene – ein Erinnerungsort inszeniert und institutionalisiert werden, der «vorgängig» das gemeineuropäische Wir-Gefühl stärkt. Das Konzept des neunköpfigen Sachverständigenausschusses unter der Leitung von Hans Walter Hütter, dem Präsidenten der «Stiftung Haus der Geschichte der Bundesrepublik Deutschland»,[304] regt ein «modernes Ausstellungs-, Dokumentations- und Informationszentrum» an, dessen inhaltlicher Schwerpunkt im 20. Jahrhundert, insbesondere der «Friedensphase seit Ende des Zweiten Weltkrieges» liegen soll. Die «Wurzeln Europas», das Mittelalter und die Frühe Neuzeit sollen nur in groben Linien und anhand entscheidender Weichenstellungen thematisiert werden. Der Fokus soll stets auf Gesamteuropa liegen, nicht auf nationalen oder regionalen Einzelgeschichten. Vorgesehen sind neben einer chronologisch angelegten Dauerausstellung Wander- und Wechselausstellungen.

Nach der Zustimmung des Parlamentspräsidiums wurden ein wissenschaftlicher Beirat und ein Kuratorium eingesetzt, die im Mai 2009 erstmals zusammentraten.[305] Im Sommer 2009 wurde der Architekturwettbewerb für die Gestaltung des Eastman-Gebäudes am Léopold-Park in Brüssel ausgelobt;[306] im März 2010 wurden Stellen für den wissenschaftlichen Aufbaustab ausgeschrieben.[307] Der Aufbau des *Hauses der Europäischen Geschichte* ist also im Gange, die Chancen, dass es (wie geplant) im Jahr 2014 eröffnet werden kann, stehen gut.

Bisher ist dieser Prozess beinahe vollständig von oben, ohne die Beteiligung der Öffentlichkeit organisiert worden. Abgesehen von der Konsultation des Kultur- und Haushaltsausschusses im Europäischen Parlament wurde bislang nur ein kleiner, internationaler Historikerkreis einbezogen. Koordination und Planung liegt in erster Linie in den Händen des Parlamentspräsidiums und den hauptsächlich mit externer Expertise besetzten Gremien, die unter Ausschluss der Öffentlichkeit tagen. Entsprechend mager war die Medienresonanz, eine breite öffentliche Debatte über die Konzeption, Organisation und generelle Notwendigkeit dieser womöglich bahnbrechenden Institution blieb aus. Lediglich in Polen und vereinzelt in anderen europäischen Staaten haben sich kritische Stimmen erhoben.

Warum redet nur eine kleine Politiker- und Historikerelite hinter verschlossenen Türen über Europas Geschichte? Vielleicht hatten die Initiatoren Angst vor einer Neuauflage der nationalen oder binationalen Denkmal- und Museumsdebatten – man denkt an jahrelange und erbitterte Kontroversen um das Berliner *Zentrum gegen Vertreibung*, das *Holocaust-Mahnmal* in Berlin und das *Haus des Terrors* in Budapest. Dafür kann man sogar Verständnis aufbringen angesichts der bedingten Reflexe, die etwa aus Polen kamen: Die Rolle des Christentums und der Einfluss klerikaler Strukturen würden vernachlässigt, von einem «Orwellschen Eingriff in die Erinnerung Europas» war die Rede.[308] Erwartungsgemäß sah auch Rudi Pawelka, Bundesvorsitzender der Landsmannschaft Schlesien, beim Thema Vertreibung deutsche Interessen nicht angemessen berücksichtigt.[309]

Einen Vorgeschmack der populistischen Aufwallungen, die solche Projekte regelmäßig auslösen, gab der europaskeptische, ehemalige britische Europaparlamentsabgeordnete Thomas Wise (2004 bis 2007 Fraktionsmitglied der United Kingdom Independence Party und 2007 bis 2009 fraktionsloser Abgeordneter): «Vor vielen Jahren sagte mir mein Geschichtslehrer: Gewinner des

Krieges schreiben Geschichte. Ich fürchte, dass das Projekt genutzt wird, um Geschichte neu zu schreiben.» Noch deutlicher wurde Wise auf seiner Homepage: «[S]o I am afraid to say taxpayers' money will be lavishly wasted on what is a blatant propaganda ploy. [...] It appears that the European elite are determined to force upon us their idea of a European identity. I have no idea what that identity is supposed to be but it should be noted that it is strongly encouraged when at the same time any sign of national identity is portrayed as something destructive and dirty.»[310]

Es kam auch konstruktivere Kritik: Ende 2008 legten elf Europaparlamentarier aus verschiedenen EU-Mitgliedsstaaten und unterschiedlichen Fraktionen eine Liste mit 22 Kritikpunkten am Museumskonzept[311] vor. Darin wurden die unklare Finanzierung angesprochen und die Rolle der antiken griechischen Philosophie, des Römischen Rechts und des Christentums für die europäische Geschichte betont, aber zugleich hervorgehoben: «These remarks are not aimed at derailing the House of European History project but, on the contrary, at making it a fulfilment of the demand for an institution that would shape a well balanced common historical memory of the Europeans.»[312] Dazu wünschten sie explizit eine öffentliche Debatte. Der polnische Philosoph und Germanist Karol Sauerland wunderte sich umso mehr, «dass die neun Mitglieder des Ausschusses [des Sachverständigenausschusses, CL/AL] mit dem Papier nicht an die Öffentlichkeit getreten sind»,[313] und im Museumsblog «Kulturelle Welten» schrieb der erfahrene Ausstellungsmacher Jörn Borchert: «Das Vorbereitungskomitee macht es einem nicht gerade leicht, auf dem Laufenden zu bleiben. Seine Informationspolitik ist eher defensiv angelegt. Was hat das zu bedeuten? Nichts Gutes. Es bedeutet nur, dass man sich bemüht, uns Bürgern der EU Informationen über das Fortschreiten des Projektes vorzuenthalten. Vermutlich aus gutem Grund. Bloß keine Diskussion aufkommen lassen.»[314]

Dass drei Jahre nach der Formulierung der Idee noch keine Pressekonferenz stattgefunden hat und die ansonsten übliche

Internetpräsenz erst zu einem späteren Zeitpunkt eingerichtet werden soll, begründete Hans-Gert Pöttering uns gegenüber so: «Wenn wir jetzt die thematische Debatte bis in jedes Detail führen würden, bevor wir das Fundament gelegt haben, dann zerstören wir das Fundament. Und deswegen ist es wichtig, dass man immer Schritt für Schritt vorgeht und nicht den zweiten Schritt vor dem ersten tut.»[315] Hier setzt unsere Anregung für das weitere Vorgehen an: Ein europäisches Wir-Gefühl wird sich kaum herausbilden, wenn den Bürgerinnen und Bürgern der EU «top-down» ein Museum vorgesetzt wird, in dessen Erörterung und in die Entscheidung darüber lediglich Expertenkreise einbezogen wurden. Die Herausbildung eines europäischen Wir-Gefühls hängt maßgeblich von der Entstehung einer gemeinsamen Öffentlichkeit und der Einbindung der Zivilgesellschaft ab, und europäische Orte, von denen nur eine kleine Elite weiß, können dazu sicher keinen Beitrag leisten.[316] Politische Identität entsteht durch staatsbürgerliche Mitwirkung und Mitgestaltung. Gerade konfliktträchtige Kommunikationsereignisse stellen transnationale Öffentlichkeiten her,[317] wobei in den Worten einer Europaabgeordneten «gemeinsam gerade nicht heißt, dass es dasselbe Verständnis ist, sondern dass man sich über Konflikte, Kriege, Verletzungen, Wünsche, Hoffnungen, Zukunftserwartungen auf zivile Art verständigen kann».[318]

Wir haben eingangs die sozial integrativen Potenziale von «gehegten» Konflikten betont.[319] Wenn die gängige Rede von einer kollektiven Identität Sinn ergeben soll, ist es «die akkumulierte Erfahrung überstandener dramatischer Konflikte, in deren Folge sich dieses Bewusstsein eines gemeinsam geteilten gesellschaftlichen Raumes herausbildet».[320] Ein europäisches Wir-Gefühl kann demnach allein durch die öffentliche Bearbeitung konkurrierender nationaler europäischer Geschichtsnarrative entstehen. Denn moderne demokratische Gesellschaften haben «keine überpolitischen Autoritätsquellen, die allen irdischen Streits enthoben sind, sie müssen sich durch eine permanente Infragestellung ihrer selbst behaupten.»[321]

Genau hierin läge unseres Erachtens die Chance für ein *Haus der Europäischen Geschichte.* Folgt man der überzeugend begründeten These, dass europaweite öffentliche Kommunikation dann anzutreffen ist, «wenn in einem anonymen europäischen Massenpublikum *zur gleichen Zeit die gleichen (europapolitischen) Themen unter gleichen Relevanzgesichtspunkten* kommuniziert werden, wenn also in diesem anonymen Massenpublikum Prozesse der Meinungs- und Willensbildung über strittige Themen in Gang kommen»,[322] bleibt das Brüsseler Haus bislang weit entfernt von seinen Möglichkeiten, öffentliche Kommunikation und damit auch ein europäisches Wir-Gefühl zu generieren. Wenn die Forderung nach einer kollektiven Identitätsstiftung ernst gemeint ist, muss den Initiatoren des Projektes am gepflegten Streit in einer europaweiten Öffentlichkeit gelegen sein. Dann könnte das Brüsseler Museum schon vor der Eröffnung zu einem gesamteuropäischen Erinnerungsort aufsteigen.

Auch die Gestaltungsidee kann nicht nur die Summe herkömmlicher nationaler Geschichtsmuseen in offizieller oder offiziöser Mission sein. Die Bedingungen für eine erfolgreiche erinnerungskulturelle und -politische Arbeit haben sich, wie in diesem Buch dargelegt, erheblich verändert:

– Zum Kerngedenken an den Holocaust ist in Ostmitteleuropa, darunter in den neuen Bundesländern, die Erinnerung an die totalitäre Erfahrung unter der sowjetischen Herrschaft getreten;

– die Thematisierung der Vertreibungsopfer (auch unter der deutschen Bevölkerung) hat den Blick auf den Zweiten Weltkrieg und seine Folgen verändert;

– Menschenrechtserziehung und die Befunde der vergleichenden Genozidforschung stellen neue Anforderungen an die Museums- und Gedenkstättenarbeit;

– die Einwanderung der ersten bis vierten Generation bettet die Wahrnehmung und Bewertung europäischer Erinnerung transnational und multikulturell ein;

– neue Praktiken und Kulturen der Mediennutzung machen tra-

ditionellen musealen Vermittlungsformen Konkurrenz;
- private und öffentliche Formen der Erinnerung stehen in Deutungs- und Authentizitätskonkurrenzen;
- die Zeitzeugen der frühen europäischen Integration sterben, womit der direkte lebensweltliche Zusammenhang abreißt und eine neue Phase der Historisierung eintritt.

Für eine reflexive Erinnerungskultur sind reine Identitätsbeschwörungen ebenso kontraproduktiv wie Ansprüche auf überzeitliche Gültigkeit der Inhalte. *Die* gültige Form des Erinnerns und Gedenkens gibt es nicht, Erinnerung wird nach Erfordernissen der Gegenwart umgeschrieben, und das Gedenken folgt diesen Umschriften in einem gemessenen Abstand.

Genau in diesem Sinn ist die öffentliche Erinnerungskultur eine zivilgesellschaftliche Angelegenheit. Ihr Bezugspunkt ist die Gegenwart, nicht die Vergangenheit. Ein *Haus der europäischen Geschichte* müsste also etwas darüber aussagen, wie man heute als Europäerin und Europäer in einer veränderten Weltgesellschaft tätig werden kann. Dazu trägt eine aus den Quellen von Abendland bis Aufklärung schöpfende Teleologie wenig bei, und eine auf die genozidale Geschichte des 20. Jahrhunderts ausgerichtete Fokussierung nur dann, wenn nicht allein die negativen Lehren historischer Extremereignisse präsentiert werden. Wer sich mit dem Schlachtfeld Europa befasst, muss jenseits leicht zustimmungsfähiger Universalnormen partikulare und kontextbezogene Verantwortung stärken. Soziale Lernorte müssen bei den Besucherinnen und Besuchern Vertrauen in die Ausgestaltungsmöglichkeiten eigener Handlungsspielräume erwecken und bestärken. Einige Geschichtsmuseen bleiben in ihrer pädagogisch-didaktischen Ausrichtung häufig hinter vielen naturwissenschaftlichen Lernorten zurück, obwohl es in ersteren doch viel stärker um gesellschaftliche Kompetenzen und Kulturtechniken gehen sollte.[323]

In unserem Buch ging es nicht um die Herausbildung einer kollektiven Identität Europas durch einen inhaltlich vorbestimmten Konsens über die Traditionen des Kontinents.[134] Wir haben anhand von strittigen Erinnerungen vor allem an der europäischen Peripherie Chancen und Kristallisationspunkte einer stets variablen und offenen *politischen* Identität der größeren Europäischen Union herausgearbeitet und argumentiert, dass dieser Prozess für die europäische Integration, Solidarität und Handlungsfähigkeit nach innen und außen ebenso wichtig ist wie die ökonomischen Grundlagen des gemeinsamen Marktes und der Währung, die politischen Institutionen der Gesetzgebung, Exekutive und Gerichtsbarkeit und die Erlebniswelt einer Freizügigkeit im Reiseverkehr, der sich heute ohne Grenzkontrollen von Lappland bis in den Alentejo und (demnächst) an die Schwarzmeerküste erstreckt.

Dieser konkreten Europa-Utopie wohnt kein Automatismus, kein historisches Telos inne. Die neuralgischen Punkte haben wir benannt: Das Nachleben der politisch-militärischen Frontstellung des Kalten Krieges, wie man es in Estland und in der Ukraine erleben kann, die Aggressivität des ethnonationalistischen Weltbildes, das Jugoslawien in die Katastrophe geführt hat und nationalpopulistische Parteien, Bewegungen und Medienkampagnen in ganz Europa verbreiten, ein patriarchalisches Konzept der Ehre, das kulturellen und religiösen Pluralismus unterläuft und die Verankerung eines säkularen Islam behindert, das Phantasma der Überfremdung durch Einwanderung, verbunden mit rassischen Überlegenheitsgefühlen gegenüber den ehemaligen Kolonien. Dies sind die Angstbilder, die Europa lähmen und seine Nationen und Schichten auseinander treiben.

Man wird dieser Ängste nicht Herr, indem man europäisches Geschichtsbewusstsein an authentischen oder inszenierten Orten verordnet, auch nicht, wenn man unliebsame Geschichtsbilder, Revisionsversuche und ethisch skandalöse Verleugnungen durch «Geschichtsgesetzgebung» abwürgt und unter Strafe stellt. Eine selbstbewusste europäische Gesellschaft kann auch Zerrbilder der eigenen Vergangenheit aushalten, und wir stellen uns Leserinnen und Leser dieses Buches vor, die den Prozess der europäischen Selbstaufklärung im 21. Jahrhundert selbstbewusst, nüchtern und zukunftsorientiert vorantreiben.

Koautorenschaft und Danksagung

Besonderen Dank schulden wir Marcel Siepmann, Johanna Hoppen, Lina Klymenko und Eva Schwab für umfangreiche Recherchen und die Durchsicht des Manuskripts; für wichtige Anregungen danken wir Felix Münch und Matthias Wettlaufer. Anne Lang hat die wesentlichen Recherchen und Ausformulierungen zu den Abschnitten über das Projekt *Haus der Europäischen Geschichte* und den Holodomor geleistet, das gesamte Manuskript ist von ihr mitgestaltet worden.

Anmerkungen

1 Dazu Remi Brague, Europa, eine exzentrische Identität, Frankfurt am Main 1993; Wolfgang Schmale, Geschichte und Zukunft der Europäischen Identität, Stuttgart 2008; Bo Strath (Hg.), Europe and the Other and Europe as the Other, Brüssel 2000 und Julian Nida-Rümelin/Werner Weidenfeld (Hg.), Europäische Identität: Voraussetzungen und Strategien, Baden-Baden 2007 sowie Jan-Werner-Müller, Verfassungspatriotismus, Berlin 2010. Vgl. Thomas Meyer, Die Identität Europas. Der EU eine Seele?, Frankfurt am Main 2004. Sozialwissenschaftliche Beiträge zu einer neuartigen Europawissenschaft sind: Gunnar Folke Schuppert u. a. (Hg.) Europawissenschaft, Baden-Baden 2005; Maurizio Bach, Europa ohne Gesellschaft. Politische Soziologie der Europäischen Integration, Wiesbaden 2008; Monika Eigmüller/Steffen Mau (Hg.), Gesellschaftstheorie und Europapolitik, Wiesbaden 2010.

2 Das deutsche Wort «geteilt» umfasst die im Englischen unterschiedenen Begriffe «shared» und «divided».

3 Vgl. Jorge Semprún, Niemand wird mehr sagen können: «Ja so war es», 14. April 2005, zit. nach ZEIT-*Online, Kultur, No. 16*, http://www.zeit.de/2005/16/BefreiungBuchenw_

4 Siehe dazu Dieter Grimm, Der Mangel an europäischer Demokratie, in: Der Spiegel, 43/1992, S. 57–58 und ders., Does Europe Need a Constitution?, in: European Law Journal 1 (1995), S. 282–303; dagegen Jürgen Habermas, Remarks on Dieter Grimm's ‹Does Europe Need a Constitution?›, in: ebda., S. 303–307 und Joseph Weiler, Does Europe Need a Consitution? Reflections on Demos, Telos and the German Maastricht Decision, in: ebda., S. 219–258. Ähnlich Hagen Schulze, Staat und Nation in der europäischen Geschichte, München 2004, S. 318 ff. Vgl. aus soziologischer Sicht Klaus Eder, Integration durch Kultur? Das Paradox der Suche nach einer europäischen Identität, in: Reinhold Viehoff/Rien T. Segers (Hg.), Kultur – Identität – Europa, Frankfurt am Main 1999, S. 147–179.

5 Solche Auffassungen durchziehen die politische Publizistik beispielsweise in England und Polen, exemplarisch dazu eine ältere Publikation von Tony Judt, Große Illusion Europa. Herausforderungen und Gefahren einer Idee, München/Wien 1996.

6 S. dazu aber vor allem S. 63 ff., vgl. auch Stefan Troebst, «1945» als europäischer Erinnerungsort?, in: Katrin Hammerstein u. a. (Hg.), Aufarbeitung der Diktatur – Diktat der Aufarbeitung? Normierungsprozesse beim Umgang mit diktatorischer Vergangenheit, Göttingen 2009, S. 195–204.

7 Dazu Mark Mazower, Dark Continent: Europe's Twentieth Century, New York 1998 und Tony Judt, Geschichte Europas von 1945 bis zur Gegenwart, Frankfurt am Main 2009, außerdem verweisen wir auf Alexander Kluges Roman Schlachtbeschreibung, Olten/Freiburg 1964. Abgedruckt auch in: ders., Chronik der Gefühle, Bd. 1: Basisgeschichten, Frankfurt am Main 2000, S. 509–793.

8 Dazu jetzt Christian Meier, Das Gebot zu vergessen und die Unabweisbarkeit des Erinnerns: Vom öffentlichen Umgang mit schlimmer Vergangenheit, Berlin 2010.

9 Zum Begriff vgl. den Überblick des International Center for Transitional Justice: http://www.ictj.org/en/tj/, ferner Naomi Roht-Arriaza/Javier Mariezcurrena (Hg.) Transitional Justice in the Twenty-First Century: Beyond Truth versus Justice, Cambridge/Mass. 2006; Susanne Buckley-Zistel, Transitional Justice, Berlin 2007; Martha Minow, Between Vengeance and Forgiveness. Facing History after Genocide and Mass Violence, Boston 1998.

10 Präsentation auf der Konferenz European Identity and the Politics towards the Repressive Past in Madrid, Mai 2010, vgl. auch Stathis N. Kalyvas/Ian Shapiro/Tarek Massoud (Hg.), Order, Conflict, Violence, New York 2008.

11 Alle Friedensverträge nach Kriegen und Bürgerkriegen haben bis ins 20. Jahrhundert hinein entsprechende Klauseln enthalten. Meier (Anm. 8) hat am Vorbild der antiken Amnestiepraxis das Vergessen plausibel und zugleich am Exempel von Auschwitz die Unabweisbarkeit der Erinnerung deutlich gemacht. Das Problem liegt jeweils in der transitiven Form: Erinnern und Vergessen sind spontane Vorgänge des Gedächtnisses; erst andere erinnern oder sie vergessen lassen, bewirkt die Aporien und Verstörungen, die Meier in einem fast lakonischen Durchgang von der ganz alten bis zur jüngsten Geschichte darlegt. Vgl. auch Harald Welzer/Hans J. Markowitsch (Hg.), Warum Menschen sich erinnern können. Fortschritte in der interdisziplinären Gedächtnisforschung, Stuttgart 2006.

12 Vgl. Die Zeit, 15. Mai 2010 und El País, 15. Mai 2010.

13 Wir verwenden das Konzept des europäischen Bürgerkriegs weder wie der rechtsgeneigte Ernst Nolte (Der europäische Bürgerkrieg 1917–1945. Nationalsozialismus und Bolschewismus, 4. Aufl., Frankfurt am Main 1989) noch wie der linksgeneigte Enzo Traverso (Im Bann der Gewalt. Der europäische Bürgerkrieg 1914–1945, München 2008), sondern im Sinne eines europäischen Kommunikationsraumes für die nationale Grenzen überschreitenden Konfliktarenen.

14 Vgl. Christoph Cornelißen/Lutz Klinkhammer/Wolfgang Schwentker (Hg.), Erinnerungskulturen. Deutschland, Italien und Japan im Vergleich seit 1945, Frankfurt am Main 2003 und Troebst (Anm. 6).

15 Vgl. dazu jetzt Timothy Garton Ash, Jahrhundertwende. Weltpolitische Betrachtungen 2001–2010, München 2010. Vgl. auch Stefan Troebst

(Hg.), Postdiktatorische Geschichtskulturen im Süden und Osten Europas. Bestandsaufnahme und Forschungsperspektiven, Göttingen 2010.

16 Mit 553 Ja-, 44 Nein-Stimmen und 33 Enthaltungen nahm das Europäische Parlament am 2. April 2009 eine Entschließung «zum Gewissen Europas und zum Totalitarismus» an (http://uese.eu/upld/atc/uese_60.pdf). Der 23. August soll gesamteuropäischer Gedenktag werden. Damit bekunden die Abgeordneten ihren «Respekt für sämtliche Opfer totalitärer und undemokratischer Regime in Europa und bezeugen ihre Hochachtung denjenigen, die gegen Tyrannei und Unterdrückung gekämpft haben». Ziel sei, zu einer gemeinsamen Sicht der Geschichte zu gelangen. Gefordert wird auch die Errichtung einer «gesamteuropäischen Gedenkstätte für die Opfer aller totalitären Regime», die Einrichtung eines Dokumentationszentrums, die Öffnung aller Archive und die Intensivierung der Bildungsanstrengungen in Schulen. Dazu die kritische Stellungnahme von Yehuda Bauer, Memo to the ITF on Comparisons between Nazi Germany and the Soviet regime, o.O, Ms. 2009 (abrufbar unter www. erinnern.at). Der Antrag ist auch unter deutschen Gedenkstätten-Experten umstritten. Zum Hintergrund vgl. das Themenheft Osteuropa «Der Hitler-Stalin-Pakt. Der Krieg und die europäische Erinnerung», Jg. 59, 7-8/2009 und den jüngsten EU-Report (Anm. 324).

17 Ein prominenter Vertreter dieser These ist Ex-Bundeskanzler Helmut Schmidt in seinen publizistischen Beiträgen, etwa in einem ARD-Auftritt am 1. 8. 2010.

18 Erste Versionen dieses Abschnitts hat der Verfasser als Projektleiter im SFB Erinnerungskulturen an der Justus-Liebig-Universität Gießen entwickelt, die in den Zeitschriften Eurozine, Blätter für deutsche und internationale Politik und in Social Research veröffentlicht und an verschiedenen Stellen vorgetragen wurden, vgl. auch Manfred Gieger/Ulrike Gutzmann/Dirk Schlinkert (Hg.), Die Zukunft der Erinnerung. Eine Wolfsburger Tagung, Wolfsburg 2008. Wir danken allen Kollegen und Kolleginnen für ihre Anregungen, insbesondere Stefan Troebst, Siobhan Kattago, Heidemarie Uhl und Wolfgang Schmale für konstruktive Kritik in: Christoph Bieber/Benjamin Drechsel/Anne Lang (Hg.), Kultur im Konflikt. Claus Leggewie revisited, Biefeld 2010, S. 29–64.

19 Im christlichen Kalender liegt der Tag jeweils im April/Mai.

20 Als erste europäische Länder führten Großbritannien und Italien den Gedenktag ein, die Bundesrepublik Deutschland folgte 1996. Öffentliche Gebäude werden auf Halbmast beflaggt, es finden Trauerfeierstunden, Lesungen, Gottesdienste und Bildungsveranstaltungen statt. 2010 sprach Israels Staatspräsident Shimon Peres im Deutschen Bundestag, vgl. www.bundestag.de/kulturundgeschichte/geschichte/gastredner/peres/rede.html. Zur Internationalisierung durch die Vereinten Nationen seit 2005 www.un.org/holocaustremembrance/emainpage.shtml, und www.ushmm.org/museum/exhibit/focus/auschwitz/.

21 Harald Schmid, Europäisierung des Auschwitzgedenkens? Zum Aufstieg des 27. Januar 1945 als «Holocaustgedenktag» in Europa, in: Jan Eckel/Claudia Moisel (Hg.), Universalisierung des Holocaust? Erinnerungskultur und Geschichtspolitik in internationaler Perspektive, Göttingen 2008, S. 174–202.

22 Timothy Garton Ash, Mesomnesie. Plädoyer für ein mittleres Erinnern, in: Transit Winter 2001/2002, S. 32–48, hier S. 33.

23 Bei einem Pogrom im Juli 1946 wurden 42 jüdische Holocaust-Überlebende vom Mob getötet und weitere 80 verletzt, vgl. dazu Jan T. Gross, Fear: Anti-Semitism in Poland After Auschwitz, New York 2006 und FAZ, 10.6.2010.

24 Exemplarisch zeigt dies die hitzige Debatte um das Buch von Jan Gross, Nachbarn. Der Mord an den Juden von Jedwabne, München 2001.

25 Harald Welzer (Hg.), Der Krieg der Erinnerung: Holocaust, Kollaboration und Widerstand im europäischen Gedächtnis, Frankfurt am Main 2007; Johannes Hürter/Jürgen Zarusky (Hg.), Besatzung, Kollaboration, Holocaust: neue Studien zur Verfolgung und Ermordung der europäischen Juden, München 2008 (Schriftenreihe der Vierteljahreshefte für Zeitgeschichte, Bd. 97).

26 http://www.bundestag.de/presse/pressemitteilungen/2010/pm_1001 227.html.

27 Vgl. die tageszeitung, 25.5.2010. Es versteht sich von selbst, dass der Hinweis auf Kollaboration nicht zur Exkulpation der deutschen Verbrechen dienen darf.

28 Nach dem klassischen Zitat von Theodor W. Adorno, Erziehung nach Auschwitz, in: Stichworte. Kritische Modelle 2, Frankfurt am Main 1969, S. 85–101, hier S. 85.

29 Der deutsche UNIFIL-Flottenverband übernahm die Überwachung der libanesischen Seegrenzen.

30 Prononciert dazu Alfred Grosser, Von Auschwitz nach Jerusalem, Reinbek b. Hamburg 2009.

31 Wir verweisen hier auf die regelmäßigen Erhebungen des Zentrums für Antisemitismusforschung/Berlin und von Wilhelm Heitmeyer (Hg.), Deutsche Zustände, Frankfurt am Main 2002 ff.

32 Vgl. Doron Rabinovici/Ulrich Speck/Natan Sznaider (Hg.), Neuer Antisemitismus? – Eine globale Debatte, Frankfurt am Main 2004.

33 Vgl. John Mearsheimer/Stephen Walt, The Israel Lobby, in: London Review of Books, 28/2006., 6, S. 3–12, ferner Tony Judt, Israel: The Alternative, in: New York Review of Books 60/2003 S. 16.

34 Vgl. die Erhebungen und Berichte der Europäischen Stelle zur Beobachtung von Rassismus und Fremdenfeindlichkeit (EUMC) in Wien (1997 ff.), die 2007 durch die Errichtung einer EU-Agentur für Grundrechte ersetzt worden ist.

35 Zum Bundesverfassungsgerichtsurteil von 1994 vgl. Az. 1 BvR 23/94,

veröffentlicht in: BVerfGE 90, 241; zur EU -Richtlinie von 2008, dort auch die Fassungen der verschiedenen Lesungen.

36 Zur strafrechtlichen Ahndung der Holocaustleugnung allgemein vgl. Horst Meier, Das Strafrecht gegen die «Auschwitzlüge», in Merkur 48 (1994), 549, S. 1128–1132 und ders., Rechtskolumne. Holocaustgedenken und Staatsräson, in: Merkur 59 (2005), 280, S. 1167–1172. Zur Frage des Einschlusses der Leugnung sowjetkommunistischer Verbrechen vgl. MEP's: ban hammer, sickle and swastika, in: Baltic Times, 3–9, März 2005, S. 1. Eine übersichtliche Synopse mit Quellenangaben zu den Originaldokumenten unter http://de.wikipedia.org/wiki/Gesetze_gegen_Holocaustleugnung.

37 Vgl. Rat der Europäischen Union, Justiz und Inneres, Beschluss vom 19./20. April 2007, unter https://www.consilium.europa.eu/uedocs/News Word/de/jha/93799.doc.

38 Dazu jetzt: Bettina Greiner, Verdrängter Terror. Geschichte und Wahrnehmung sowjetischer Speziallager in Deutschland, Hamburg 2010.

39 Die Thematik wird angeschnitten bei Stefan Troebst, Jalta versus Stalingrad, GULag versus Holocaust. Konfligierende Erinnerungskulturen im größeren Europa, in: Bernd Faulenbauch/Franz-Joseph Jelich (Hg.), «Transformationen» der Erinnerungskulturen in Europa nach 1989, Essen 2006, S. 23–49. Vgl. auch Naimark 2010 (Anm. 52) und Snyder (Anm. 134).

40 Daniel Levy/Natan Sznaider, Erinnerung im globalen Zeitalter: der Holocaust, Frankfurt am Main 2007; Natan Sznaider, Gedächtnisraum Europa. Die Visionen des europäischen Kosmopolitismus. Eine jüdische Perspektive, Bielefeld 2008; anders: Dan Diner, Gegenläufige Gedächtnisse. Über Geltung und Wirkung des Holocaust, Göttingen 2007 und ders., Zeitenschwelle. Gegenwartsfragen an die Geschichte, München 2010.

41 Vgl. Wolfgang Schmale, «Osteuropa»: Zwischen Ende und Neudefinition?, in: José M. Faraldo u. a. (Hg.): Europa im Ostblock. Vorstellungen und Diskurse (1945–1991), Köln u. a. 2008, S. 23–35.

42 Vgl. Stefan Troebst, Postkommunistische Erinnerungskulturen im östlichen Europa. Bestandsaufnahme, Kategorisierung, Periodisierung, Wroclaw 2005.

43 Lev Gudkov, Die Fesseln des Sieges. Russlands Identität aus der Erinnerung an den Krieg , in: Osteuropa 55 (2005), 4–6, S. 56–73. Am 20. April 2009 wurde in der Duma ein Gesetzentwurf «Zur Verhinderung der Rehabilitierung des Nationalsozialismus, der nationalsozialistischen Verbrecher und ihrer Handlanger in den neuen unabhängigen Staaten auf dem Gebiet der ehemaligen UdSSR» eingebracht, der drastische Sanktionen gegen Individuen, Organisationen und Staaten vorsieht, die des ominösen Strafbestands der «Rehabilitierung» für schuldig befunden werden. Am 20. Mai 2009 ordnete Präsident Medvedev per Dekret die Bildung einer entsprechenden «Kommission beim Präsidenten der Russ-

ländischen Föderation zur Verhinderung von Versuchen der Geschichtsfälschung zum Nachteil der Interessen Russlands» an.

44 Das neokommunistische Revival, das derzeit von postkommunistischen
Intellektuellen wie Slavoj Žižek, Antonio Negri oder Alain Badiou veran-
staltet wird, wirkt auch in dieser Geschichtsblindheit bizarr, vgl. Micha
Brumlik, Neoleninismus in der Postdemokratie, in: Blätter für deutsche
und internationale Politik, H. 8 (2010), S. 105–16.

45 Vgl. etwa die frühen Arbeiten von Götz Aly/Susanne Heim/Miroslav
Karny (Hg.), Sozialpolitik und Judenvernichtung. Gibt es eine Ökonomie der Endlösung? Berlin 1987 und Naimark (Anm. 52).

46 Norman Naimark, Flammender Hass. Ethnische Säuberungen im 20. Jahrhundert, München 2004, definiert sie als europäisches Phänomen des
20. Jahrhunderts am Beispiel des Armenier-Genozids, des Holocaust, der
sowjetischen Deportationen im Kaukasus, der Vertreibung der Deutschen nach 1945 und dem Krieg im früheren Jugoslawien. Im Anschluss
daran definiert Holm Sundhaussen in dem grundlegenden Werk von Det-
lef Brandes/Holm Sundhaussen/Stefan Troebst (Hg.), Lexikon der Vertreibungen. Deportation, Zwangsaussiedlung und ethnische Säuberung
im Europa des 20. Jahrhunderts, Wien 2010, S. 231 ethnische Säuberungen
als «die von einem modernen Staat oder Para-Staat und seinen Akteuren
initiierten und ausgeführten, ermunterten oder geduldeten Maßnahmen,
die darauf abzielen, eine aufgrund ihrer Ethnizität als ‹fremd›, ‹bedroh-
lich›, oft auch als ‹minderwertig› stigmatisierte Bevölkerungsgruppe von
einem bestimmten Territorium zu entfernen, einschließlich all dessen,
was an ihre bisherige Präsenz erinnern könnte».

47 Das Europäische Netzwerk wurde 1999 als deutsch-polnische Initiative
und Gegenentwurf zum «Zentrum gegen Vertreibungen» des Bundes der
Vertriebenen ins Leben gerufen, vgl. dazu Stefan Troebst (Hg.), Vertrei-
bungsdiskurs und Europäische Erinnerungskultur. Deutsch-polnische
Initiativen zur Institutionalisierung. Eine Dokumentation, Osnabrück
2006. Vgl. auch Dieter Bingen/Włodzimierz Borodziej/Stefan Troebst
(Hg.) Vertreibungen europäisch erinnern? Historische Erfahrungen,
Wiesbaden 2003.

48 Umfassend dokumentiert bei Zeitgeschichte-online, Thema: Die Erinnerung an Flucht und Vertreibung, Januar 2004, http://www.zeitgeschichte-
online.de/site/40208192/default.aspx, dort auch eine Bibliographie. Vgl.
www.z-g-v.de und die Ausstellung Erzwungene Wege. Flucht und Vertreibung im Europa des 20. Jahrhunderts, Berlin – Wiesbaden 2006.

49 Vgl. die Präsidentin des Bundes der Vertriebenen Erika Steinbach
zum 60. Jahrestag der Heimatvertriebenen-Charta im Interview mit
dem Deutschlandfunk, www.dradio.de/dlf/sendungen/interview_dlf/
1241102/ vom 5. 8. 2010.

50 Deutsche Ausgabe: Histoire/Geschichte – Europa und die Welt seit 1945,
Leipzig 2006 (Gymnasiale Oberstufe/(11.–13. Klasse); französische

Ausgabe: Histoire/Geschichte – L'Europe et le monde depuis 1945, Paris 2006 (Classe de terminale/BAC). Vgl. jetzt aber die Empfehlungen des deutsch-polnischen Steuerungs- und Expertenrats «Schulbuch Geschichte. Ein deutsch-polnisches Projekt» vom 1. Dezember 2010, http://www.gei.de/fileadmin/bilder/pdf/Projekte/Schulbuch%20Geschichte.%20Ein%20deutsch-polnisches%20Projekt-Empfehlungen.pdf. Zur Deutsch-Tschechischen und Deutsch-Slowakischen Historikerkommission vgl. http:www.dt-ds-historikerkommission.de.

51 Vgl. aber Stefan Troebst, Europäisierung der Vertreibungserinnerung? Eine deutsch-polnische Chronique scandaleuse 2002–2007, in: Martin Aust/Krzysztof Ruchniewicz/Stefan Troebst (Hg.), Verflochtene Erinnerungen. Polen und seine Nachbarn im 19. und 20. Jahrhundert. Köln, Weimar, Wien 2009, S. 245–274.

52 Vgl. William A. Schabas, Der Genozid im Völkerrecht, Hamburg 2003 und Frank Selbmann, Der Tatbestand des Genozids im Völkerstrafrecht, Leipzig 2003, ferner Boris Barth, Genozid. Völkermord im 20. Jahrhundert. Geschichte, Theorien, Kontroversen, München 2006 und Mihran Dabag/Kristin Platt, Genozid und Moderne, Opladen 1998 sowie Jacques Sémelin, Säubern und Vernichten. Die Politik der Massaker und Völkermorde, Hamburg 2007 und Yves Ternon, Der verbrecherische Staat. Völkermord im 20. Jahrhundert, Hamburg 1996, zuletzt aber auch Norman Naimark, Stalin's Genocides, Princeton 2010.

53 Vgl. Antrag der Fraktionen SPD, CDU/CSU, Bündnis 90/Die Grünen und FDP (Drucksache 15/5689), 15. 6. 2005; Protokoll der Bundestagsdebatte, Tagesordnungspunkt 6, 21. 4. 2005, Drucksache 15/4933 sowie Aschot Manutscharjan, Eine äußerst sperrige Last der Erinnerung, in: Das Parlament 16, 18. 4. 2005; genauer S. 114 ff.

54 Dokumentiert in: Claus Leggewie (Hg.), Die Türkei und Europa. Die Positionen, Frankfurt am Main 2004.

55 Das Wort setzt sich aus den zwei ukrainischen Wörtern «Holod» (Hunger) und «Mor» (Tod, Seuche) zusammen. «Holodomor» (russ. Golodomor) heißt wörtlich «Hungertod», mit Holocaust besteht kein etymologischer Zusammenhang.

56 Sylvia Paletschek, Der Weihnachtsfrieden 1914 und der Erste Weltkrieg als neuer (west)europäischer Erinnerungsort. Epilog, in: Barbara Korte/Sylvia Paletschek/Wolfgang Hochbruck (Hg.), Der Erste Weltkrieg in der populären Erinnerungskultur, Essen 2008, S. 213–219, hier S. 216.

57 Vgl. exemplarisch Małgorzata Ruchniewicz/Krzysztof Ruchniewicz: Katyn 1940, in: Gerd R. Ueberschär (Hg.), Orte des Grauens. Verbrechen im Zweiten Weltkrieg, Darmstadt 2003; George Sanford, The Katyn Massacre and Polish-Soviet Relations, 1941–43, in: Journal of Contemporary History 41 (2006), S. 95–111 und Victor Zaslavsky, Klassensäuberung. Das Massaker von Katyn, Berlin 2007.

58 Benjamin Drechsel, The Berlin Wall from a visual perspective: comments

on the construction of a political media icon, in: Visual Communication 1 (2010), S. 3–24.

59 Vgl. das in die französische Nationalversammlung eingebrachte Gesetz vom 23. Mai 2005. http://www.uni-kassel.de/fb5/frieden/regionen/ Frankreich/kolonialismus.html; genauer S. 153 ff.

60 Überblick bei Andreas Eckert, Der Kolonialismus im europäischen Gedächtnis, in: Aus Politik und Zeitgeschichte 1–2/2008, S. 31–38.

61 So die These von Rosa Amelia Plumelle-Uribe, Weiße Barbarei. Vom Kolonialrassismus zur Rassenpolitik der Nazis, Zürich 2004.

62 Nadja Vuckovic, Qui demande des réparations et pour quels crimes?, in: Marc Ferro (Hg.), Le livre noir du colonialisme, Paris 2003, S. 1023–1056.

63 Die deutsche Kolonialpolitik steht hier trotz ihrer Besonderheiten exemplarisch für die Politik anderer europäischer Staaten. Vgl. zum Überblick: Sebastian Conrad, Deutsche Kolonialgeschichte, München 2008 und Winfried Speitkamp, Deutsche Kolonialgeschichte, Stuttgart 2005 sowie Birthe Kundrus (Hg.), Phantasiereiche. Zur Kulturgeschichte des deutschen Kolonialismus, Frankfurt am Main 2003.

64 Zit. nach Horst Drechsler, Südwestafrika unter deutscher Kolonialherrschaft. Der Kampf der Herero und Nama gegen den deutschen Imperialismus (1884–1915), 2. Aufl., Berlin 1984, S. 156; vgl. auch den berüchtigten Aufruf an das Volk der Herero in Michael Behnen (Hg.), Quellen zur deutschen Außenpolitik im Zeitalter des Imperialismus 1890–1911, Darmstadt 1977, S. 291 ff. Dominik J. Schaller: «Ich glaube, dass die Nation als solche vernichtet werden muss»: Kolonialkrieg und Völkermord in «Deutsch-Südwestafrika» 1904–1907, in: Journal of Genocide Research 6:3; Jürgen Zimmerer/Joachim Zeller (Hg.), Völkermord in Deutsch-Südwestafrika. Der Kolonialkrieg (1904–1908) in Namibia und seine Folgen, Berlin 2003 sowie Jürgen Zimmerer, Deutsche Herrschaft über Afrikaner. Staatlicher Machtanspruch und Wirklichkeit im kolonialen Namibia, Hamburg 2001.

65 Jürgen Zimmerer, Entschädigung für Herero und Nama, in: Blätter für deutsche und internationale Politik, 6/2005, S. 658–660.

66 die tageszeitung, 12. 7. 2010.

67 EPD-Mitteilung, 6. 10. 2006.

68 Wegweisend war hier: Viola Georgi, Entliehene Erinnerung. Geschichtsbilder junger Migranten in Deutschland, Hamburg 2003, vgl. auch dies./Rainer Ohliger, Crossover Geschichte. Historisches Bewusstsein Jugendlicher in der Einwanderungsgesellschaft, Hamburg 2009.

69 Als bereits ergänzungsbedürftigen Überblick vgl. Daniele Albertazzi/ Duncan McDowell (Hg.), Twenty-First Century Populism. The Spectre of Western European Democracy, Basingstoke 2008.

70 Zur Terminologie vgl. den guten Artikel in http://de.wikipedia.org/wiki/ Roma.

71 Dazu Rüdiger Vossen, Zigeuner. Roma, Sinti, Gitanos, Gypsies. Zwischen Verfolgung und Romantisierung, Frankfurt am Main 1983.

72 Vgl. dazu Rombase, Online-Enzyklopädie der Universität Graz und David M. Crowe, A History of the Gypsies of Eastern Europe and Russia, New York 1996.

73 Gegründet 1982 mit Sitz in Heidelberg. Es muss daran erinnert werden, dass diese Initiative unter anderem darauf zurückzuführen ist, dass 1972 in Heidelberg der Sinto Anton Lehmann von einem Polizisten erschossen wurde und Bürgerrechtler wie der gegenwärtige Zentralrats-Vorsitzende Romani Rose sich seinerzeit erhoben. Weitere Interessenverbände sind die Rom und Cinti Union (Hamburg) und die Roma-Union-Frankfurt, die stärker die in den letzten Jahrzehnten in die Bundesrepublik eingewanderten Roma vertreten, ferner die Sinti Allianz Deutschland (Köln), die Roma Union Grenzland (Aachen), den Rom e. V. (Köln) und den Förderverein Roma (Frankfurt a. M.). Bürgerkriegsflüchtlinge vertritt das Centre of Integration, Affirmation and Emancipation of the Roma in Germany – Roma-Union e. V. (Essen).

74 Gazeta Wyborcza, 8. 5. 1999; zu dem ganzen Komplex jetzt Stefan Troebst (Hg.), Postdiktatorische Geschichtskulturen im Süden und Osten Europas. Bestandsaufnahme und Forschungsperspektiven, Göttingen 2010.

75 Zit. nach Die Welt, 7. 6. 2005.

76 Darunter verstehen wir eine Kombination aus Literaturrecherche, Lokaltermin und reflexiver Analyse, vgl. Ash (Anm. 16).

77 Pierre Nora (Hg.), Les lieux de mémoire, 7 Bde., Paris 1984–1992, vgl. auch ders., Zwischen Geschichte und Gedächtnis, Berlin 1990.

78 Nora 1990, S. 7, die folgenden Zitate ebda., S. 26 und 16.

79 Jens Kroh/Anne Lang, Erinnerungsorte, in: Christian Gudehus/Arianne Eichenberg/Harald Welzer (Hg.), Gedächtnis und Erinnerung. Ein interdisziplinäres Handbuch, Stuttgart 2010, S. 184–188.

80 Eine Alternative bietet die subnationale Ebene: Der Faktor räumliche Nähe ermöglicht Bürgerinnen und Bürgern eine im Vergleich zu Nation und Europa häufigere und intensivere Erfahrbarkeit von Erinnerungsorten; allerdings befinden sich auch örtliche, städtische und regionale Erinnerungsgemeinschaften durch geographische Mobilität und Arbeitsmigration in einem Zustand permanenter Fragilität. Vgl. Krohl/Lang (Anm. 79)

81 Nach Remi Bragues (Anm. 1) treffender Einschätzung, dass Europas Herkunft «exzentrisch» (nämlich im heutigen Vorderasien angesiedelt) sei und Europas Wirkung «exterritorial» auf den gesamten Westen und den Globus ausgestrahlt habe.

82 Étienne François, Europäische lieux de mémoire, in: Gunilla Budde u. a. (Hg.), Transnationale Geschichte. Themen, Tendenzen und Theorien, Göttingen 2006, S. 290–303, hier S. 302. Vgl. ferner Birgit Schwelling, Das

Gedächtnis Europas. Eine Diagnose, in: Timm Beichelt (Hg.), Europa-Studien: Eine Einführung, Wiesbaden 2006, S. 81–94; Étienne François, Geteilte Erinnerungsorte, europäische Erinnerungsorte. in: Robert Born (Hg.), Visuelle Erinnerungskulturen und Geschichtskonstruktionen in Deutschland und Polen 1800 bis 1939, Warschau 2006, S. 15–31; Benoît Majerus/Sonja Kmec/Michel Margue/Pit Péporté (Hg.), Dépasser le cadre national des «Lieux de mémoire»/Nationale Erinnerungsorte hinterfragt, Brüssel 2009.

83 Levy/Sznaider (Anm. 40) sehen vor allem seine universelle und transnationale Dimension, so dass er kein genuin europäischer Erinnerungsort wäre. Vgl. auch Jens Kroh, Transnationale Erinnerung. Der Holocaust im Fokus geschichtspolitischer Initiativen. Frankfurt am Main 2008 und ders., Europäische Innenpolitik? Die Stockholmer «Holocaust-Konferenz» und die diplomatischen Maßnahmen der «EU der 14» gegen Österreich, in: Katrin Hammerstein/Ulrich Mählert/Julie Trappe/Edgar Wolfrum (Hg.), Aufarbeitung der Diktatur – Diktat der Aufarbeitung? Normierungsprozesse beim Umgang mit diktatorischer Vergangenheit, Heidelberg 2009, S. 204–214.

84 Das Dilemma eines europäischen Gedächtnisses, in: Zeitgeschichte online, Abschnitt 6, http://www.zeithistorische-forschungen.de/site/40208268/default.aspx.

85 Die theoretischen Prämissen dieser Hypothese sind konfliktsoziologischer Natur und können hier nicht genauer dargelegt werden. Vgl. dazu grundlegend Georg Simmel, Soziologie. Untersuchungen über die Formen der Vergesellschaftung (zuerst 1908), Gesamtausgabe, Bd. 11, Frankfurt am Main 1992, darin das für den hier vertretenen Ansatz zentrale Kapitel: Der Streit, ferner den Exkurs über den Fremden. Vgl. auch Gerd Nollmann, Konflikte in Interaktion, Gruppe und Organisation. Zur Konfliktsoziologie der modernen Gesellschaft, Opladen 1997. Albert Hirschmans Konzept teilbarer Konflikte verfolgt auch Helmut Dubiel, Niemand ist frei von der Geschichte: Die nationalsozialistische Herrschaft in den Debatten des Deutschen Bundestages, München 1999.

86 Vgl. Dubiel 1999 (Anm. 85).

87 Eindrucksvoll und beispielgebend dazu Katarina Bader, Jureks Erben. Vom Weiterleben nach dem Überleben, Köln 2010.

88 Claus Leggewie/Erik Meyer, «Ein Ort, an den man gerne geht». Das Holocaust-Mahnmal und die deutsche Geschichtspolitik nach 1989, München 2005.

89 Hans-Peter Schwarz, Die neueste Zeitgeschichte. «Geschichte schreiben, während sie noch qualmt», in: Vierteljahrshefte für Zeitgeschichte 51 (2003), S. 5–28 (nach Barbara Tuchman).

90 Aljoscha ist ein Kosename von Aleksej. Er könnte eine Anlehnung an den tragischen Helden Aljoscha Skvortsov aus dem russischen Kriegsdrama

der Tauwetterperiode «Ballada o soldate» (Die Ballade vom Soldaten, 1959) sein, der wegen seiner Tapferkeit im Krieg ausgezeichnet wurde, aber nie aus diesem zurückkehrte.

91 Als Überblick zu der Debatte zum 8/9. Mai 1945 siehe den Sammelband: Erinnerung und Geschichte. 60 Jahre nach dem 8. Mai, hg. von Rudolf von Thadden und Steffen Kaudelka, Göttingen 2006.

92 Zum estnischen Konflikt um den «Bronzenen Soldaten», die Vorgeschichte des «Kriegs der Denkmäler» in Estland und die darauf folgende internationale Auseinandersetzung vgl. Felix Münch, Diskriminierung durch Geschichte? Die Auseinandersetzung um den «Bronzenen Soldaten» im geschichtspolitischen Diskurs des postsowjetischen Estland, Marburg 2008.

93 Vgl. Siobhan Kattago, «War Memorials and the Politics of Memory: The Soviet War Memorial in Tallin» in: Constellations: An International Journal of Critical and Democratic Theory, März 2009, S. 149–165. Zur Bedeutung wirtschaftlicher Anpassung und ökonomischer Hinorientierung zur «westlichen» Marktwirtschaft der osteuropäischen Staaten nach 1989 vgl. vor allem: Harold James, Geschichte Europas im 20. Jahrhundert. Fall und Aufstieg 1914–2001, München 2004, S. 425 ff.

94 «The first major step in relation to the removal of Soviet symbols was the reversion of thousands of street names to their original designations after they had been changed by the Soviets to reflect communist ideology. [...] This process began already in 1989 in the second-largest university town of Tartu», Vello Pettai/Eva-Clarita Onken, Estonia, in: Totalitarian Crimes Project 2009, S. 36.

95 Vgl. zur Geschichte des russischen Umgangs mit dem Zusatzprotokoll: Tatjana Timofeeva, «Ob gut, ob schlecht, das ist Geschichte». Russlands Umgang mit dem Molotov-Ribbentrop-Pakt, in: Osteuropa, 59 (2009), 7–8, S. 257–271.

96 Vgl. Kattago 2009 (Anm. 93). Das gilt selbst für die Russen, die Opfer des Stalinschen Terrors geworden waren. «Am 9. Mai wird der Sieg des Imperiums gefeiert und das armselige und traurige Leben von Millionen aufgewertet. Diese Form der öffentlich inszenierten Erinnerung schafft Einigkeit, sie erfüllt bisweilen selbst die ehemaligen Häftlinge mit patriotischem Stolz auf das Geleistete. Die Opfer bekommen Anerkennung, die Herrscher können mit einem Identifikationssystem operieren, das Zustimmung nicht mehr mit nackter Gewalt erzwingen muss», beschreibt Jörg Baberowski den Erinnerungsdeal im postsowjetischen Russland (Politisches Feuilleton, DRadio Kultur, 9. 11. 2010), vgl. auch ders., Der Rote Terror. Die Geschichte des Stalinismus, dritte Auflage, Frankfurt am Main 2007.

97 Vgl. Münch 2008 (Anm. 92), S. 38 f.

98 http://www.laender-analysen.de/russland/pdf/Russlandanalysen134. pdf. S. 4.

99 Vgl. www.aktuell.ru: Iwanow fordert Boykott estnischer Waren, 3. 4. 2007.

100 Vgl. Münch 2008 (Anm. 92), S. 48; 51.

101 http://www.laender-analysen.de/russland/pdf/Russlandanalysen196. pdf.

102 Vgl. Der Spiegel 26/2007, Interview mit Toomas Hendrik Ilves. Unter http://www.spiegel.de/spiegel/print/d-52032633.html. Nach Kenntnisstand der AutorInnen ist allerdings bis heute nicht belegt, wer hinter diesen Angriffen stand und ob sie tatsächlich, wie teilweise behauptet, von offizieller russischer Seite koordiniert wurden.

103 Vgl. die tageszeitung, 26./27.4. 2008.

104 Vgl. Claus Leggewie, Ende und Anfang des Leids. Der 9. Mai: Europas gespaltene Erinnerung, in: Süddeutsche Zeitung, 7. Mai 2005.

105 Itar-Tass vom 27. 4. 2007, unter http://www.itar-tass.com/eng/level2. html?NewsID=11478851&PageNum=0.

106 Vgl. hierzu Sergej Slutsch, Macht und Terror in der Sowjetunion, in: Verbrechen erinnern. Die Auseinandersetzung mit Holocaust und Völkermord, Bonn 2005, S. 111–123.

107 Vgl. beispielsweise Johannes Voswinkel, Verirrter Patriotismus, Zeit online 9. 5. 2008.

108 Vgl. Sonja Zekri, Stolzer Blick nach Stalingrad. Der Sieg über Nazi-Deutschland prägt auch 65 Jahre danach noch das nationale Bewusstsein in Russland, in: Süddeutsche Zeitung, 8. Mai 2010, S. 10.

109 Vgl. Adam Krzeminski, Operation Versöhnung. Siebzig Jahre nach den Morden von Katyn bekennt sich Russland zu seiner Schuld. Warum liegt Putin plötzlich die Aussöhnung mit Polen am Herzen?, in: Die Zeit, 31. 3. 2010.

110 Vgl. Lev Gudkov, Die Fesseln des Sieges. Russlands Identität aus der Erinnerung an den Krieg, unter: http://www.eurozine.com/articles/articles_2005-05-03-gudkov-de.html; auch Sonja Zekri, Schön geredet. Eine Internetumfrage in Russland macht Stalin zum Volkshelden in: Süddeutsche Zeitung, 9. Juli 2008.

111 Vgl. Umfrage des Lavada-Zentrums: http://www.levada.ru/press/2009090404.html; für weitere Umfragen vgl. Russland-Analysen 196/2010 http://www.laender-analysen.de/russland/pdf/Russlandanalysen196. pdf.

112 http://www2.la.lv/lat/latvijas_avize/jaunakaja_numura/komentari.vie dokli/?doc=71147; http://www2.la.lv/lat/latvijas_avize/jaunakaja_nu mura/komentari..viedokli/?doc=71446.

113 Vgl. Bernhard Giesen, (Anm. 94) Triumph und Trauma, Boulder 2004.

114 Vgl. Pettai/Onken 2009 (Anm. 94), S. 42

115 Zit. nach Felix Münch 2008 (Anm. 92), S. 62.

116 Vgl. Ene Kõresaar, Zwei Ausstellungen über den Zweiten Weltkrieg im Estnischen Museum für Geschichte (Tallinn): Notizen zur Dynamik der

Erinnerungskultur, in: Olga Kurilo (Hg.), Der Zweite Weltkrieg im Museum: Kontinuität und Wandel, Berlin 2007, S. 83–102.

117 Ahonen verbrachte wegen «Antisowjetischer Propaganda» fünf Jahre in Arbeitslagern, gründete die Estnische Nationale Freiheitspartei und organisierte 1988 die erste Massendemonstration in der Geschichte des Landes. Selbst in den liberaleren Zeiten Ende der 1980er Jahre wurde er drangsaliert und verbrachte insgesamt zehn Jahre im Exil. http://www.zeit.de/2011/28/200128_estland.xml.

118 Carsten Brüggemann, «Wir brauchen viele Geschichten.» Estland und seine Geschichte auf dem Weg nach Europa?, in: Helmut Altrichter (Hg.), GegenErinnerung. Geschichte als politisches Argument, Oldenburg 2006, S. 27–50, hier S. 42–45.

119 Frankfurter Allgemeine Zeitung, 10. Juli 2007

120 Vgl. Walter M. Iber/Peter Ruggenthaler, Drei Besatzungen unter zwei Diktaturen. Eine vorläufige Bilanz der Forschungsarbeiten der internationalen Historikerkommissionen in Lettland, Litauen und Estland, in: Herrmann Weber (Hg.), Jahrbuch für historische Kommunismusforschung, Berlin 2007, S. 276–296, hier, S. 280 f.

121 Pille Petersoo, Reconsidering otherness: constructing Estonian identity, in: Nations and Nationalism 13/2007, S. 117–133.

122 Kattago 2009 (Anm. 93).

123 Carsten Brüggemann (Anm. 118), S. 48.

124 http://www.eurozine.com/articles/2007-05-10-zhurzhenkoen.html.

125 Zur generellen Problematik der Nichtbeachtung der osteuropäischen Geschichte in Westeuropa vgl. Hartmut Kaelble, Europäische Geschichte aus westeuropäischer Sicht?, in: Gunilla Budde/Oliver Janz/Sebastian Conrad (Hg.), Transnationale Geschichte. Themen, Tendenzen und Theorien, Göttingen 2006, S. 105–116 und Heinrich August Winkler, Erinnerungswelten im Widerstreit. Europas langer Weg zu einem gemeinsamen Bild vom Jahrhundert der Extreme, in: ders., Auf ewig in Hitlers Schatten? Über die Deutschen und ihre Geschichte, München 2007, S. 168–179.

126 Vgl. Hans-Ulrich Wehler (2008): Deutsche Gesellschaftsgeschichte. Fünfter Band. Bundesrepublik und DDR 1949–1990, München, S. 279.

127 Tony Judt, Geschichte Europas von 1945 bis zur Gegenwart, Frankfurt am Main 2009, S. 956.

128 Ebda. S. 957.

129 Yosef Govrin (2003), Anti-Semitic Trends In Post-Communist Eastern European States – An Overview, http://www.jcpa.org/phas/phas-govrin-f03.htm.

130 Vgl. ebda.

131 Pettai/Onken 2009 (Anm. 94), S. 40.

132 Ebda.

133 Vgl. Franziska Jahn, Riga-Kaiserwald – Stammlager, in: Wolfgang Benz/

Barbara Distel (Hg.), Geschichte der nationalsozialistischen Konzentrationslager, Bd. 8, München 2008, S. 17–65, hier S. 18.

134 Timothy Snyder, Bloodlands, Europe between Hitler and Stalin, New York 2010.

135 Vgl. Der Spiegel, 24. 3. 2004. Die Auseinandersetzung ist ausführlich dokumentiert in: Claus Leggewie, Totalitäre Erfahrung und europäische Erinnerung. Das Beispiel Lettland, SWR Abendstudio, 8. 5. 2007.

136 Interview in die tageszeitung, 6. Mai 2004 dort auch das folgende Zitat.

137 Sandra Kalniete, Mit Ballschuhen im sibirischen Schnee, München 2004 (zuerst Lettisch 2001).

138 Süddeutsche Zeitung, 2. 3. 2010. Zu Funktion und Aufbau des ICTY vgl. www.icty.org/und Robert Heinsch, Die Weiterentwicklung des humanitären Völkerrechts durch die Strafgerichtshöfe für das ehemalige Jugoslawien und Ruanda, Berlin 2007.

139 Vgl. Jean Burgess/Joshua Green, YouTube: Online Video and Participatory Culture, Oxford 2009. Zu den Potenzialen des Web 2.0 als erinnerungskulturellem Medium vgl. Erik Meyer (Hg.), Erinnerungskultur 2.0: Kommemorative Kommunikation in digitalen Medien, Frankfurt am Main 2009.

140 Zum gesamten Komplex nun Dunja Melcic (Hg.), Der Jugoslawien-Krieg: Handbuch zu Vorgeschichte, Verlauf und Konsequenzen, 2. Aufl., Wiesbaden 2007.

141 Zum Begriff s. Anm. 145. Die folgenden Daten entnehmen wir einem anderen Onlineauftritt dem Sarajewo-Artikel der Wikipedia.

142 Vgl. beispielsweise Die Welt, 23. 7. 2008, FAZ, 10. 7. 2010, Süddeutsche Zeitung, 25. 10. 2010.

143 ICTY Transcript Monday, 1 March 2010, S. 808. http://www.icty.org/x/cases/Karadžić/trans/en/100301IT.htm.

144 Ebda., S. 814f.

145 Art. Ethnische Säuberung in: Brandes, Detlef/Sundhaussen, Holm/Troebst, Stefan: Lexikon der Vertreibungen. Deportation, Zwangsaussiedlung und ethnische Säuberung im Europa des 20. Jahrhunderts, Wien 2010, S. 229 ff.

146 Werner Sollors, Beyond Ethnicity. Consent and Descent in American Culture, New York/London 1986.

147 Zu verweisen ist hier auf die grundlegende Studie zur «paranoischen Vernunft» von Manfred Schneider, Das Attentat, Berlin 2010. Das Dispositiv des (individuellen) politischen Mordes ähnelt in vieler Hinsicht dem kollektiven «Vernunftwahn» der ethnischen Säuberung.

148 Vgl. die heute gespenstisch wirkenden Fotografien aus dieser Zeit in der Ausstellung von Milomir Kovačević, Katalog STRAŠNIZBORI 1990, Katalog, Sarajevo 2010.

149 Julija Bogoeva/Caroline Fetscher (Hg.), Srebrenica. Ein Prozess. Dokumente aus dem Verfahren gegen General Radislav Krstic vor dem Inter-

nationalen Strafgerichtshof für das ehemalige Jugoslawien in Den Haag, Frankfurt am Main 2002.

150 Vgl. die ausgezeichnete Studie von Sylvie Matton, Srebrenica. Un génocide annoncé, Paris 2005.

151 Bilder wie diese haben seinerzeit die Interventionsbereitschaft der westlichen Mächte erhöht, vgl. allgemein zum Thema Gerhard Paul, Bilder des Krieges – Kriege der Bilder: Die Visualisierung des Krieges in der Moderne, München 2004 und Susan Sontag, Die Leiden anderer betrachten, Frankfurt am Main 2005.

152 Sie kommt interessanterweise in diesem Fall aus dem linken, antifaschistischen oder «antideutschen» Lager.

153 Gegen die verbreitete Praxis der Schul-Apartheid, die zum Beispiel kroatische und bosniakische Schülerinnen und Schüler in getrennte Schulklassen unter einem Schuldach kanalisiert, wendet sich der Verein «Schüler helfen leben»; im März 2010 wurde der Film «Zwei Schulen unter einem Dach» in Sarajevo uraufgeführt.

154 Thomas Brey, Keine Aussöhnung in Ex-Jugoslawien. Führende Politiker tun alles, um die anderen Nationen zu dämonisieren – Kalter Friede auf dem Balkan, DPA, in: www.oberpfalznetz.de/zeitung/2199687-100-keine_aussoehnung_in_ex_jugoslawien,1,0.html.

155 Der Standard, 31. März 2010.

156 Eine kritische Bilanz zieht Simone Schuller, Versöhnung durch strafrechtliche Aufarbeitung? Die Verfolgung von Kriegsverbrechen in Bosnien und Herzegowina, Frankfurt am Main 2010, die vor allem moniert, dass die lokale Bevölkerung nicht in den Prozess der Transitional Justice einbezogen wird. Zu den Schwierigkeiten der Staatsbildung von außen vgl. Berit Bliesemann de Guevara/Florian P. Kühn, Illusion Statebuilding. Warum sich der westliche Staat so schwer exportieren lässt, Hamburg 2010, S. 76 ff.

157 Laut Statistischem Bundesamt 2008 leben in Deutschland 223 056 kroatische Staatsangehörige, hinzu kommen 156 804 Staatsbürger von Bosnien und Herzegowina mit kroatischer Abstammung. Gemäß der kroatischen katholischen Mission leben in Deutschland ca. 305 000 katholische Kroaten. Der Kroatische Weltkongress in der Bundesrepublik Deutschland (KWKD) spricht von ca. 400 000 Kroaten. In Deutschland lebt die größte Zahl serbischer Auswanderer und deren Nachkommen weltweit, etwa 700 000, davon 200 000 aus dem Kosovo. Damit sind die Deutsch-Serben gleich nach den Deutsch-Türken die zweitgrößte nicht-deutschstämmige Bevölkerungsgruppe in der Bundesrepublik Deutschland.

158 Petar Dragišić, Ein Volk unterwegs. Migranten aus Serbien 1971–2002, in: Themenportal Europäische Geschichte (2010), http://www.europa.clio-online.de/2010/Article=447.

159 Die Welt im Balkanspiegel: Das Agieren der Großmächte, in: Melcic (Anm. 140), S. 164.

160 Dazu jetzt Lejla Starcevic-Srkalovic, The Democratization Process in Post-Dayton Bosnia and Herzegovina and the Role of the European Union, Baden-Baden 2010.

161 Art. 301 geht auf den seither schon mehrfach veränderten Art. 159 des türkischen StGB von 1936 zurück, dazu Silvia Tellenbach (Hg.), Das neue türkische Straf- und Strafprozessrecht, Berlin 2008.

162 Da das türkische Strafrecht in den 1920er Jahren wesentlich auf das italienische Strafgesetzbuch zurückgriff, handelt es sich hier um eine Übertragung des Begriffs vilipendio. Vilipendere heißt jemanden (öffentlich) beleidigen, verhöhnen oder verunglimpfen, hier: die (italienische bzw. türkische) Nation als Ganze.

163 nach: http://de.wikipedia.org/Artikel_301

164 Bis 2002 lautete Art. 159: «Wer das Türkentum, die Republik, die Große Nationalversammlung, die geistige Persönlichkeit der Regierung, die Ministerien, die Streit- und Sicherheitskräfte oder die geistige Persönlichkeit der Justiz öffentlich beleidigt und verhöhnt, wird zu Gefängnis von einem bis zu drei Jahren verurteilt. (…) Wird das Türkentum von einem Türken im Ausland verhöhnt, wird die zu verhängende Strafe um ein Drittel bis um die Hälfte erhöht.»

165 Wegen ihres Romans «Der Bastard von Istanbul» (dt. Frankfurt am Main 2007). Sie wurde im September 2006 freigesprochen, da nach Abs. 3 «Meinungsäußerungen, die mit der Absicht der Kritik erfolgt sind, … keine Straftat dar(stellen)».

166 Die kurdische Anwältin und Aktivistin wurde angeklagt wegen eines Artikels im Berliner Tagesspiegel vom 24. Juni 2006, in dem sie die Vormachtstellung der türkischen Armee kritisiert hatte; ihr ging es vor allem um die sexuelle Gewalt seitens staatlicher Sicherheitsorgane gegen kurdische Frauen.

167 Zutreffende Kritik an der unzureichenden Liberalisierung, die Meinungsfreiheit und Justizkontrolle einfügt, übt Bülent Algan, The Brand New Version of Article 301 of Turkish Penal Code and the Future of Freedom of Expression Cases in Turkey, in: German Law Journal, Bd. 9 (2008), 12, S. 2237–2251. Zu erwähnen ist, dass eine ganze Reihe anderer Artikel im türkischen Strafrecht (§ 216, 288 und 318) und vor allem die Anti-Terror-Gesetze die Meinungsfreiheit ebenfalls stark einschränken.

168 Die Historikerdebatte in der Türkei beleuchtet Hamit Bozarslan, Der Genozid an den Armeniern als Herausforderung: Erinnerung, nationale Identität und Geschichtsschreibung in der Türkei, in: Kirstin Buchinger/Claire Gantet/Jakob Vogel (Hg.), Europäische Erinnerungsräume, Frankfurt am Main 2009, S. 267–280, dort auch die türkischen Quellen.

169 Dazu jetzt Seyhan Bayraktar, Politik und Erinnerung. Der Diskurs über den Armeniermord in der Türkei zwischen Nationalismus und Europäisierung, Bielefeld 2010. Als nicht-türkische Autorität wird oft der Islam-

wissenschaftler Bernard Lewis zitiert, vgl. sein Buch The Emergence of Modern Turkey, 3. (veränderte) Auflage, New York 2002 und seinen Beitrag für Le Monde, 1. 1. 1994.

170 Aus einer Fülle von Literatur zuletzt Guenter Lewy, The Armenian Massacres in Ottoman Turkey. A Disputed Genocide, Salt Lake City 2005; R. H. Kevorkian, Le genocide des Arméniens, Paris 2006, W. Gust (Hg.), Der Völkermord an den Armeniern 1915/16, Springe 2005, R. G. Hovannisian (Hg.), The Armenian Genocide in Perspective, New Brunswick 1986. Zu verweisen ist auch auf die komparativen Arbeiten des armenisch-türkischen Genozidforschers Mihran Dabag an der Ruhr-Universität Bochum.

171 In Deutschland leben ca. 50 000 Armenier, die meisten stammen aus der Türkei und Armenien und kamen als «Gastarbeiter» und Asylbewerber. Es gibt keine regionale Konzentration, aber einen Zentralrat der Armenier in Deutschland (ZAD) und einen Primas der Apostolisch-Armenischen Kirche in Köln.

172 Christiane Schlötzer, Süddeutsche Zeitung, 2. 2. 2006. Bei Parlamentswahlen ist die Partei seit langem nicht über ein Prozent hinausgekommen, 2002 erhielt sie 0,51 % und keinen Sitz. 2007 waren es 0,36% und ebenfalls kein Sitz.

173 Nach analyse + kritik 479, 19. 12. 2003 (http://www.akweb.de/ak_ s/ak479/40.htm).

174 Dazu auch mit differenzierter Argumentation Hans-Lukas Kieser/Dominik J. Schaller (Hg.), Der Völkermord an den Armeniern und die Shoah, Zürich 2002, vgl. etwa die Konklusion von Aron Rodrigue, Mass Destruction of Armenians and Jews, ebda., S. 303–315, hier S. 314.

175 Drucksache 15/4933 vom 22 2. 2005.

176 Eine filmwissenschaftliche Einschätzung der hochpopulären, von AKP-Politikern gelobten Serie, in die nun auch US-amerikanische Darsteller einbezogen werden, bietet Bert Rebhandl in: FAZ, 1. 11. 2010: «‹Tal der Wölfe› betreibt eine inoffizielle Außenpolitik, die politisch nicht korrekt sein muss, und gerade deswegen sehr erfolgreich ist – türkischer Populismus mit den Mitteln des Kinos» (S. 29). S. auch die Webseite http://www. kurtlarvadisi.com.

177 Zit. nach www.n-tv.de/644 604.html.

178 Beschluss vom 17. März 2006 – OVG 1 S 26.06.

179 Gegen Perinçek wurde wegen Genozid-Leugnung ermittelt; er bezeichnete am 24. Juli 2005 während einer Rede in Lausanne den Schweizer Antirassismusartikel als ein «Inquisitionsgesetz aus dem Mittelalter».

180 s. Anm. 175.

181 Vgl. Drucksache 15/4933, S. 16128.

182 Drucksache 15/5689 vom 15. 6. 2005.

183 Gemeint war die mehrfach verschobene wissenschaftliche Konferenz zur armenischen Frage, die im September 2005 nach Gerichtsbeschlüssen und

einer Intervention von Ministerpräsident Erdogan an der Bilgi-Universität Istanbul stattfand, vgl. NZZ, 29. 9. 2005.

184 Drucksache 15/5689 vom 15. 6. 2005.

185 Sendeprotokoll des Beitrags von Marcus Weller und Steffen Meyer www. rbb-online.de. Im Land Brandenburg war einige Monate vorher auf Initiative des türkischen Generalkonsuls der Rahmenlehrplan geändert worden, in welchem der Begriff Völkermord benutzt wurde, vgl. Berliner Zeitung, 5., 8. und 9. 2. 2005.

186 Türkische Gemeinde in Deutschland: Bundestag erliegt Propaganda der Diasporaarmenier (www.tgsh.de).

187 www.ipetitions.com/petition/armenien/.

188 Weltweit haben ca. 20 Staaten Völkermord-Resolutionen verfasst. Vgl. das Resümee einer Basler Konferenz im November 2005 in Hans-Lukas Kieser/Elmar Plozza (Hg.), Der Völkermord an den Armeniern, die Türkei und Europa, Zürich 2006.

189 ZEIT-Online, 12. 3. 2010. Einen hier nicht näher behandelten Hintergrund der türkischen Aversion bildet die Kurdenfrage; in der Regel sind Gegner des Armenien-Tabus auch Kritiker der Unterdrückung der kurdischen Minderheit. Ein Beispiel dafür ist der mehrfach inhaftierte und angeklagte Soziologe İsmail Beşikçi, der umfassend zu den unterdrückten und verfolgten ethnischen und religiösen Minderheiten in der Türkei gearbeitet hat, vgl. FAZ, 29. 7. 2010.

190 Radiofeuilleton des Deutschlandradios Berlin am 9. 3. 2006.

191 Entschließung (P6_TA(2005)0350) des Europäischen Parlaments zur Aufnahme von Verhandlungen mit der Türkei, vgl. http://www.europarl.europa.eu/sides/getDoc.do?pubRef=-//EP//TEXT+TA+P6-TA-2005-0350+0+DOC+XML+V0//DE

192 Zit. nach http://www.eata.info/bawue/media/ermeni/btauswaus050506.pdf.

193 Der Mythos eines Völkermordes. Eine kritische Betrachtung der Lepsiusdokumente sowie der deutschen Rolle in Geschichte und Gegenwart der «Armenischen Frage», Köln 2006 gegen Wolfgang Gust (Hg.), Der Völkermord an den Armeniern 1915/16. Dokumente aus dem Politischen Archiv des deutschen Auswärtigen Amts. Springe 2005.

194 http://www.armenianquestion.org/page.php?modul=Article & op=read & nid=138&rub=90.

195 Eine schwere Belastung der deutsch-türkischen Beziehungen war die Verhaftung von Doğan Akhanlı, einem seit 1991 im deutschen Exil lebenden und seit 2001 mit deutscher Staatsangehörigkeit versehenen Autor, bei seiner Einreise in die Türkei im August 2010. Dem 1985 in einem Militärgefängnis gefolterten und 1998 zwangsausgebürgerten Schriftsteller wurde ohne entsprechende Evidenz die Beteiligung an einem Überfall vorgeworfen, vgl. FAZ, 2. 11. 2010. Im November 2010 wurde er auf freien Fuß gesetzt.

196 Neben der in Anm. 188 erwähnten Konferenz in Istanbul ist auf das Symposium «Zukunft braucht Geschichtsklärung: Armenier, Türken und Europa im Schatten des Ersten Weltkriegs» an der Universität Basel zu verweisen, Süddeutsche Zeitung, 19. 11. 2005.

197 Christian Rumpf, Die Ehre im türkischen Strafrecht, www.tuerkeirecht.de/Ehre.pdf, 10. 6. 2010 und Osman Can, Der Schutz der staatlichen Ehre und religiösen Gefühle in der Türkei, in: Otto Depenheuer/İlyas Doğan/Osman Can (Hg.), Der Schutz staatlicher Ehre und religiöser Gefühle und die Unabhängigkeit der Justiz, Münster 2008.

198 Über das erschreckende Ausmaß privater Gewalt gegen Frauen und staatlichen Desinteresses am Schutz der weiblichen Opfer berichtet Michael Martens in FAZ, 29.7.2010.

199 Die als erste Kampfpilotin der Welt verehrte Frau symbolisiert auch in anderer Hinsicht türkische Ambivalenzen: Als emanzipierte Frau stand sie im Dienst einer Armee, die alevitische Kurden bombardierte, und ihre Herkunft aus einem armenischen Waisenhaus verstößt gegen den Mythos einer reinrassigen Helden-Nation. Darauf verweist Hans-Lukas Kieser in der Rezension von Ayse Gül Altinay, The Myth of the Military-Nation. Militarism, Gender, and Education in Turkey, New York 2004, in: H-Soz-u-Kult, 9. 2. 2006, http://hsozkult.geschichte.hu-berlin.de/rezensionen/2006-1-089.

200 Pınar Selek, Zum Mann gehätschelt, zum Mann gedrillt: Männliche Identitäten, Berlin 2010. Selek hat sich mit der Verfolgung von Transsexuellen und Prostituierten in der Türkei befasst, dazu FAZ, 10. 9. 2010.

201 Zum unaufhaltsamen Verständigungs-Dialog zwischen Türken und Armeniern nicht nur auf der wissenschaftlichen Ebene vgl. Wolfgang Gust, Das Ende eines langen Anfangs, in: FAZ, 23. April 2010.

202 Die folgenden Ausführungen aktualisieren und ergänzen den Artikel von Lina Klymenko und Anne Lang: Hungersnot oder Genozid? Der Holodomor und die ukrainische Geschichtspolitik, in: Blätter für deutsche und internationale Politik 11/2009. S. 93–102. Ein Foto des im Folgenden thematisierten Erinnerungsortes liegt uns nicht vor. Abgebildet ist das «Mahnmal für die Opfer des Holodomor» in der Ukraine 1932-33. Es wurde am 12. September 1993 im Rahmen der Feierlichkeiten zum 60. Jahrestag der Hungerkatastrophe auf dem Michaelplatz in Kiew eingeweiht. Das Denkmal aus Granit und Bronze zeigt ein ausgespartes Kreuz, in dessen Mitte sich die Silhouette der «Mutter Beschützerin», Symbol der Ukraine, befindet. In der Silhouette der Muttergottes, die wiederum ebenfalls als Symbol für die in der Hungersnot umgekommenen Frauen steht, ist die Silhouette eines Kindes zu sehen. Die Symbolik verweist einerseits auf das Jesus-Kind, andererseits auf die unzähligen Kinder, die der Hungerkatastrophe zum Opfer fielen. Diese Angaben verdanken wir Anna Kaminksy, vgl. dies. (Hg.), Erinnerungsorte an den Holodomor 1932/33 in der Ukraine, Leipzig 2008.

203 http://www.kopelew-forum.de/Frameset/index2.htm.

204 Aus dem Ukrainischen «holod» (Hunger) und «mor» (Massensterben).
Das Kompositum «Holodomor» war schon vor dem Begriff «Holocaust»
im Umlauf – von einer Gleichsetzung kann daher, trotz der phonetischen
Nähe, keine Rede sein.

205 Vgl. hierzu die Diskussion über die Opferzahlen in: Osteuropa, 4/2002.

206 Vgl. als Überblick zur Kontroverse: Osteuropa, 12/2004 und Wilfried
Jilge, Die «Große Hungersnot» in Geschichte und Erinnerungskultur der
Ukraine. Eine Einführung, in: Anna Kaminsky (Hg.), Erinnerungsorte
an den Holodomor 1932/33 in der Ukraine, Berlin 2008, S. 19 f.

207 Vgl. Wilfried Jilge, Geschichtspolitik in der Ukraine, in: Aus Politik und
Zeitgeschichte 8–9/2007, sowie die Beiträge in: Osteuropa, 12/2004.

208 Vgl. Jens Kroh, Transnationale Erinnerung. Der Holocaust im Fokus geschichtspolitischer Initiativen, Frankfurt am Main/New York 2008,
S. 152 f.

209 Vgl. Dmytri Zlepko, «Alles ist wunderbar». Der Holodomor aus der
Sicht der Zeitgenossen, in: Osteuropa 12/2004, S. 192–203.

210 Vgl. Wilfried Jilge, Holodomor und Nation. Der Hunger im ukrainischen
Geschichtsbild, in: Osteuropa, 12/2004, S. 149–150.

211 Vgl. die Dokumente 718–93-p, 1696–98-p und 275/2000, auf www.rada.
gov.ua (Homepage der Werchowna Rada, des ukrainischen Parlaments).

212 Vgl. Dokument 258–15, www.rada.gov.ua.

213 Vgl. die Dokumente 607–15 und 789–15, www.rada.gov.ua.

214 Mace war 2004 verstorben und in der Ukraine vielfach ausgezeichnet
worden. Der in Oklahoma geborene Historiker war ein Mitarbeiter von
Robert Conquest, Verfasser von The Great Terror: Stalin's Purge of the
Thirties (1968) und The Great Terror: A Reassessment (1990), den er bei
den Recherchen zu dem Buch The Harvest of Sorrow: Soviet Collectivi-
zation and the Terror-Famine (1986) unterstützte. Mace arbeitete später
in der U. S. Commission on the Ukraine Famine in Washington. 1993 zog
er in die Ukraine und lehrte als Politologe an der Mohaly Akademie in
Kiew.

215 Dokumente 314–2006-p und 250/2007, www.rada.gov.ua.

216 Dokument 376–16, www.rada.gov.ua. Kritisch zur Geschichtspolitik
dieser Periode jetzt Georgiy Kasianov, The Great Famine of 1932–33
(Holodomor) and the Politics of History in Contemporary Ukraine, in:
Troebst, Postdiktatorische Geschichtskulturen, 2010, S. 619–641.

217 Vgl. Jilge, Geschichtspolitik in der Ukraine (Anm. 207), S. 27.

218 Umfragen unter www.kiis.com.ua.

219 Umfrage zitiert nach Ukraine-Analysen, Nr. 75, 2010, S. 8. Vgl. aber
S. 142 f.

220 Taras Wosnjak, «Projekt Ukraine» – Bilanz eines Jahrzehnts, in: Renata
Makarska/Basil Kerski (Hg.), Die Ukraine, Polen und Europa. Europäische Identität an der neuen EU-Ostgrenze, Osnabrück 2004, S. 71.

221 Ingmar Bredies, Volle Fahrt zurück! Richtungswechsel in der Geschichts- und Identitätspolitik, in: Ukraine-Analyse Nr. 75, 2010. S. 3.

222 Vgl. Ria Nowosti vom 5. 5. 2010. Das Denkmal wurde Neujahr 2011 von Unbekannten gesprengt.

223 Vgl. Der Standard, 5. 5. 2010. http://derstandard.at/1271375992755/ Zu-den-Klaengen-der-sowjetischen-Hymne-Stalin-Denkmal-in-der-Ukraine-enthuellt.

224 http://www.ukraine-nachrichten.de/artikel/2412/parlamentarische-ver-sammlung-des-europarates-erkennt-holodomor-nicht-als-voelkermord-an.

225 http://times.am/2010/04/29/pace-finds-stalin-regime-guilty-of-holo-domor-does-not-recognize-it-as-genocide.

226 Zitiert nach Ukraine-Analyse Nr. 75, 2010. S. 6 ff.

227 Bis zum Jahr 2007 hatten 64 Staaten die UN-Resolution von 2003 unter-stützt; vgl. Remembrance of Victims of the Great Famine (Holodomor) in Ukraine, http://unesdoc.unesco.org.

228 Vgl. Famine as Genocide, www.bbc.co.uk/ukrainian.

229 Vgl. den Beschluss der russischen Duma, http://duma.consultant.ru.

230 Vgl. FAZ, 24. 11. 2008.

231 Zit. nach Iswestija, 2. 4. 2008. «Moskali» ist eine abwertende ukrainische Bezeichnung für Russen.

232 Vgl. Jilge, Geschichtspolitik in der Ukraine, S. 28, Anm. 9.

233 Diejenigen Staaten, die – der ukrainischen Lesart folgend – den Ho-lodomor als Genozid anerkannt haben, weisen häufig eine große ukra-inische Diaspora auf, hatten Erfahrungen mit sowjetischer Okkupation und/oder in jüngster Zeit ebenfalls Konflikte mit Russland auszutra-gen.

234 Vgl. UN-Dokument 34 C/50, Oktober 2007.

235 Vgl. Jutta Scherrer, Ukraine. Konkurrierende Erinnerungen, in: Monika Flacke (Hg.), Mythen der Nationen. 1945 Arena der Erinnerungen, Band II, Mainz 2004, S. 719–736.

236 So bewerteten im Jahr 2003 53 Prozent der Befragten Stalins Rolle positiv (1998 waren es noch 19 Prozent gewesen), und bis zu 27 Prozent hätten gar für Stalin gestimmt, wenn er für das Amt des russischen Präsidenten kandidiert hätte. Vgl. Lev Gudkov, Die Fesseln des Sieges. Russlands Identität aus der Erinnerung an den Krieg, in: Osteuropa, 4–6/2005, S. 56–73.

237 Dazu jetzt die exponierte Position von Norman M. Naimark, Stalin's Ge-nocides, Princeton 2010 und die Besprechung durch Anne Applebaum, in: The New York Review of Books, 11 (2010), 24, S. 8–13.

238 Bei diesem Kapitel haben uns insbesondere Matthias Wettlaufer und Jo-hanna Hoppen unterstützt, vgl. Matthias Wettlaufer, Tervuren. Ein euro-päischer Erinnerungsort, Magisterarbeit, Gießen 2009.

239 http://www.africamuseum.be/about-us/museum/mission.

240 So Alex Rühle, Die schönste aller afrikanischen Welten, in: Süddeutsche Zeitung, 30. 6. 2010.

241 Einen guten Überblick geben Bernhard Chiari/Dieter H. Kollmer (Hg.), Wegweiser zur Geschichte Demokratische Republik Kongo, 3. Aufl., Paderborn 2008 und die informative private Webseite http://www.kongo-kinshasa.de von Gertrud Kanu und Iseewanga Indongo-Imbanda.

242 Das generelle Defizit der europäischen Zeitgeschichtsforschung beklagte etwa Andreas Eckert, Europäische Zeitgeschichte und der Rest der Welt, in: Zeithistorische Forschungen, 1 (2004), 3; die Versäumnisse der Universitäten analysiert Andreas Eckert (Hg.), Universitäten und Kolonialismus, Stuttgart 2004.

243 Marleen Cappellemanns: The Museum Key. A visitor's guide to the RMCA, 2003. S. 10 f.

244 Andreas Eckert, Kolonialismus, Frnkfurt a. M. 2006, S. 70 f.

245 Jürgen Osterhammel, Kolonialismus. Geschichte – Formen – Folgen, München 2006, S. 50.

246 Tervuren/Brüssel, Königliches Museum für Zentralafrika: «Der Kongo – Gedächtnis und Erinnerung. Die Kolonialzeit», parallel zur Ausstellung «Kongo – Natur und Kultur», o. O., o. J.

247 Zum Jahrestag der kongolesischen Unabhängigkeit brachte das Museum eine DVD mit historischen Filmdokumenten heraus; an anderen Stellen Brüssels gab es Korrespondenz- und Kontrastausstellungen, vor allem zur Phase der Dekolonisierung.

248 Vgl. außer Eckert und Osterhammel die Überblickswerke von Wolfgang Reinhard: Kleine Geschichte des Kolonialismus, Stuttgart 2008; Reinhard Wendt, Vom Kolonialismus zur Globalisierung. Europa und die Welt seit 1500, Paderborn 2007.

249 Vgl. Roger Casement, The Eyes of Another Race: Roger Casement's Congo Report and 1903 Diary, University College Dublin Press (Neuausgabe 2004) und Arthur Conan Doyle, The Crime of the Congo, London 1909 sowie jetzt das Standardwerk von Adam Hochschild, Schatten über dem Kongo. Die Geschichte eines der großen, fast vergessenen Menschheitsverbrechen, Stuttgart 2000 und Dieter H. Kollmer, Kongo-Freistaat und Belgisch-Kongo. Die belgische Kolonialherrschaft 1885 bis 1960, in: Chiari/Kollmer, S. 40–49.

250 Frank Thomas Gatter (Hg.), Protokolle und Generalakte der Berliner Afrika-Konferenz, 1884–1885, Bremen 1984; Berliner Entwicklungspolitischer Ratschlag e. V. (BER) und INKOTA-netzwerk (Hg.), Der Kolonialismus und seine Folgen. 125 Jahre nach der Berliner Afrika-Konferenz. INKOTA, Berlin 2009, (INKOTA-Dossier 5); Helmut Bley: Künstliche Grenze, natürliches Afrika? Um die Berliner Kongokonferenz von 1884–1885 ranken sich allerhand Mythen, in: Freiburg-Postkolonial; Horst Gründer: Der «Wettlauf» um Afrika und die Berliner Westafrika-Konferenz 1884/85, in: Ulrich van der Heyden/Joachim Zel-

ler (Hg.), Kolonialmetropole Berlin. Eine Spurensuche, Berlin 2002, S. 19–23; Stig Förster/Wolfgang J. Mommsen/Ronald Robinson (Hg.), Bismarck, Europe, and Africa. The Berlin Africa Conference 1884–1885 and the Onset of Partition, Oxford u. a. 1988.

251 The Black Atlantic: Modernity and Double Consciousness, New York 1993, vgl. auch die neueren Interviews in: Süddeutsche Zeitung und die tageszeitung, beide am 24. 9. 2004; ferner: Jürgen Zimmerer/Joachim Zeller (Hg.), Völkermord in Deutsch-Südwestafrika. Der Kolonialkrieg (1904–1908) in Namibia und seine Folgen, Berlin 2003; kritisch dazu Robert Gerwarth/Stephan Malinowski, Vollbrachte Hitler eine «afrikanische» Tat?, in: FAZ, 11. 9. 2007.

252 Jürgen Osterhammel, Die Verwandlung der Welt, Eine Geschichte des 19. Jahrhunderts, München 2009, S. 1175.

253 S. Kapitel 7, als heutiger Standort des Pariser Immigrationsmuseums dient ein Haus der französischen Kolonialausstellung von 1931 an der Porte Dorée.

254 Loi 2005–158 du 23 février 2005 portant reconnaissance de la Nation et contribution nationale en faveur des Français rapatriés, es gehört zu den sogenannten Lois mémorielles, die in Frankreich die Geschichtspolitik regulieren.

255 Vgl. auch den Schulstreit über die positive Darstellung der kolonialen Vergangenheit in Frankreich; Claude Liauzu, Neue Geschichtspolitik an Frankreichs Schulen. Hausaufgaben für Kolonialisten, in: Le Monde diplomatique, 15. 4. 2005; Byrte Oetting, Bruch mit der kolonialen Vergangenheit? Der Algerienkrieg und die Entkolonisierung in französischen Geschichtsschulbüchern der Troisième Republique, in: Internationale Schulbuchforschung, 28 (2006), S. 25–41.

256 Zum Hintergrund der Gesetzesinitiative und der folgenden Auseinandersetzungen Jeanne Reubner, Die Wahrheit der Geschichte, in: Süddeutsche Zeitung, 19. 12. 2005 und Isolde Charim, Hier spricht die Macht, in: die tageszeitung, 3. 1. 2006; Hintergrund waren die Krawalle in den französischen Vorstädten.

257 Harki (von arab. ḥaraka(t), Bewegung) hießen die Gehilfen, die während des Algerienkriegs (1954–1962) auf der Seite der französischen Armee dienten und nicht für die Unabhängigkeit Algeriens eintraten. Als das Land diese bekam, wurden viele Harki als Kollaborateure betrachtet und ermordet; die meisten konnten nach Frankreich fliehen. Ihre zum Teil immer noch problematische Integration in die französische Immigrationsgesellschaft ist der sachliche Hintergrund des Gesetzes.

258 Veröffentlicht in der Tageszeitung Libération am 13. Dezember 2005.

259 Christiane Taubira, Egalité pour les exclus. Le politique face à l'histoire et à la mémoire coloniale, Paris 2009. Die Sklaverei war Gegenstand zahlreicher Initiativen in Großbritannien, etwa das in Liverpool, dem einstigen Zentrum des transatlantischen Sklavenhandels, eröffnete Museum

aus Anlass des 200. Jubiläums des Gesetzes zur Abschaffung der Sklaverei.

260 Zur Wirklichkeit der Hilfe vgl. den Bericht über ein durch Korruption und Willkür der kongolesischen Seite ersticktes Projekt der GTZ von Thomas Scheen, Das teuerste Brennholz Afrikas, in: FAZ, 9.9.2010.

261 Anna-Maria Brandstetter, Die Rhetorik von Reinheit, Gewalt und Gemeinschaft: Bürgerkrieg und Genozid in Rwanda, in: Sociologus, Zeitschrift für empirische Ethnosoziologie und Ethnopsychologie, 51 (2001), 1/2, S. 148–184; Roméo Dallaire: Handschlag mit dem Teufel. Die Mitschuld der Weltgemeinschaft am Völkermord in Ruanda, Frankfurt am Main 2007; Alison Des Forges: Kein Zeuge darf überleben. Der Genozid in Ruanda, Hamburg 2002.

262 Dazu jetzt: Doris Gerber/Veronique Zanetti (Hg.), Kollektive Verantwortung und internationale Beziehungen, Frankfurt am Main 2010.

263 Vgl. auch: Colette Braeckman, Die dritte Plünderung des Kongo, in: Le monde diplomatique, 7.7.2006; Dies., Die besseren Freunde. Kongo, China und der IWF, in: Le Monde diplomatique, 11.9.2009; Joan Baxter, Wie Gold, nur besser, in: Le Monde diplomatique, 15.1.2010; Oliver Jungen, Auf der dunklen Seite der digitalen Welt, in: FAZ, 21.8.2010.

264 Die Bundestagsdebatte vom 1.Juni 2006 ist dokumentiert unter www.bundestag.de (Plenarprotokoll 16/37).

265 Fareed Zakariya, The Future of Freedom: Illiberal Democracy at Home and Abroad, New York 2003.

266 Staffan I. Lindberg, The surprising significance of African elections, in: Journal of Democracy 17 (2006), 1, S. 139–151.

267 Yuca Meubrink, Im Brennpunkt: Demokratische Republik Kongo. in: ROG-Newsletter, April 2009. Zuletzt abgerufen über http://www.reporter-ohne-grenzen.de/publikationen/newsletter/print-newsletter/print-newsletter-12009.html.

268 http://www.kas.de/wf/doc/kas_19209-544-1-30.pdf.

269 EUFOR RD Congo: ein Erfolg, aber kein Erfolgsmodell, in: Muriel Asseburg/Ronja Kempin (Hg.), Die EU als strategischer Akteur in der Sicherheits- und Verteidigungspolitik? Eine systematische Bestandsaufnahme von ESVP-Missionen und -Operationen. Studie der Stiftung Wissenschaft und Politik, Deutsches Institut für Internationale Politik und Sicherheit. Berlin 2009, S. 60 f. http://www.swp-berlin.org/common/get_document.php?asset_id=6643.

270 Andrea Böhm, Der Anfang vom Ende der MONUC, in: Zeit Online, 5.4.2010.

271 Zitiert nach www.Presseurop.eu vom 30.6.2010.

272 Vgl. Gerd Hankel, Über den schwierigen Versuch der Vergangenheitsaufarbeitung in Ruanda, in: Jörg Calließ (Hg.), Zehn Jahre danach: Völkermord in Ruanda, Rehburg-Loccum 2005, S. 105–111 und ders., «Ich habe doch nichts gemacht». Ruandas Abschied von der Kultur der

Straflosigkeit, in: Mittelweg, 36/13 (2004), 1, S. 28–51 sowie Anna-Maria Brandstetter, Erinnern und Trauern. Über Genozidgedenkstätten in Ruanda, in: Winfried Speitkamp (Hg.), Kommunikationsräume – Erinnerungsräume. Beiträge zur transkulturellen Begegnung in Afrika, München 2005, S. 291–324 und Axel T. Paul, Das Unmögliche richten – Schuld, Strafe und Moral in Ruanda, in: Leviathan, 34 (2006), 1, S. 30–60.

273 Für Beunruhigung sorgte im August 2010 die Publikation des Berichts einer UN-Untersuchungskommission über (im Grunde bekannte) Verbrechen im Kongo 1993–2003, wonach Ruandas Militär 1996/97 «systematische und breit angelegte Angriffe» gegen Hutu-Flüchtlinge aus Ruanda angeordnet und durchgeführt habe, die als Genozid eingestuft werden, vgl. Arne Perras, Der befleckte Befreier, in: Süddeutsche Zeitung, 3. 9. 2010.

274 Vgl. Armin Laschet, Aufsteigerrepublik. Zuwanderung als Chance, Köln 2009.

275 Claus Leggewie, Deutschland – Land aus Gold. Zur Ökonomie des Arbeitsmigranten, in: Kursbuch 62, 1980, S. 121–133.

276 Der NRW-Ministerpräsident Jürgen Rüttgers hatte im Landtagswahlkampf 2000 in der Westdeutschen Allgemeinen geäußert: «Statt Inder an die Computer müssen unsere Kinder an die Computer» (WAZ, 8. März 2000). Daraus machte das Blatt die Schlagzeile «CDU-Politiker: Kinder statt Inder an die Computer», die in verkürzter Form von den Republikanern plakatiert wurde. Deutlicher waren die Kampagnen des hessischen Ministerpräsidenten Roland Koch in den Landtagswahlkämpfen 1999 und 2007.

277 Andreas Zick/Beate Küpper, Meinungen zum Islam und Muslime in Deutschland und Europa, http://www.uni-bielefeld.de/ikg/zick/Islam_GFE_zick.pdf; Jürgen Leibold/Steffen Kühnel, Islamophobie oder Kritik am Islam?, in: Wilhelm Heitmeyer (Hg.), Deutsche Zustände. Folge 6. Frankfurt am Main 2007, S. 95–115.

278 Barbara Laubenthal, Der Kampf um Legalisierung. Soziale Bewegungen illegaler Migranten in Frankreich, Spanien und der Schweiz, Frankfurt am Main/New York 2007.

279 Nach Junge Welt, 21. 8. 2010.

280 Die Kölner Rede im Wortlaut: http://www.sueddeutsche.de/politik/erdogan-rede-in-koeln-im-wortlaut-assimilation-ist-ein-verbrechen-gegen-die-menschlichkeit-1293718.

281 Einen fundierten Überblick bietet jetzt Franziska Dunkel, Routes to Routes and Roots. Zur Musealisierung von Migrationsgeschichte, in: IMIS-Beiträge, Heft 33 (2008), S. 33–60 und Jan Motte/Rainer Ohliger (Hg.), Geschichte und Gedächtnis in der Einwanderungsgesellschaft. Migration zwischen historischer Rekonstruktion und Erinnerungspolitik, Essen 2004.

282 Judith Butler, Gender trouble, Frankfurt am Main 1991, S. 209. Vgl. auch
     I. M. Young, Representation and social perspective, in: ders., Inclusion
     and Democracy, Oxford 2000, S. 121–153 und A. Phillips. Dealing with
     Difference: A Politics of Ideas or a Politics of Presence?, in: R. E. Goo-
     din/Ph. Pettit, Contemporary Political Philosophy, Oxford 2007, S. 171–
     181.

283 Vgl. Mark Terkessidis, Interkultur, Frankfurt am Main 2010 und Claus
     Leggewie, Wie notwendig sind Kunst und Kultur für die gesellschaftliche
     Einbindung von ZuwanderInnen? Das Beispiel der Kulturregion Ruhr,
     in: Transit, 37, 2010, S. 105–116.

284 Der Fremde, in: Alfred Schütz, Gesammelte Aufsätze, Bd. 2: Studien zur
     soziologischen Theorie, Den Haag 1972, S. 53–69.

285 Randolph Bourne, Trans-National America, in: Carl Resek (Hg.), War
     and Intellectuals: Essays by Randolph S. Bourne 1915–1919, New York
     1964, S. 107–123.

286 Vgl. Joachim Baur, Einwanderungsmuseen als neue Nationalmuseen. Das
     Ellis Island Immigration Museum und das Museum «Pier 21», in: Zeit-
     historische Forschungen/Studies in Contemporary History, 3 (2005),
     S. 456–467 und ders., Die Musealisierung der Migration. Einwanderungs-
     museen und die Inszenierung der multikulturellen Nation, Bielefeld
     2009.

287 Vgl. Peter Li, Destination Canada: Immigration Debates and Issues, Ox-
     ford 2003 und Oliver Schmidtke, Einwanderer als Ware. Wie die Markt-
     logik Migranten aussortiert, in: Blätter für deutsche und internationale
     Politik, 10 (2010), S. 51–57.

288 Vgl. die informative und übersichtliche Webseite http://www.histoire-
     immigration.fr/mit ausgewählter Literatur.

289 Vgl. das Heft 1–2 (2006) der Zeitschrift Aus Politik und Zeitgeschichte.

290 http://www.histoire-immigration.fr/index.php?lg=fr & nav=280&flash
     =0(16. 8. 2010).

291 Vgl. Mareike König/Rainer Ohliger (Hg.), Enlarging European Memory.
     Migration Movements in Historical Perspective, Ostfildern 2006 (Bei-
     hefte der Francia, 6) und Museen, Migranten, Moderne: Zugänge und
     Hürden, in: Viola B. Georgi/Rainer Ohliger (Hg.), Crossover Geschichte.
     Historisches Bewusstsein Jugendlicher in der Einwanderungsgesellschaft,
     Hamburg 2009, S. 194–209. Wichtig waren vor allem die folgenden Kon-
     ferenzen: «Das historische Erbe der Einwanderer sichern. Die Bundesre-
     publik Deutschland braucht ein Migrationsmuseum» der Bundeszentrale
     für politische Bildung vom 4. 10. 2002–6. 10. 2002 in Brühl sowie «Ein
     Migrationsmuseum in Deutschland: Thesen, Entwürfe, Erfahrungen»
     von DOMiT (Dokumentationszentrum und Museum über die Migration
     aus der Türkei e. V. und dem Netzwerk Migration in Europa e. V. in Köln
     vom 17. 10. 2003–19. 10. 2003, der Arbeitsgruppe Sachkulturforschung
     und Museum in der Deutschen Gesellschaft für Volkskunde, die im Ok-

tober 2004 im Donauschwäbischen Zentralmuseum in Ulm und zuletzt «Stadt – Museum – Migration» des Netzwerks Migration in Europa e. V. in Dortmund vom 19. 10. 2009–21. 10. 2009.

292 Beide wurden nach dem für dieses Buch durchgeführte Interview durch den Regierungswechsel in NRW im Juli 2010 abgelöst.

293 E-Mail an die Verfasser vom 8. 6. 2010.

294 Gottfried Korff, Fragen zur Migrationsmusealisierung. Versuch einer Einleitung, in: Henrike Hampe (Hg.), Migration und Museum. Neue Ansätze in der Museumspraxis, Münster 2005 (Europäische Ethnologie 5), S. 5.

295 Dazu allgemein Susan A. Crane, Memory, Distortion, and History in the Museum, in: Bettina Messias Carbonell (Hg.), Museum Studies. An Anthology of Contexts, Oxford 2004, S. 318–334.

296 Dazu Claus Leggewie/Dariuš Zifonun, Was heißt Interkulturalität?, in: Zeitschrift für interkulturelle Germanistik 1(2010), H. 1, S. 11–32.

297 Vor allem seit dem Erscheinen des Buches von Thilo Sarrazin, Deutschland schafft sich ab. Wie wir unser Land aufs Spiel setzen, München 2010, hat sich das gesellschaftliche Klima negativ entwickelt.

298 Vgl. Arnd Nohl/Karin Schittenhelm/Oliver Schmidtke/Anja Weiß (Hg.), Kulturelles Kapital und Migration, Opladen 2009.

299 Petra Mayrhofer, «Festung Europa?» Grenzikonografien im europäischen Raum, in: Benjamin Drechsel/Friedrich Jaeger/Helmut König/Anne Lang/Claus Leggewie (Hg.), Bilder von Europa. Innen- und Außenansichten von der Antike bis zur Gegenwart, Bielefeld 2010 S. 307–319.

300 Vgl. irregular-migration.hwwwi.net und Daten des UNHCR und der IOM.

301 «Irgendwann dachte ich, ich kann nicht mehr», Dokumentation einer Odyssee Richtung Europa, aufbereitet von Dominic Johnson, in: die tageszeitung, 2. 7. 2009.

302 «Wir zeigen ihnen das wahre Europa», Interview mit Marieime Nianj, in: die tageszeitung, 5. 6. 2009.

303 Charlotte Wiedemann, Mythen der Migration, in: Le Monde diplomatique, Juni 2009, S. 13.

304 Mitglieder des Sachverständigenausschusses waren neben Hans Walter Hütter (Deutschland): Wlodzimierz Borodziej, Professor für Moderne Geschichte an der Universität Warschau (Polen), Giorgio Cracco, Professor für Kirchengeschichte an der Universität Turin (Italien), Michel Dumoulin, Professor für Geschichte an der Katholischen Universität in Louvain-la-Neuve (Belgien), Marie-Hélène Joly, Direktorin am Château des ducs de Bretagne (Frankreich), Matti Klinge, Emeritierter Professor für nordische Geschichte an der Universität Helsinki (Finnland), Ronald de Leeuw, ehemaliger Direktor des Rijksmuseum Amsterdam (Niederlande), António Reis, Professor für Geschichte an der Neuen Universität

Lissabon (Portugal), Maria Schmidt, Direktorin des Museums «Haus des Terrors» in Budapest (Ungarn), vgl. http://www.europarl.europa.eu/ meetdocs/2004_2009/documents/dv/745/745 721/745721_de.pdf (zuletzt abgerufen am 2.6. 2010).

305 Amtsabschlussrede des Präsidenten des Europäischen Parlamentes Hans-Gert Pöttering vom 6.5. 2009. http://cdu-europa.de/blog/2009/05/06/ amtsabschlussrede-des-prasidenten-des-europaischen-parlaments-hansgert-pottering/.

306 Entwurfswettbewerb für Architekten für das künftige «Haus der Europäischen Geschichte», in: Wettbewerbe aktuell. Fachzeitschrift für Architektenwettbewerbe. www.wettbewerbe-aktuell.de.

307 http://portal.wko.at/wk/format_detail.wk?AngID=1&StID=542960& DstID=558&titel=Europ%C3%A4isches,Parlament;,Er%C3%B 6ffnung,eines,%E2%80%9CHouse,of,European,History%E2%80%9 C;,Bekanntgabe,diverser,Positionen (zuletzt eingesehen am 26. Mai 2010); und http://static.twoday.net/joernborchert/files/Haus-der-europaeischen-Geschichte-Stellen.pdf.

308 Vgl. zusammenfassend: Die Welt, 12. 12. 2008; FAZ, 15. 12. 2008.

309 Vgl. Pressedienst Schlesien Nr. 2/2009 vom 5.1. 2009, www.schlesienlm.de/pressedienst/2009/02%2009.htm

310 Tom Wise, House of European History vom 16. 12. 2008, www.tomwise mep.co.uk.

311 Vgl. www.roszkowski.pl/newsy/n101.

312 www.roszkowski.pl/www/media/files/aktualnosci/2008/34/List_ws_ Domu_Historii.pdf.

313 FAZ, 15. 12. 2008, S. 33.

314 «Das Haus der Europäischen Geschichte in Brüssel – 14 Mittäter» vom 3. Mai 2010, http://joernborchert.twoday.net/stories/stellen-im-hausder-europaeischen-geschichte-in-bruessel/.

315 Interview am 17. März 2010 mit Hans-Gert Pöttering, geführt von Anne Lang in Brüssel.

316 Vgl. dazu Michael Weigl, Europas Ringen mit sich selbst. Grundlagen einer europäischen Identitätspolitik. Europa Vordenken. Bertelsmann Stiftung, Gütersloh 2006, S. 31.

317 Vgl. Jürgen Gerhards, Westeuropäische Integration und die Schwierigkeiten der Entstehung einer westeuropäischen Öffentlichkeit, in: Zeitschrift für Soziologie 22 (1993), 2, S. 98; Stefan Tobler, Konfliktinduzierte Transnationalisierung nationaler und supranationaler Öffentlichkeitsarenen. Indikatoren einer europäischen Öffentlichkeit, in: Wolfgang R. Langenbucher/Michael Latzer (Hg.), Europäische Öffentlichkeit und medialer Wandel. Eine transdisziplinäre Perspektive, Wiesbaden 2006, S. 107–130.

318 Helga Trüpel, Haus der europäischen Geschichte, in: Institut für Kulturpolitik der Kulturpolitischen Gesellschaft e. V. (Hg.), Jahrbuch für Kul-

turpolitik 2009. Bd. 9, Erinnerungskulturen und Geschichtspolitik, Essen 2009, S. 190.

319 Vgl. Gerd Nollmann, Konflikte in Interaktion, Gruppe und Organisation. Zur Konfliktsoziologie der modernen Gesellschaft, Opladen 1997, S. 45.

320 Helmut Dubiel, Integration durch Konflikt, in: KZfSS, Sonderheft 39, 1999, S. 138.

321 Ebda. S. 137.

322 Cathleen Kantner, Kein modernes Babel. Kommunikative Voraussetzungen europäischer Öffentlichkeit, Wiesbaden 2004, S. 129, auch Klaus Eder, Europäische Öffentlichkeit und multiple Identitäten – das Ende des Volksbegriffs?, in: Claudio Franzius/Ulrich K. Preuß (Hg.), Europäische Öffentlichkeit, Baden-Baden 2004, S. 61–80.

323 Christian Gudehus und Harald Welzer haben in diesem Sinne jüngst für die historisch-politische Bildung ein «Haus der menschlichen Möglichkeiten» vorgeschlagen; dort werden historische Erfahrungen, die man an exemplarischen Fällen, in simulierten Entscheidungssituationen und interaktiven Entscheidungspfaden plausibel machen kann, mit Zukunftserwartungen verbunden, Essen 2011.

324 Dazu jetzt auch der Report der EU-Kommission «The Memory of the crimes committed by totalitorian regimes in Europe, Brüssel 22. 12. 2010 COM (2010) 783 final.

Alle Internetseiten wurden am 8. 1. 2011 zuletzt eingesehen.

Bildnachweis

Personen-, Orts- und Sachregister